建築
［失敗］
事例

信頼される設備工事の現場管理

半沢正一

井上書院

まえがき

設備工事は，設計段階から建築工事との分業化によって進められていくため，建築と設備との整合性がとられることなく設計図が発行されるケースが多い。実際の建築現場においても同様で，建築と設備とでは互いに工事管理が分担されており，担当者任せの状態にある。このように建築と設備との総合的な調整が図れないまま現場が進行すれば，当然施主が要求する性能を備えた建物をつくり上げることは不可能である。

また，工程計画の不備により，例えば電気工事と空調工事，あるいは建築工事との前後関係やつながりが明確にされないまま施工されるケースも多くみられる。大きな段取りを必要とする場合，作業員や重機の手配は数カ月前から行う必要があるにもかかわらず，それを理解せずにその場しのぎの工程管理を行っていたのでは，とても満足のいく仕事などできるものではない。

こうした問題を解決するには，関係者を集めて行う事前の打合せがたいへん大きな意義をもつ。大まかな概念だけで話合いをすませるのではなく，関連業種との関わり合いの中で，あらゆる状況を想定しながら深く検討する必要がある。将来発生するであろう問題については，現場管理者と作業を行う者との間で，日頃から具体的な対策についての共通認識がもてるような環境づくりが必要である。

本書は，以上を踏まえた上で，過去に起きたさまざまな失敗事例の現象や原因，対策について，写真や図を中心に解説したものである。現場管理者が施工に際し疑問を感じたときや，あるいは関係者との打合せの場の参考書として大いに活用され，安全で，かつ施工品質の優れた信頼される現場管理の実現に役立てていただけたら幸いである。

最後に，本書をまとめるにあたりご協力いただいた多くの方々に心より御礼申し上げる。

2003年10月　半沢正一

CONTENTS

1 電気設備

2 空調設備

3 衛生設備

4 防災・防犯設備

5 昇降機設備

本書の構成と利用のしかた

本書は，電気設備，空調設備，衛生設備，防災・防犯設備，昇降機設備の5つの分野から構成されている。

①収録失敗事例

159事例すべてが1ページごとで完結。

②失敗事例解説

設備工事は、建築の仕上り後にその多くの部分が隠ぺいされるため、施工前・施工中の品質管理がたいへん重要となる。本書では、過去に起きた失敗事例を踏まえて、同じ失敗を繰り返さないよう、失敗に至った経緯や原因についてわかりやすく解説。

③失敗事例写真・図

失敗事例および正しい施工例について、写真や図で解説するとともに、良い例・悪い例が一目でわかるよう写真・図番号を色分けで表示した。

青：失敗事例

赤：正しい施工例や失敗に対する改善策

黒：現場管理者として押さえておきたい基本事項

電気設備
事例 13
電線立上がり部分の床開口の処理不良（1）
写真1は，EPSの盤内において，水平区画の耐火ボードを外したまま放置されていた配線の状況である。このような状況が，火災時に電気のシャフトからの延焼を起こしやすい原因を生み出している。ビル管理がしっかりされていない建物では，配線の更新工事のときにこのように耐火ボードを外したままの状態になっていることがあるので，建物管理者にしっかりと申し送りをしておかなければならない。
失敗防止のポイント5
22
31

④失敗防止のポイント

致命的な失敗やよく起きる問題点について、その対処法や取組み方を失敗防止のポイントとして全25項目にまとめた。

重要管理項目別
失敗事例一覧
●：電気設備 ●：空調設備 ●：衛生設備 ●：防災・防犯設備 ●：昇降機設備
（ ）内の数字は、本書の収録ページを示す
1 業種間調整・工程調整の不足による失敗
2 メンテナンスに関する検討不足による失敗
3 作業効率・施工性の検討不足による失敗
173

⑤重要管理項目別・失敗事例一覧

円滑な現場運営を行うために、計画および設計段階で事前にチェックしておきたい設備工事の重要管理項目15について、これらの管理項目の検討・確認を怠るとどのような失敗に発展するかを本書に収録された具体事例に対応させ、一覧としてまとめた。

1 電気設備

事例

1 リブ付き天井材への器具付けの失敗
2 リブ付き天井材への器具付けの失敗対策
3 絵画用照明の失敗
4 高い天井にある照明の電球交換
5 天井取付け器具の開口の失敗
6 照明器具を点灯した後に騒音が発生した
7 天井付け電照式サイン取付けで感電事故が起こった
8 外部照明器具取付けの失敗
9 壁付け器具類の失敗（1）
10 壁付け器具類の失敗（2）
11 庭園灯が倒される
12 植栽に隠れてしまった庭園灯
13 電線立上がり部分の床開口の処理不良（1）
14 電線立上がり部分の床開口の処理不良（2）
15 EPS内部のレイアウト
16 OAフロア接続部にあるEPSの検討不足
17 盤内の火災と感電事故
18 屋上配線のルートの失敗
19 携帯電話受信設備
20 外壁設備の取合いの失敗
21 幹線引込みの失敗
22 無停電装置の解体工事で感電した
23 避雷針の取付け
24 アースの取付け
25 電波障害発生の予測
26 電波障害反射波の対策
27 屋上重量物の搬入時期と配置

事例

リブ付き天井材への器具付けの失敗

事例1は，建物の大部分の部屋にリブ天井を貼る設計であった。写真1·2はその天井の写真である。竣工検査で，リブ天井の部屋を見まわった後，写真3の一般天井の部屋に来たとき，施主から「ここの天井はすっきりしていて気持ちがいい」という言葉を聞いたときにはたいへんショックを受けた。良いものをつくってもそれが報われないときがある。事例１の場合，設計図に記入された仕様は施主の望むものでなく，設計者は施主に対し十分な説明責任を果たしていなかったことになる。一般のものよりコストがかかる部位については，その目的と効果を説明し，了承を得ておかなければならない。

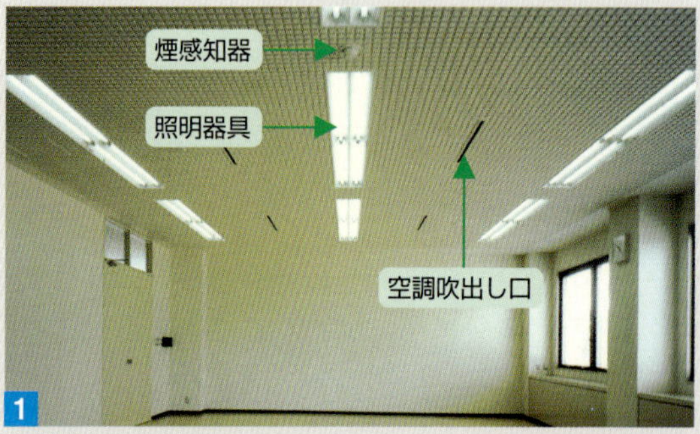

天井取付け機器類をきれいに納めるため、天井伏図を何枚も作成しようやく承認を受け、器具付けのためリブを削り取り補修塗装して、たいへんな手間がかかった。設計者は自分では納まり図を書かないので、その手間をなんとも思っていない。図面を書ききっていない設計図は、工事の途中で口頭での指示変更が多く、たいへんな手間がかかるものである。

写真3は、普通の割付けで手間もほとんどかかっていない一般天井。なるほどすっきりして見える。

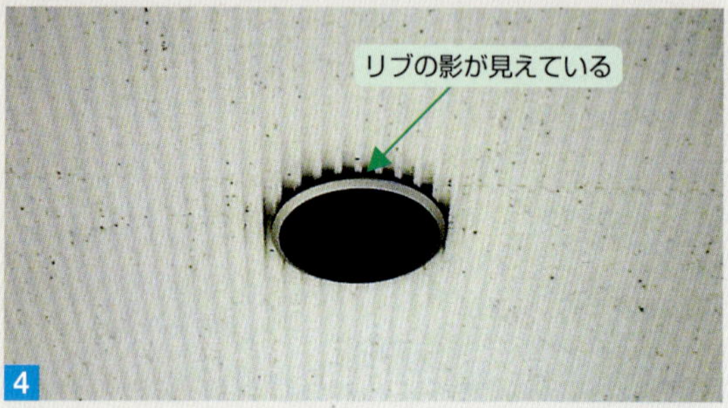

写真4は別の建物であるが、リブを落とさないで器具を取り付けているためリブの影が見えて見苦しい。このような場合、器具周囲のリブを切り落とし、塗装を行ってから器具を取り付けなければならない。

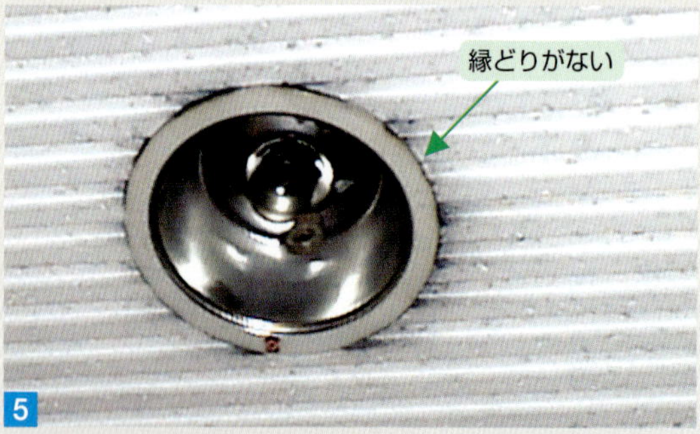

写真5は、リブを切り込んでいるが周囲に縁どりがないため窮屈に見える。なかなか写真1・2のような手間をかけられないのが普通である。

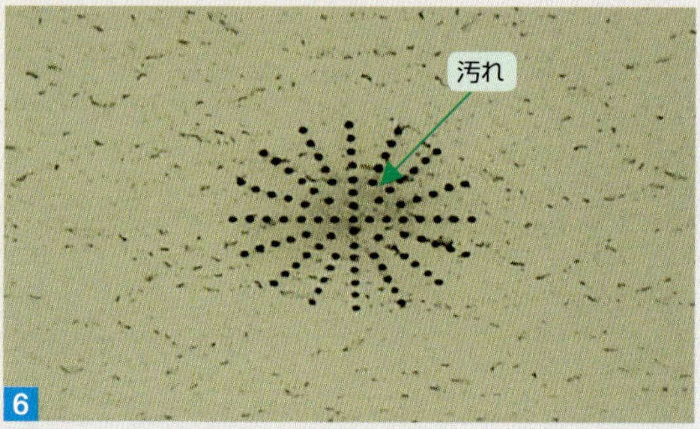

天井ボードにスピーカー用の穴を細工したものだが、遠くから見るとクモの巣がはっているように見え、汚れも付着しやすい。また、故障した場合に点検もできない。

事例2

リブ付き天井材への器具付けの失敗対策

この建物もリブ付き天井の仕様になっていたため，10ページのリブ天井を施工した写真を設計者に見せ，それぞれの写真のようなパースを作成して承認を得た後，施工を行った。今回は十分に施主にも説明を行い納得され，出来栄えも評価してもらうことができた。

単位：mm

1 リブ天井は300×600mmの真物を割付けしてカットをなくし、リブの部分には一切器具付けのないように計画したため施工性が良くきれいに仕上がった。

2 これも写真1と同様に、ストライプのリブ天井を2枚ずつ（600mm幅）ライン状に貼り込んだもの。後の器具取り外しのときに、ボードを傷つけても一般のボードのため取替えが容易であった。はじめの段階でしっかり計画を行い承認を得ることで、施工性が良く高品質の物を提供できることを理解しておきたい。

事例 3

絵画用照明の失敗

絵画を照らす照明を用意したのはよいが，絵画が搬入され掛けられてはじめて失敗に気が付くことがある。例えば，肝心の絵画には照明が当たらず，額の上部のみが明るく照らされているといった具合に。また，照明の設置にあたっては図5のように，エレベーター内部の扉上部のサイン札に大きな陰影をつけてしまう失敗にも気を付けたい。

写真１は、ウォールウォッシャーを天井に付けて絵画を際立たせようとしたが失敗している。大きなコントラストをつけたためにかえって絵画が見えなくなっている。

写真2は、間接照明の壁面に絵画を配置したものだが、絵画が暗くて見えにくい。

壁面が明るすぎて
絵画が目立たない

絵画を飾るならば、間接照明はないほうがよい。絵画と間接照明はなじまないことを認識しておきたい。

絵画を特に意識しないで、写真4のように壁面全体を明るくしたほうがきれいに見える。

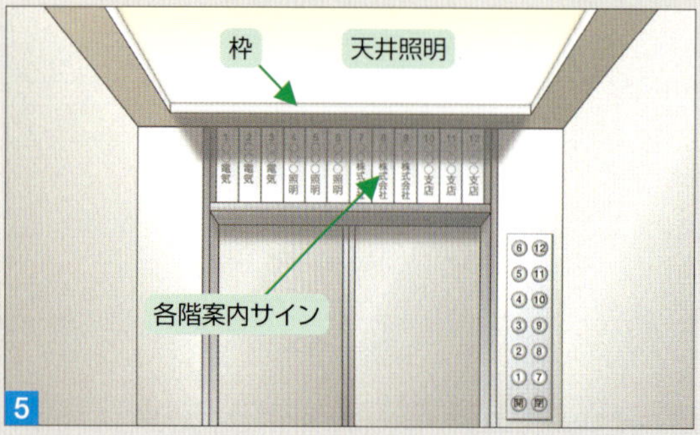
枠
天井照明
各階案内サイン

上図は、エレベーターかご内部扉の上に取り付けられている、各階の案内サイン札上部の階数が、天井照明の影になり見えにくくなってしまった例。

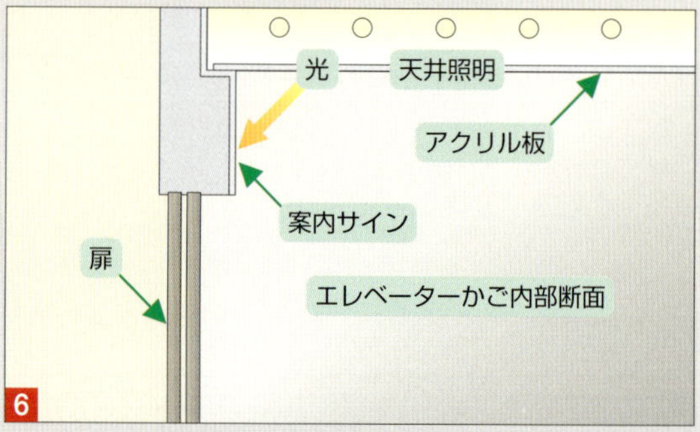
光
天井照明
アクリル板
案内サイン
扉
エレベーターかご内部断面

上図のような照明であれば、案内サインが見やすくできたと思われる。デザインをするときは、このような部分に気を付けなければならない。

事例 4

高い天井にある照明の電球交換

照明器具の球切れのときの対応を十分に考えていない建物がある。竣工写真さえ撮ってしまえば後は知らないでは困る。電球切れのたびに，危険な姿勢で作業しなければならないメンテナンスの人のことを考えた設計を行うべきである。

脚立に乗っても手の届く高さはせいぜい3.6mである。写真１では、電球を回す長い棒を用意しているが、作業は不安定にならざるを得ない。

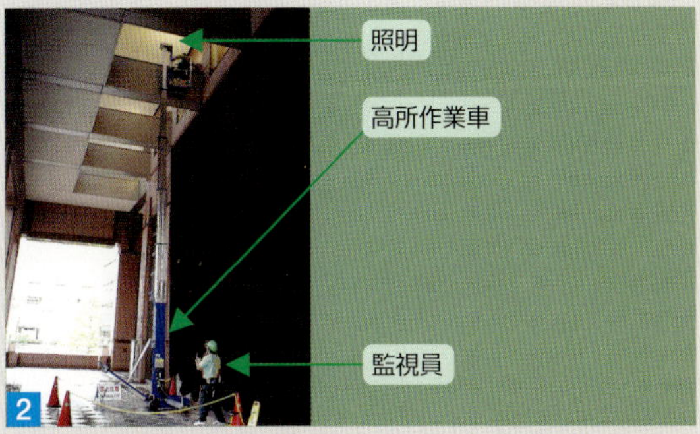

照明器具の電球切れを一つ替えるのに、どれだけコストがかかるかを考慮して設計する心構えをもちたい。

駐車場や機械室の照明もレースウェイを流して、低い位置に照明を配置すると、明るくて当然メンテナンスもしやすい。

ゴミ運搬車やマイクロバスが入る部分は、天井高さを通行できるよう考慮したうえで、かつ照明器具の電球替えが容易になるように配置する（壁付け照明など）。

写真5は、オートリフター装置が取り付けられている体育館の事例で、照明が電動で昇降する。

失敗防止のポイント1

オートリフター装置を取り付けたからそれでよし、とする考えだけではまずい。最悪の場合、電動装置が故障した際には、高所作業車が入るように開口部の大きさを検討しておくことが必要である。引渡し書類にそのスケッチを明記しておくと、たいへん喜ばれる。
また機械室の照明がスラブ面に付くようになっている設計があるが、電球替えがやりにくいばかりでなく、下部にダクトや配線ラックが配置されると暗くなるため、早めに設計者へ変更の申し入れを行うべきである。

事例 5

天井取付け器具の開口の失敗

寒冷紗貼りパテ仕上げ塗装で，かつ陰影をつけた豪華な仕上げの高いホールの天井に，特注の照明器具を取り付けることになった。塗装仕上げ前に，天井埋込み器具の開口の切込みを行った。塗装の工程が完了し，最後に器具付けをして足場を解体する予定であったが，写真1のように天井の切込みが器具より大きかった。結局ボードをはがし，たいへんな手間をかけて施工し直すことになり，大幅に工程が遅れる結果となった。

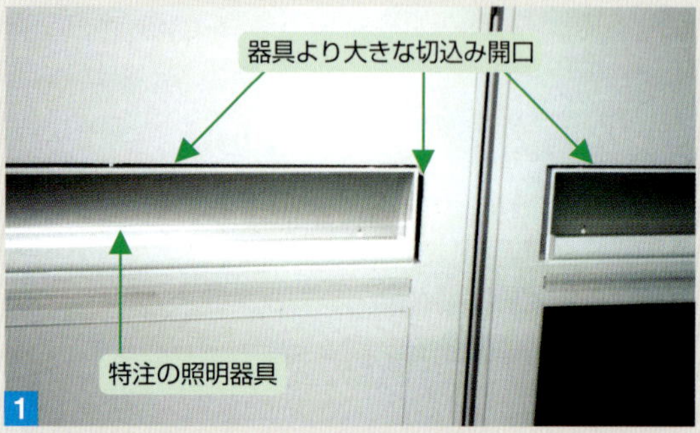
器具より大きな切込み開口
特注の照明器具
1

器具の幅が255mmで天井穴あけ寸法は240mmであったものを、すべて255mmで穴あけしてしまったのが原因であった。

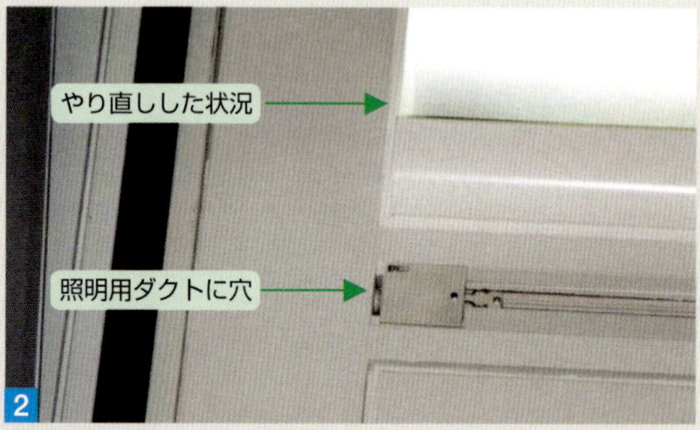
やり直しした状況
照明用ダクトに穴
2

写真2は、時間と手間をかけて施工し直したもの。照明の周りはきれいになったが、照明用ダクト部分でも同じように開口を大きくしてしまった。

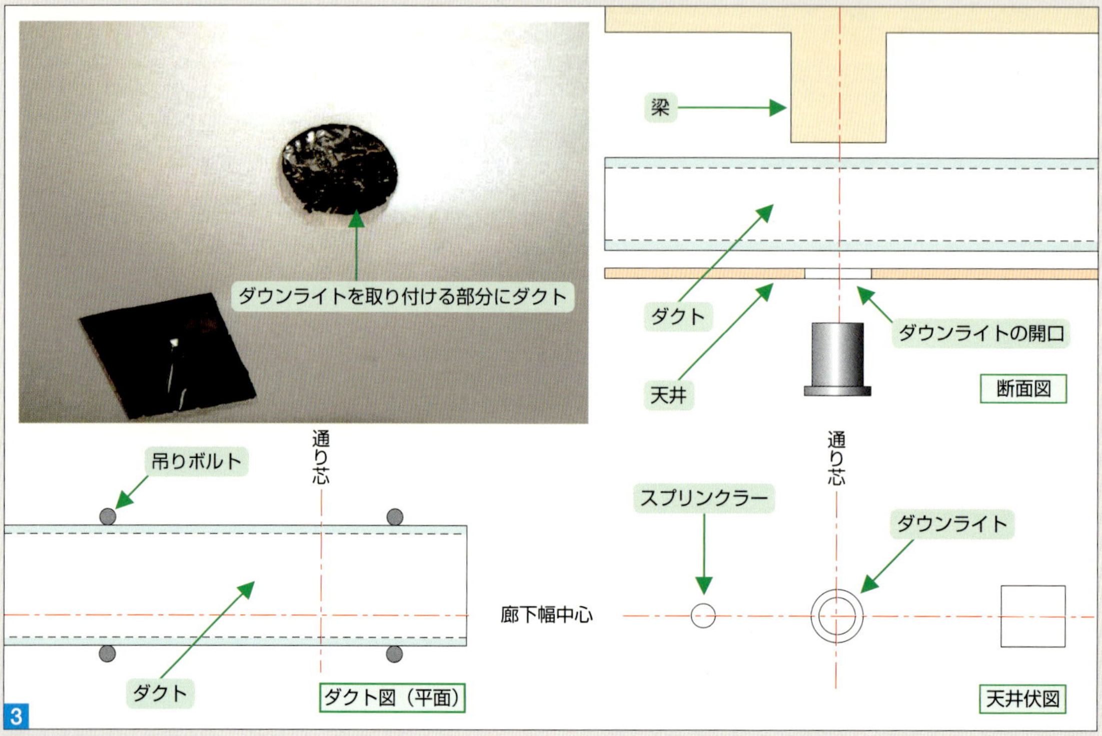
ダウンライトを取り付ける部分にダクト
梁
ダクト
ダウンライトの開口
天井
断面図
通り芯
吊りボルト
ダクト
ダクト図（平面）
廊下幅中心
通り芯
スプリンクラー
ダウンライト
天井伏図
3

電気と空調それぞれ設計図どおりに仕上げてしまったら、ダウンライトが納まらない。天井切込みを行った段階でダクトが見えているのだから、その時点で手直しをすればむだな塗装工事をしなくてすんだであろう。早めにチェックされていれば、あるいは誰か一人でもおかしいとの報告があればと思うが、このような対策がとられないまま同様の失敗がいまだに続いている。天井伏図の上に、点線でダクトや機器を入れてチェックする慎重さが必要な事例である。

事例 6

照明器具を点灯した後に騒音が発生した

竣工直後のある事務所ビルの応接室において，照明を点灯してしばらくすると，「チッチッチッ」と高い音が発生するとのクレームがあった。原因を探ってみると，熱による影響であることがわかった。製品化された照明器具と違い，この現場では特別に設計した照明器具を設置しており，特注品においてはこのような問題が発生しやすいので注意をしておきたい。この事例以外にも，ボードの切込み寸法がぎりぎりの場合も，器具の熱膨張により音が発生することがある。

写真１のようなシステム天井のライン照明の下面に、特注でアクリルのカバーを取り付けた部分が音の発生源であることがわかった。

アクリルのカバーをはずして照明の点灯を行ったところ、音の発生はなかったため、原因はアクリルのカバーにあると特定できた。

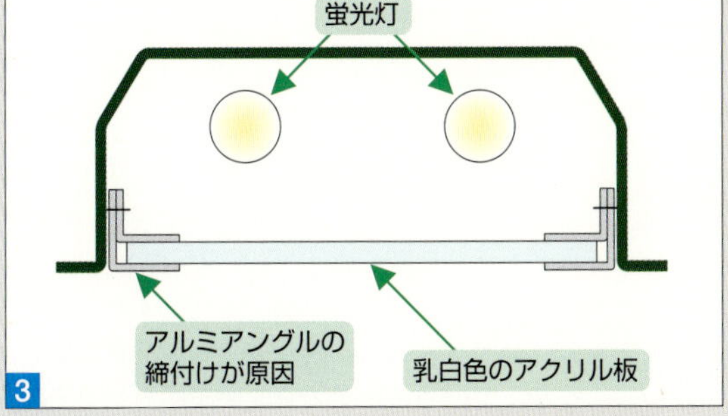

乳白色のアクリル板が，上図のようにアルミのアングルで両側から締め付けられていて、蛍光灯が点灯すると熱せられ膨張したときに、アングルに引っかかる音であった。

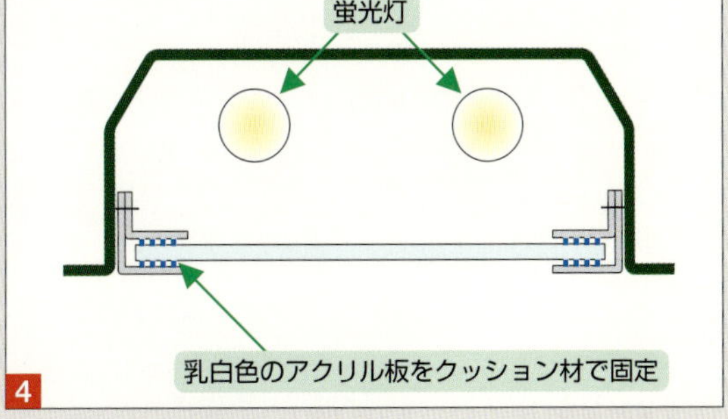

上図のように、アングルの間にクッション材を入れることによって解決できた。膨張収縮による不具合は、対策を忘れがちである。

事例

天井付け電照式サイン取付けで感電事故が起こった

ある建物の竣工直前に，天井取付け電照式サインの追加工事の指示があり，電線を下ろすために電気の作業員が近くの天井点検口から天井の中に入り，うつ伏せの状態で活線作業を行ったところ，感電してしまった。

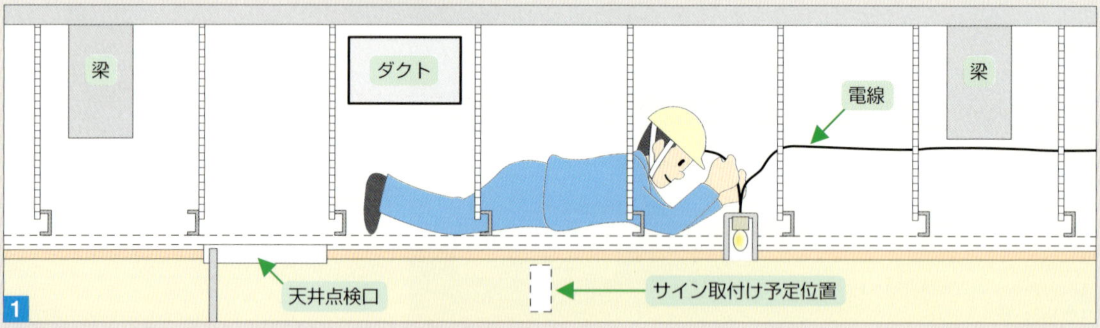

上図のような体勢での天井内作業は、特に夏季は暑さで汗が吹き出し、より感電しやすい状態となる。また、天井ボードを破らないようにひじがCチャンネルの上にあって手の自由が利きにくい。

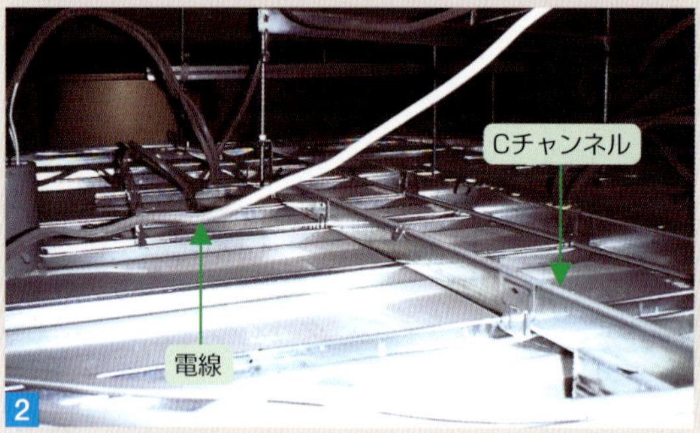

このような天井内部での作業は、非常に不安定な作業になるため、現場責任者はこの状況を確認するべきであった。

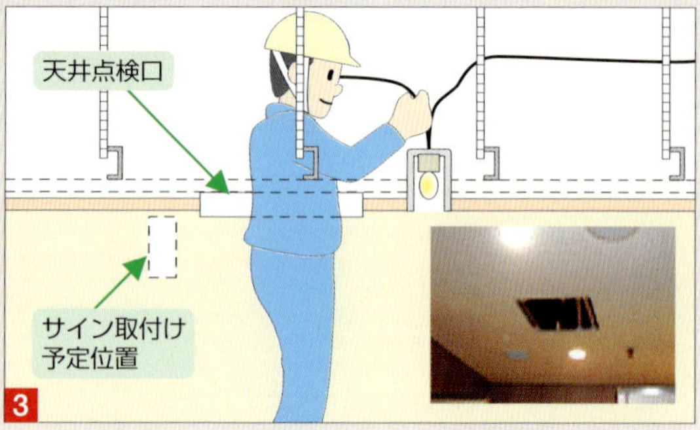

よく検討すれば上図のように天井点検口を新設して、脚立の上から作業ができるように工夫できたものと思われる。

またシャッター工事では、このような感電事故防止のため、ナイフスイッチでの電源渡しが標準化されている。

失敗防止のポイント2

ベテランの電気の作業員になると、電気の取扱いに慣れてしまい、100Vの活線作業を平気で行うことがある。しかし、それを行う状況が普通の状態で行うのと、上記のように天井内部で行うのとではまったく異なる。このような事故を防ぐためには、現場で実際に物を見て施工を行う人と作業手順をよく打ち合わせることが重要である。また、もう少し以前の段階にさかのぼって考えれば、サイン工事の段取りを天井を貼る前にできなかったか、ということである。施主に対して十分な事前説明を行い、躯体の段階で現地を見てサインのイメージをつくり上げていく努力が必要である。

事例 8

外部照明器具取付けの失敗

内部に取り付ける器具に比べて外部は，風雨の影響を受けてさびやすい。なるべく雨水の影響を受けないように，かつ取付け方法もより安全になるよう配慮しなければならない。また，海の近くになると塩害によりさらにさびが進行するので，施工地域も考えて施工計画を立案する必要がある。

写真1は、照明器具が下がってしまった状態である。雨水の影響を受けやすい部分の取付けに、プレートにもみ込むタッピングビスはさびにより外れやすいので避けたほうがよい。

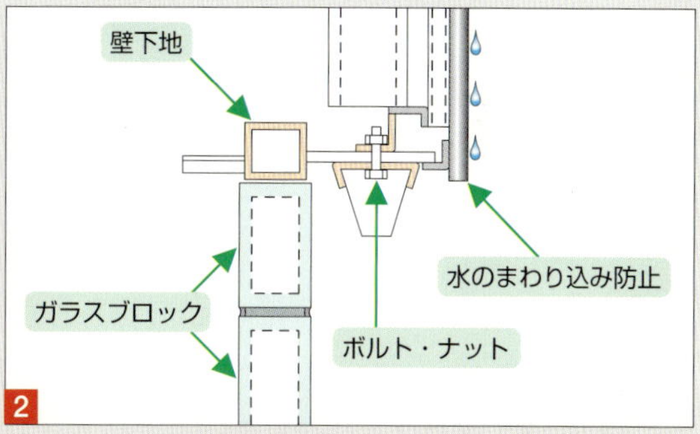

写真1のような事例の場合には、上図のようにボルト・ナットで外部照明器具を取り付け、また雨水のまわり込み防止のために、壁面を少し下げて水を切るようにしたい。

写真3は、外壁に取り付けられた配線の中継ボックスの底が雨水等の影響により、さびて抜け落ちてしまった事例である。

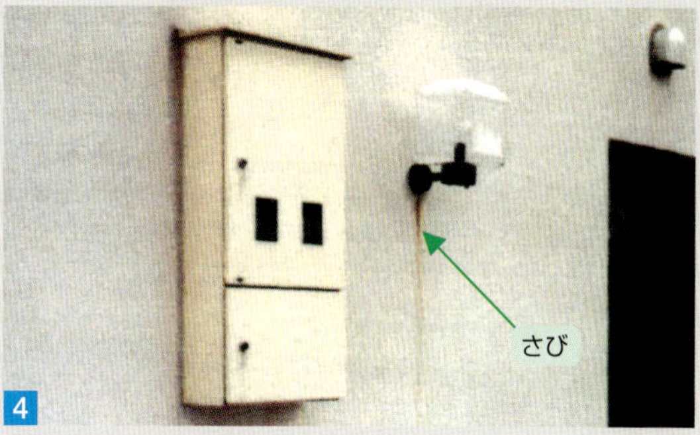

写真4はやはり雨水等の影響により、壁面に取り付けたブラケット照明の根元が腐食し、壁にさびの汚れが垂れてしまった事例である。

写真5は、海に近い建物のポーチに取り付けた照明器具の周囲が、さびてしまった事例である。外部には外部取付け用の照明器具を使用しなければならない。

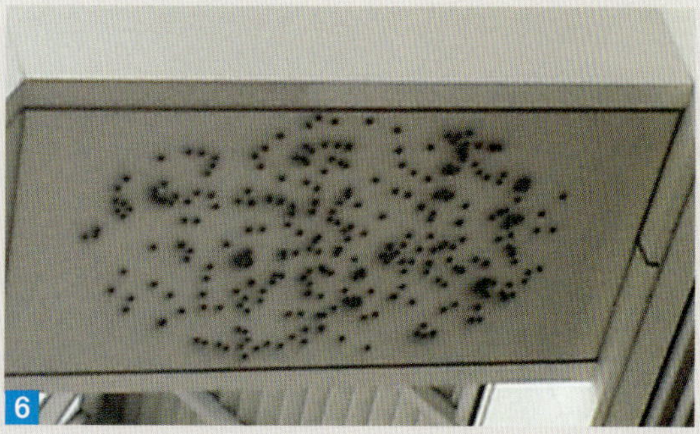

写真6は、パネルの下面に小さな電球を取り付けた照明器具である。暗いときにはきれいに光るが、昼にはこのように、虫食いのように見える。

事例 9

壁付け器具類の失敗（1）

写真1は，躯体工事完了後の集合住宅住戸の玄関部分である。躯体にとりあえずの箱抜きをしているが，欠込みが不足しているため大きなはつりを行わなければならなくなっている。こうした状況をサブコンの電気担当者の能力不足と判断しがちだが，実際にはコストが厳しいため設備サブコンがなかなか決まらず，電気担当者が現場に入ったときには，間近にコンクリート打設が迫っていて，とりあえずの逃げを打つしかなかった結果である。この悪循環が繰り返されると，現場は最悪の状態に陥ってしまう。また写真4は躯体をはつり，あきらかに品質を落としてしまった事例である。

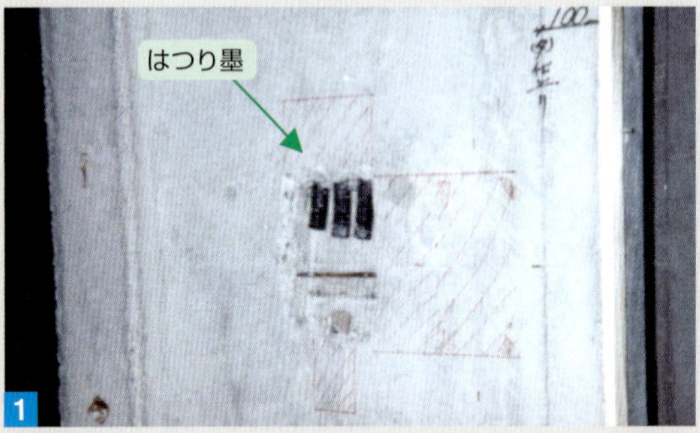

1

とりあえず逃げの箱抜きをしたが、はつりが生じている。ひとつの検討不足が全戸数に影響してしまう。

2

あらかじめ施工計画がしっかりしていれば、このように捨てボックスをコンクリートに打ち込むことができ、写真1のようなむだな工事をしなくてすんだであろう。

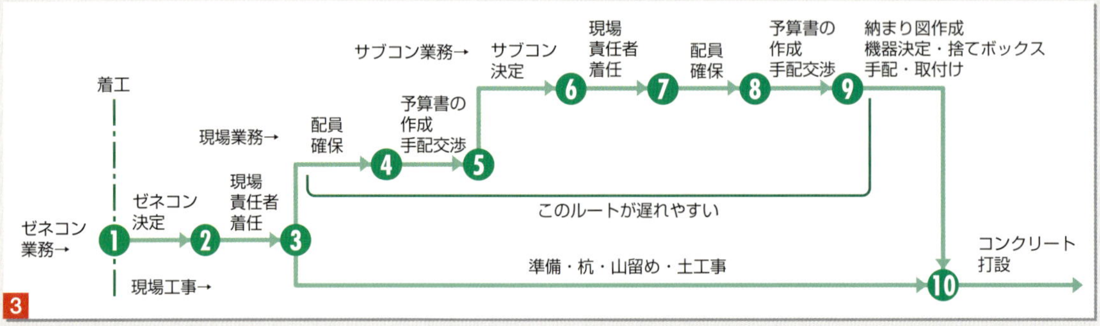

3

失敗の原因の多くは、上図のようなネットワーク工程表に示された、③→⑩の現場工事の進捗に比べて、③→④→⑤→⑥→⑦→⑧→⑨→⑩の業務が遅れることである。設備担当者の「もう少し準備の時間があれば」の声に耳を傾けなければならない。また途中での変更が発生しないよう、施主に設計図どおりの機器でよいかどうかの確認は怠ってはならない。

4

写真4は、打放しコンクリート仕上げの機械室内部の誘導灯の配線を、わざわざはつって壁に隠ぺいしている。どのような意図をもって施工したのか不明な事例である。

5

上図のように、露出配管としたほうが躯体の損傷も少なく、かえって見栄えは良かったと思われる。

事例 10

壁付け器具類の失敗（2）

器具類をコンクリートに打ち込む場合に比べて，軽量鉄骨下地に取り付けられる機器類の段取りは少しゆとりがあるはずだが，タイムリーに図面を作成して検討を行わなければ，写真1のような施工になってしまう。また写真5は，OAフロア下の配線用開口部分だが，建築工事にも電気工事の設計図書にも工事区分の記入がないため，建築と電気担当者でお互いにコストのかかる作業はやめようとして，行き当たりばったりの仕事になってしまった事例である。

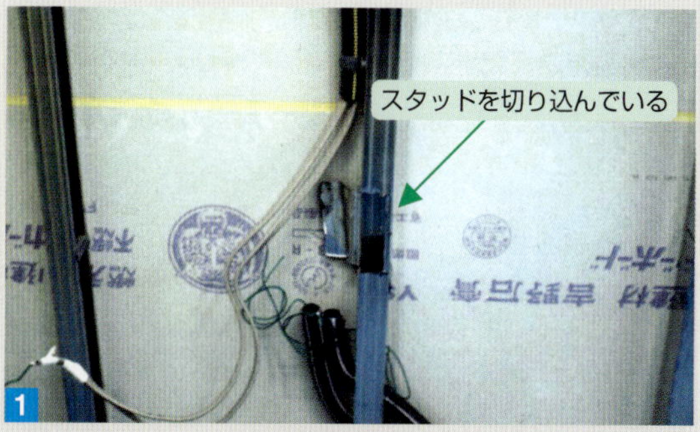
スタッドを切り込んでいる
1

写真1は、捨てボックスをわざわざスタッドの位置に切り込んで入れようとしている。たいへんな手間をかけた上に、壁の強度を著しく低下させている。

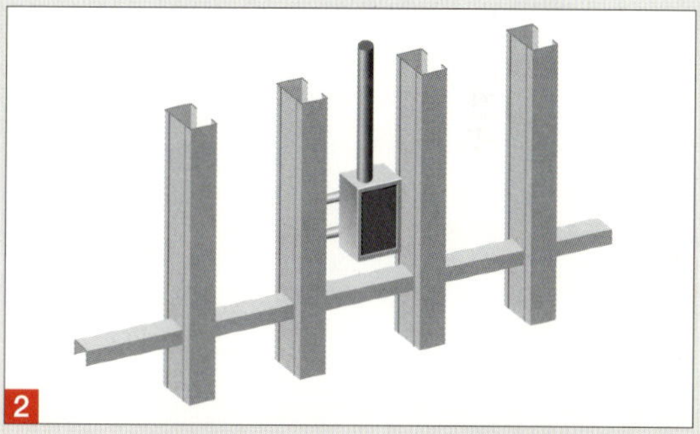
2

上図のように、あらかじめスタッドの位置を調整しておけば、むだな手間をかけずにしっかりとした施工ができていた。

スタッド位置を調整している
3

写真3は、きちんと割付けを行い納めた事例である。触れ止めチャンネルが障害になって配管が通らない場合は、補強を施すこと。

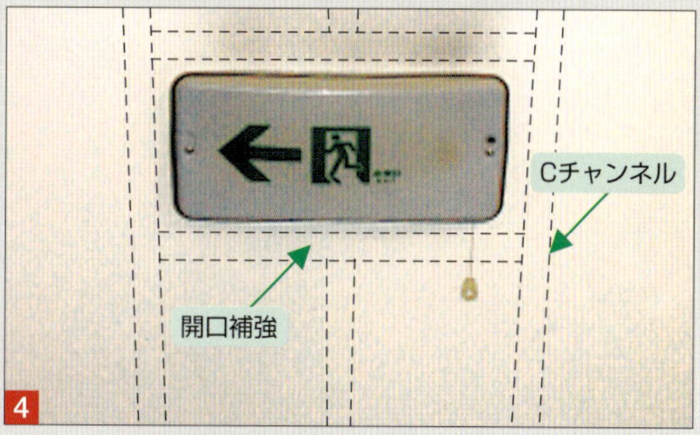
Cチャンネル
開口補強
4

壁付けの通路誘導灯は、幅が大きくスタッドとぶつかりやすいので調整が必要である。特に病院の場合には、ストレッチャーの高さを考慮しなければならない。

5

写真5は、OAフロア下の壁貫通部分の状況である。あらかじめ開口を設けていなかったためボードが見苦しく破られている。

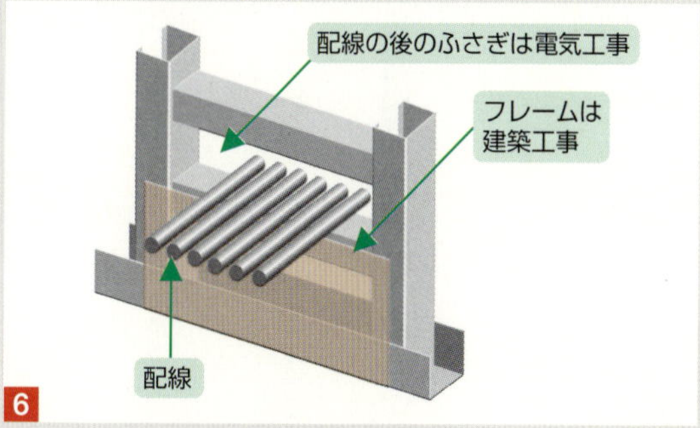
配線の後のふさぎは電気工事
フレームは
建築工事
配線
6

上図のように工事の責任範囲を設計図書に明記しておけば、きちんとした施工になる。

事例 1

庭園灯が倒される

庭園灯は安易に施工されがちだが，子供の遊び場になる場所では，取付け場所や取付け方法を考慮しておかなければならない。また，植栽の植え替えがあることを考慮して，配線が切断されないように計画することが必要である。

1

公園の歩道近くに設けた庭園灯が、子供のいたずらで斜めにされたり、倒されることがある。電線が切断されると危険なので、設置場所・設置方法を十分に検討する。

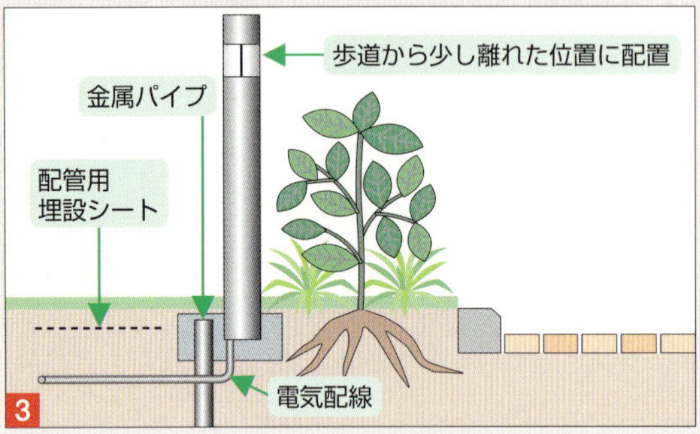
歩道から少し離れた位置に配置
金属パイプ
配管用
埋設シート
電気配線
3

庭園灯の設置にあたっては、歩道から少し奥のほうに配置し、基礎部分には金属パイプを打ち込んで基礎のコンクリートを流し込むとよい。

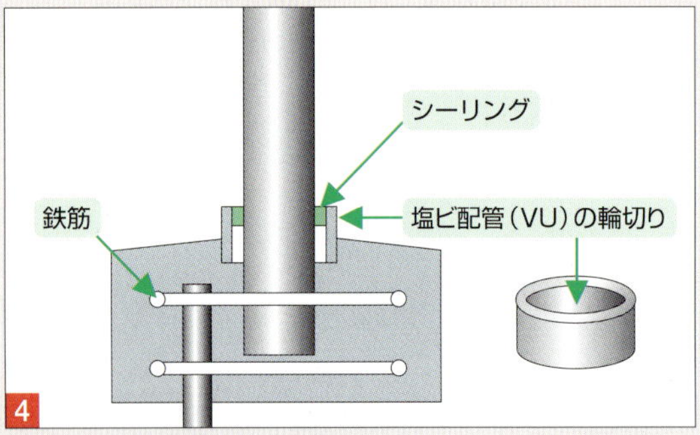
シーリング
鉄筋
塩ビ配管（VU）の輪切り
4

上図のような施工は、庭園灯本体と土台の付け根部分のさびによる腐食を防ぐために有効である。

2

基礎の下の土は植栽用の柔らかな状態であるため、小さな力でも転倒しやすいことを理解しておく。

失敗防止のポイント3

外部の植栽回りの照明をどのようにするかは、施主の基本的な方針がなければならない。つまり、明るくして人を引きつけたいのか、防犯の灯りがあればよいのか、あるいは省エネルギーのために照明は取り付けないのか、また点灯するとすれば、その点滅はタイマーか自動点滅方式であるのかなどである。中途半端な考えの下にでき上がったものは、変更になることが多い。照明用の配線は、植栽の植え替え時に傷つけられて漏電や感電事故が発生しないよう、しっかり保護を行い埋設シートを施工するとともに、照明器具は、十分な防水機構があるものを選定するべきである。

事例 12

植栽に隠れてしまった庭園灯

植物など生長するものに関係した建築設備は，現状だけでなく将来の生長した姿を予測して，照明器具等の選定および設置位置を考える必要がある。散水栓の配管が樹木の根の生長により折れてしまった例もある。樹木は，「生長にともない動きが発生する」という時間の状況を認識しなければならない。また，桜の木を植えた場所でも下向きの庭園灯しかない場所がある。写真３のように，樹種ごとに美しく演出する照明位置の効果的な設置方法もよく検討しなければならない。

写真１は、庭園灯が樹木の間に埋もれ、その役目を果たしていない状態である。竣工時は樹木も小さくて茂っていなかったため、バランスが取れていたのであろう。

写真2は、大きな樹木を下から照らして演出する方法である。芝や草刈りのときに器具や電線に傷をつけないような配慮が必要である。

桜の花びらは下に向いて咲くため、このような場所では、写真3のように下から照らす照明が効果的である。春の一時的なものではあるが考慮しておきたい。

事例 13

電線立上がり部分の床開口の処理不良（1）

写真１は，EPSの盤内において，水平区画の耐火ボードを外したまま放置されていた配線の状況である。このような状況が，火災時に電気のシャフトからの延焼を起こしやすい原因を生み出している。ビル管理がしっかりされていない建物では，配線の更新工事のときにこのように耐火ボードを外したままの状態になっていることがあるので，建物管理者にしっかりと申し送りをしておかなければならない。

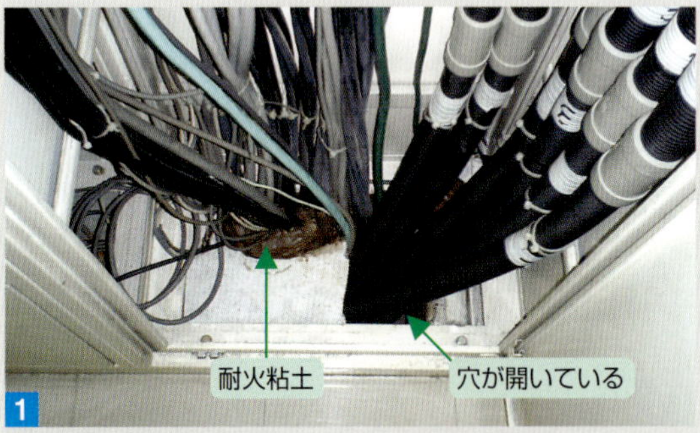

写真1は、EPSの盤の中で、配線や配管を立ち上げているが耐火ボードが外され、穴があいたままになっている。ラックで配線を立ち上げたほうが施工性はよい。

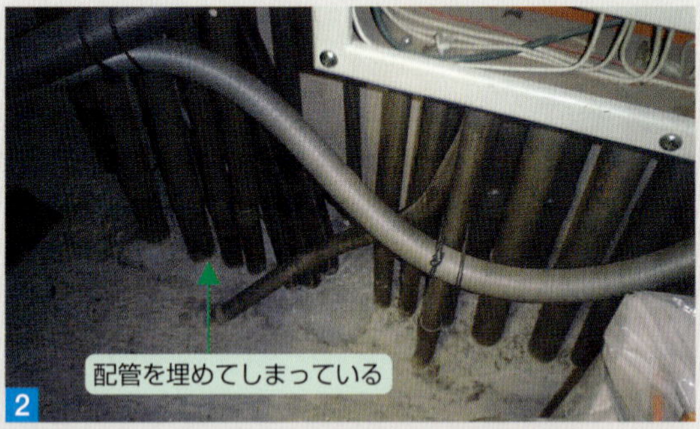

写真2は配管を通した後、開口をモルタルで埋めてしまった事例である。このような処置は、配管の増設を行うときに床をはつらなければならないので避けること。

写真3では、床開口にラックを取り付け耐火ボードでふさぎ、配線の周りを耐火粘土で処理した。処理はしやすい。

写真4は、デッキプレート下部の凹凸を平らにした後で、耐火ボードを貼らなければならない。かなり手間がかかる作業で、この解決方法を23ページ・図4で紹介する。

写真5は、デッキプレート下のバスダクトの貫通部分。下からの作業になるので施工性が悪い。上部だけで区画できるものもある。

耐火ボードの加工。一枚ずつ現場で手間をかけて加工している。

事例 14

電線立上がり部分の床開口の処理不良(2)

写真1は，配線用開口部をはつったままの状態で配線を行っている。また写真2のように，デッキプレートの切断部分はきれいに処理されにくく，切断部分で電線が傷ついてしまうことがある。建築と設備がお互いに協力して，品質・作業性の良い方法を現場責任者がリーダーシップを取って進めていかなければならない。

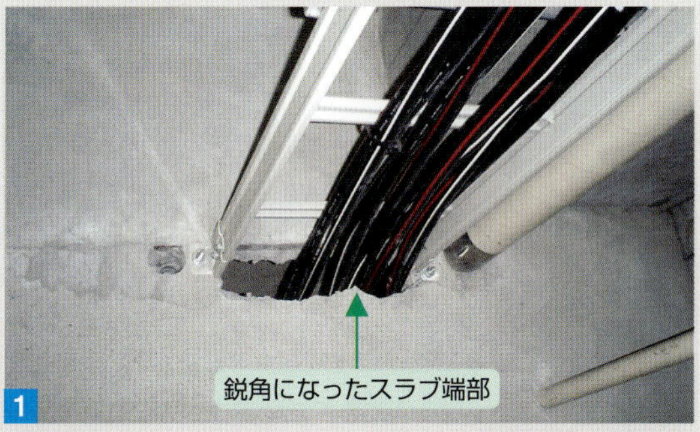
鋭角になったスラブ端部
1

写真1は、スラブ端部のコンクリートの開口が鋭角になっていて配線を傷つけている。

デッキプレートのために耐火ボードの施工が難しい
2

写真2のように、コンクリートの下のデッキプレートが切断されたままの状態で幹線を立ち上げると、デッキプレートの切断部で幹線が傷つくおそれがある。

3

写真3のように、後でデッキプレートに開口をあけるため、ガスで切断しなければならない。この切断部分がきれいに処理できない。

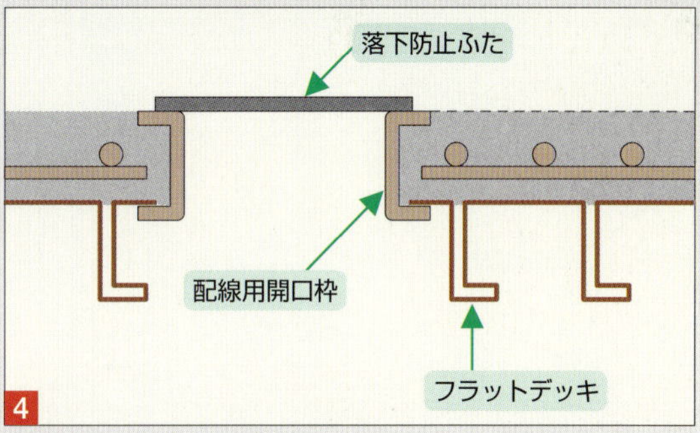
落下防止ふた
配線用開口枠
フラットデッキ
4

上図のような配線用開口枠をあらかじめ用意すれば、その周囲にデッキプレートを配置することで、はつったり切断したりという施工のむだが解決できる。

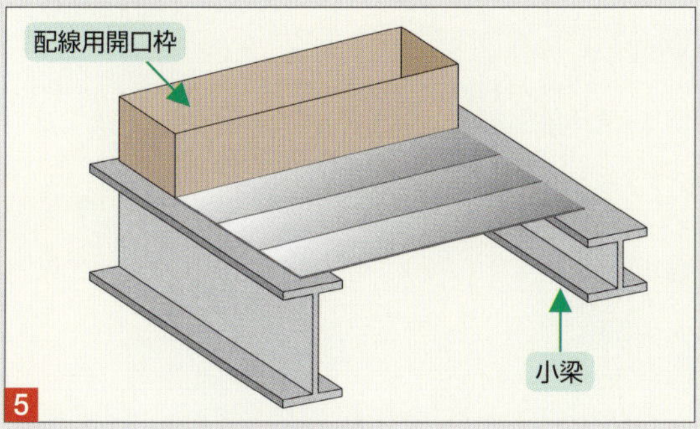
配線用開口枠
小梁
5

デッキプレートを切断しなくてすむように、上図のようにデッキプレートの下に小梁を設け、梁と梁との間に開口をつくるようにするときれいに仕上がる。

配線用開口枠
6

写真6は、図5の実施例である。デッキプレートの方向に開口を設けると強度的にも問題がなくなる。

事例 15

EPS内部のレイアウト

EPS内は狭いため施工性が非常に悪くなりがちである。それにもかかわらず，その中での施工性を十分に考えているケースは少なく，手直し工事を発生させている。また，EPS内では竣工後の変更工事がよく行われるが施工性が悪いため，工事金額が高くなってしまっていることを考えなくてはならない。なお，下記にEPSの防火区画について述べているが，防火計画や指導などによりEPS回りの壁すべてを防火区画としなければならないことがあるので注意が必要である。

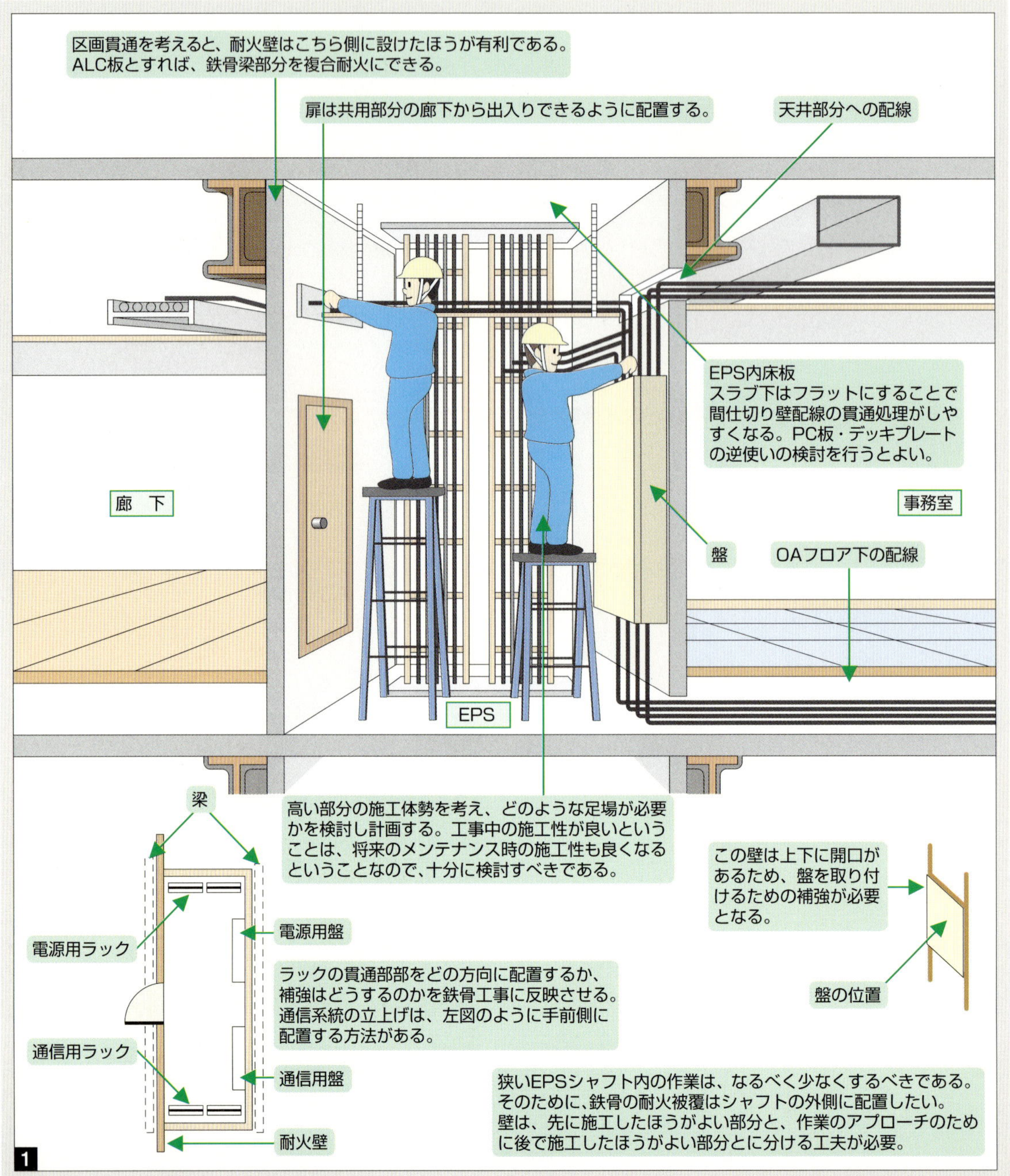
区画貫通を考えると、耐火壁はこちら側に設けたほうが有利である。
ALC板とすれば、鉄骨梁部分を複合耐火にできる。
扉は共用部分の廊下から出入りできるように配置する。
天井部分への配線
EPS内床板
スラブ下はフラットにすることで
間仕切り壁配線の貫通処理がしや
すくなる。PC板・デッキプレート
の逆使いの検討を行うとよい。
廊 下
事務室
盤
OAフロア下の配線
EPS
梁
高い部分の施工体勢を考え、どのような足場が必要
かを検討し計画する。工事中の施工性が良いという
ことは、将来のメンテナンス時の施工性も良くなる
ということなので、十分に検討すべきである。
この壁は上下に開口が
あるため、盤を取り付
けるための補強が必要
となる。
電源用ラック
電源用盤
ラックの貫通部部をどの方向に配置するか、
補強はどうするのかを鉄骨工事に反映させる。
通信系統の立上げは、左図のように手前側に
配置する方法がある。
盤の位置
通信用ラック
通信用盤
耐火壁
狭いEPSシャフト内の作業は、なるべく少なくするべきである。
そのために、鉄骨の耐火被覆はシャフトの外側に配置したい。
壁は、先に施工したほうがよい部分と、作業のアプローチのため
に後で施工したほうがよい部分とに分ける工夫が必要。

1

事例 16

OAフロア接続部にあるEPSの検討不足

EPSの配置が悪かったり，配線ラックの立上がり位置が悪く配線工事のやりにくいEPSがある。設備を考えていない意匠図と，単線だけで納まりを理解していない設備設計図があり，それを検討もせずに進めてしまう現場責任者がいるから，このようなEPSができ上がってしまうのである。その後の配線の更新のたびに，非常に高い労務費を支払っているのは，そのビルのオーナーやテナントであることをよく認識するべきである。

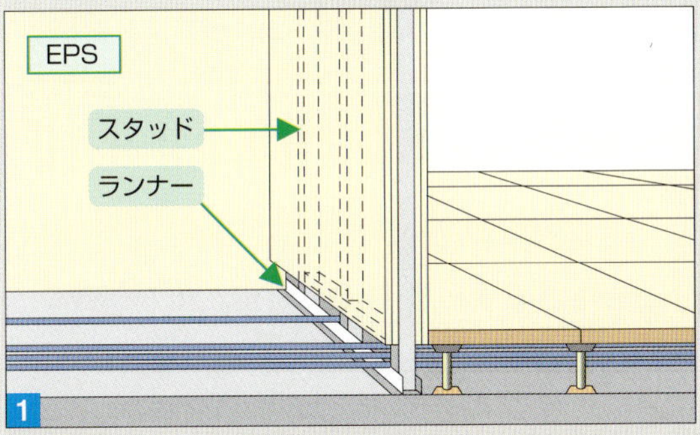

上図は、行き当たりばったりの配線の状況。EPSから事務所側のOAフロアの下への配線のルートが狭く、スタッドのランナーの上に配線を通している事例である。

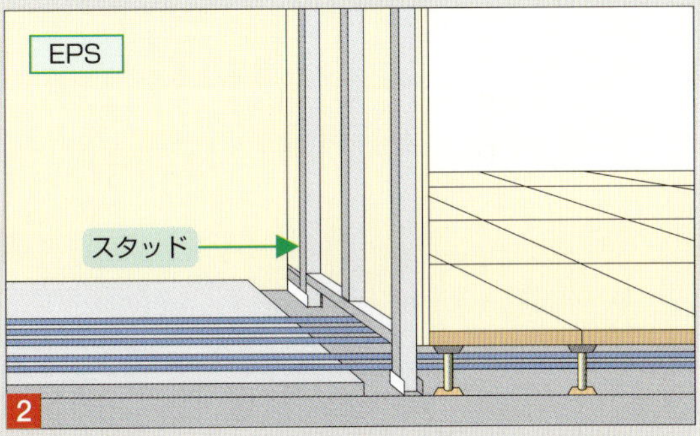

配線の量を把握して、通す範囲を決めなければならない。また、漏水対策として床上げをする場合は、上図のようにその位置を考える必要がある。

写真3は、EPSから配線が出た状況（改修工事で切断した）。各所で交差することが少なくなるように、この位置で系統別に整理しておくべきである。

OAフロアの高さが少ないと、交差する部分で懐《ふところ》が足りなくなることがある。

配線が交差している部分。

電源・OA配線取出し用ボックス。レイアウト変更のたびにやり替え工事が発生し、コストがかかる。

事例17

盤内の火災と感電事故

盤内の操作で感電事故や火災が発生することがある。そのような事故が発生しないような配慮をしたつくり方をしておく必要がある。

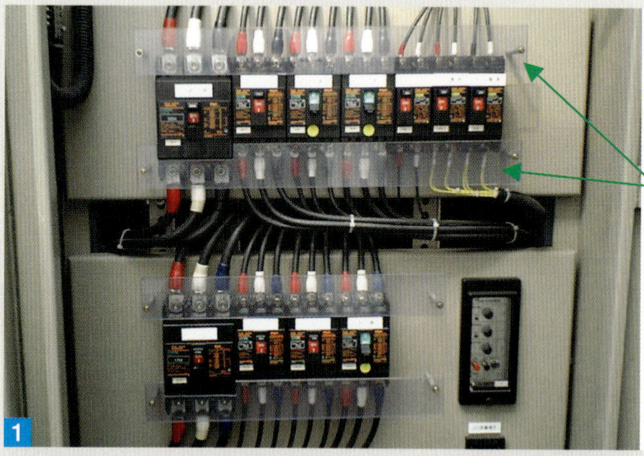

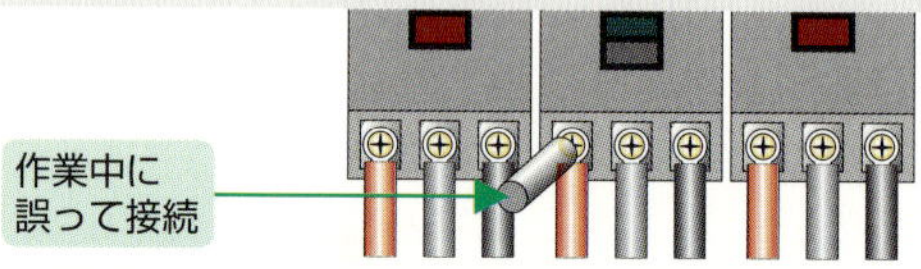

充電部保護カバー

配線のやり替え時には、共通になっている充電部の保護カバーを外し、目的の回路の工事を行うが、他の回路は電気を落とさないで作業する。そのとき誤って工具や手を他の回路の端子に触れて感電する事故が多い。各回路の保護カバーを共通にするのではなく、独立させておくべきである。

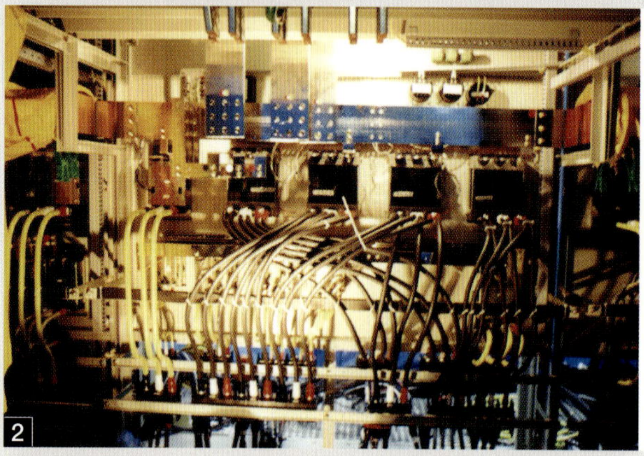

盤内部の視認性

盤の製作で重要なことは、点検時の視認性の良さである。体勢の悪い状態で検査を行うと感電のおそれがあるため、検査での重要性の高いものの配置を適正に行わなければならない。また盤の無理な改造は危険なため、ある程度の余裕をもった設計にしておくべきである。

端子の増し締め

盤内の配線端子接続部は、取付け時点で締め付けた後、通電してから熱の影響などで緩むことがある。緩みがあるとスパークが発生して火災に至ることになるため、再度締め付けなければならない。そのためには、一度締め付けた後にマーキングして、目視確認できるようにしておかなければならない。

事例 18

屋上配線のルートの失敗

どうしてこのようなことに気が付かなかったのかと，でき上がった状態を見て思うことがある。写真1がまさにその例である。貴重な屋上の通路が配線用ラックでふさがれてしまっている。このような不具合は，電気・空調・建築担当者が前もって意見を出し合い，大まかなパースを作成して検討することで解決できたはずである。

設備架台用鉄骨の柱に沿って配線用ラックを上げているため、通路をふさいでいる。

写真1の配線用ラックは、この上の設備架台の空調機器制御盤へと続いていた。

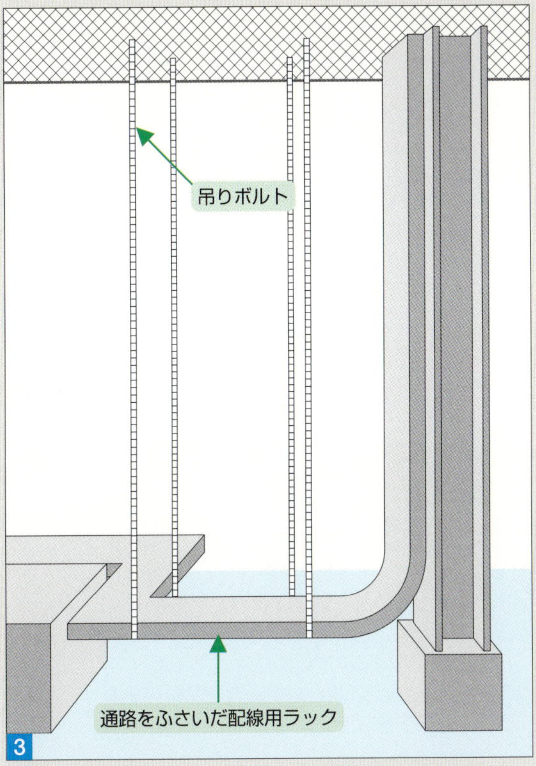

通路をふさいだ状況。配線の立上げに柱を利用するのはよいが、そこまでのルートを考えなければならない。

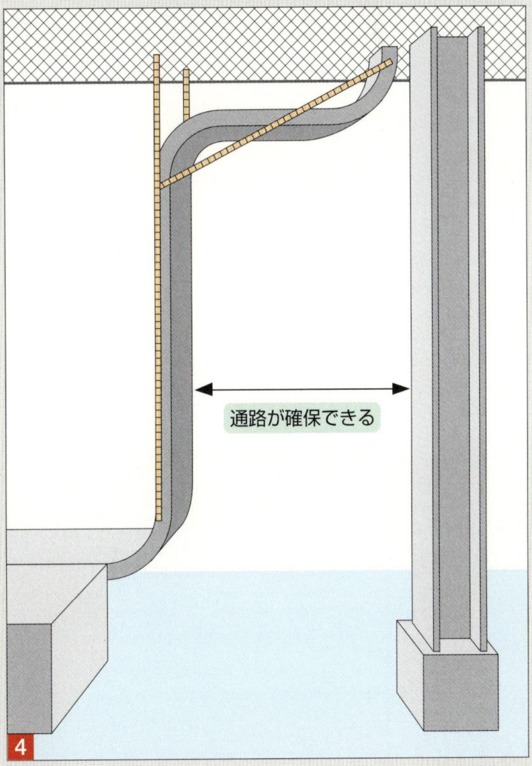

このような形にするか、もしくは下の階からの配線を立ち上げるハト小屋の位置を、うまく柱の近くに配置する方法が合理的である。

事例 19

携帯電話受信設備

建物内部のどこでも携帯電話が通じるようにしたい，という要望が多くなっている。特に地下部分では特別な受信設備を設けなければ受信できない場合が多い。公共の場所以外のビル内にそのような設備を設けると，多額のコストがかかるのであらかじめ打合せを行っておかなければならない。

1

写真１のように、携帯電話の受信設備はかなりのスペースをとるので、その配置についての検討が必要である。当初の計画にはなかったため空調機械室に配置している。このような設備は湿度を嫌うため、通信関連の部屋にスペースをとるか専用の部屋を設けておくべきである。

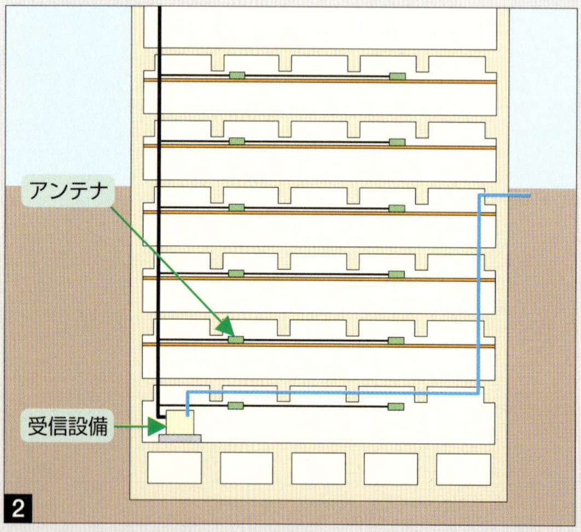

2

失敗防止のポイント4

携帯電話の会社によって受信機器が異なり、かつ一般の携帯電話とPHSでも機器が変わるため、すべてを満足させるためにはコストがそれだけ多くかかることになる。工事もメインの受信装置から各階へ配線をしなければならないため、手間と時間がかかり、天井にはそのための点検口を用意する必要がある。
この設備を設けることにより、メンテナンス時に連絡がとりやすくなるというメリットがあるので、採用するかしないかに対する施主決定を早めにすませ、工事期間中も使えるようにするとたいへん便利である。

事例 20

外壁設備の取合いの失敗

設計図の立面図の中に窓は反映されるが，設備系のガラリ・樋・換気・電気・電話引込みなどは，なかなか反映されにくい。各階の換気口のための躯体穴あけや屋上の横引きドレンの設置位置など，コンクリート打設前に関係設備はすべて調整しておかなければならない。

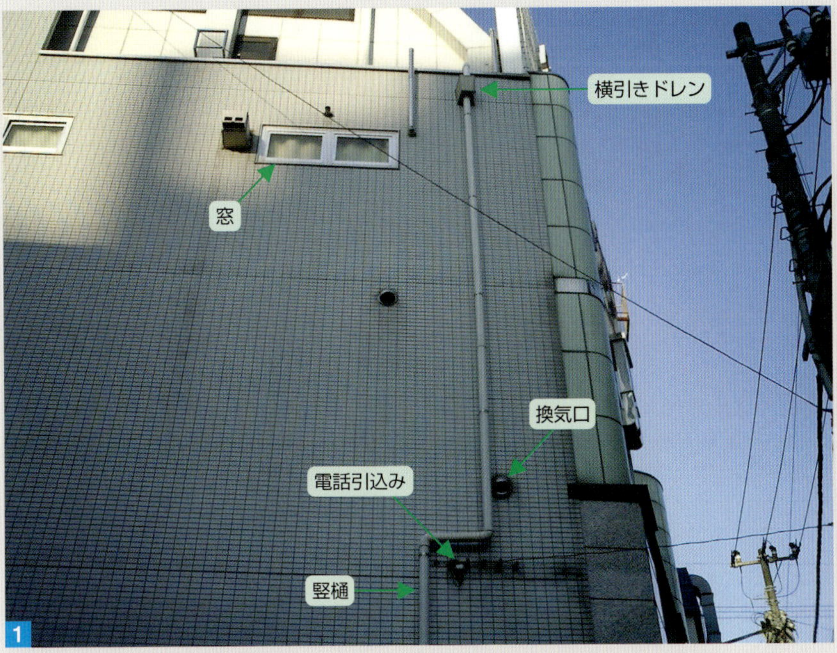

写真1は、雨水の竪樋が電話の引込み位置と干渉したため、左に振られている。少なくともタイルの割付け図面作成の段階で、その図面に関連設備を落とし込んでいれば、むだな手間をかけずにきれいな納まりになっていたはずである。

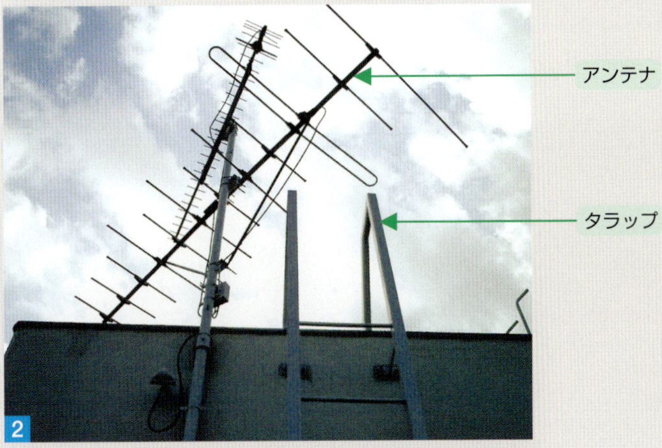

写真2は、受信用のアンテナ支柱を立てたが受信方向を考慮しなかったため、タラップの真上の設置となり、昇降時に危険な状態をつくっている。

事例 21

幹線引込みの失敗

幹線の引込み工事は，写真１のように建物の躯体工事完了後に電力ハンドホール部分を掘削し，山留め壁に穴をあけ，躯体とハンドホールとの間に配管を通すのが一般的であるが，ハンドホールや建物側の止水の施工性が悪く竣工後に漏水することがある。このような工事を総合的な判断の下に合理的に行えるかどうかは，現場責任者の能力にかかってくる。

写真1は、建物の躯体工事完了後に電気工事で掘削機械を手配し、電線の導入部分を掘削している。施工箇所が狭く障害物がある部分は人力での掘削となる。

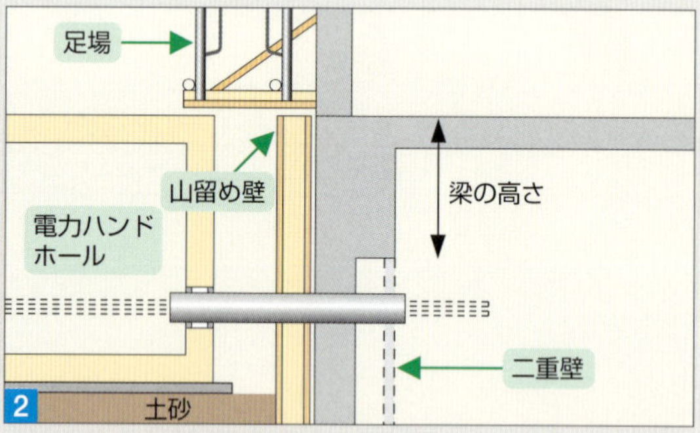

建物周囲に足場がある場合、上図のように施工はより困難な状況となり、施工性の悪さから施工不良や工期の遅れが発生しやすい。

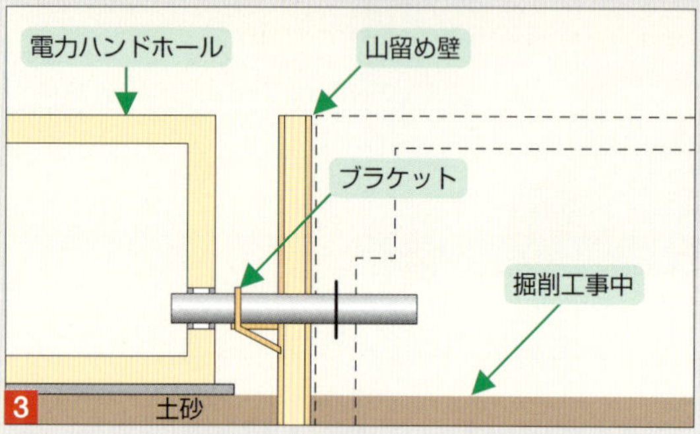

対策として、建物の地下掘削開始と同時に電力ハンドホールの施工を行い、つば付きの配管を通しておく。また、建築工事の掘削機械のある間に埋め戻しを行う。

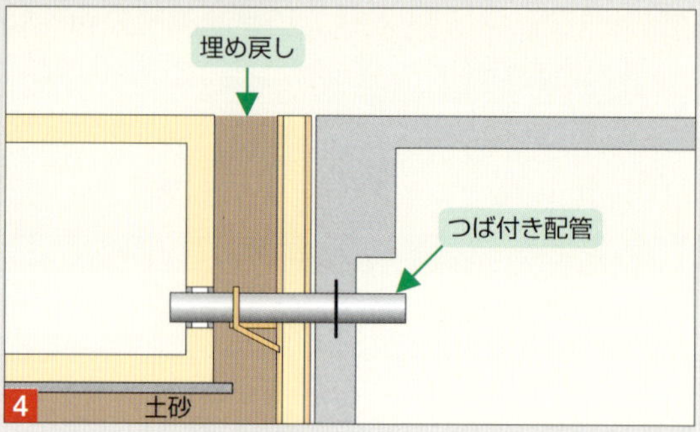

上図のように、つば付き配管をコンクリート躯体に打ち込むことにより止水性が向上する。

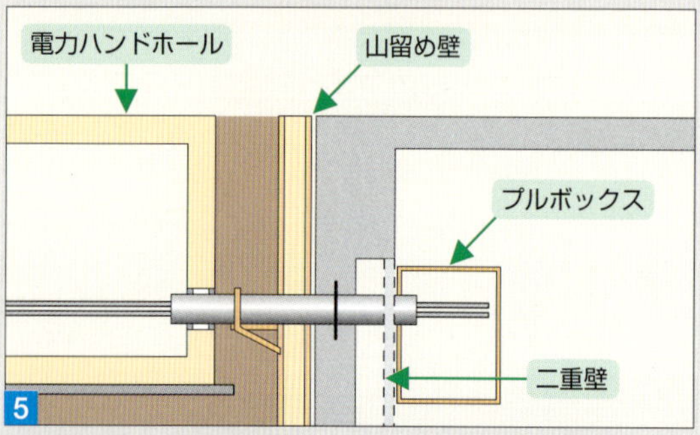

二重壁やプルボックスの取付けを上図のように行うと、その後の漏水状況が確認できなくなるので避けること。

写真6のように躯体の状況が見える納まりとしたほうが、漏水状況の確認ができ保全性が高まる。このとき、壁の躯体は漏水のないようにしっかりと突き固める。

事例 22

無停電装置の解体工事で感電した

改修工事において，UPS（無停電装置）からの配線を撤去するためトランスからの電源を遮断し，念のため検電器で確認してから配線を切断したが，その際に感電してしまった。蓄電池設備についての認識の甘さが招いた事故である。

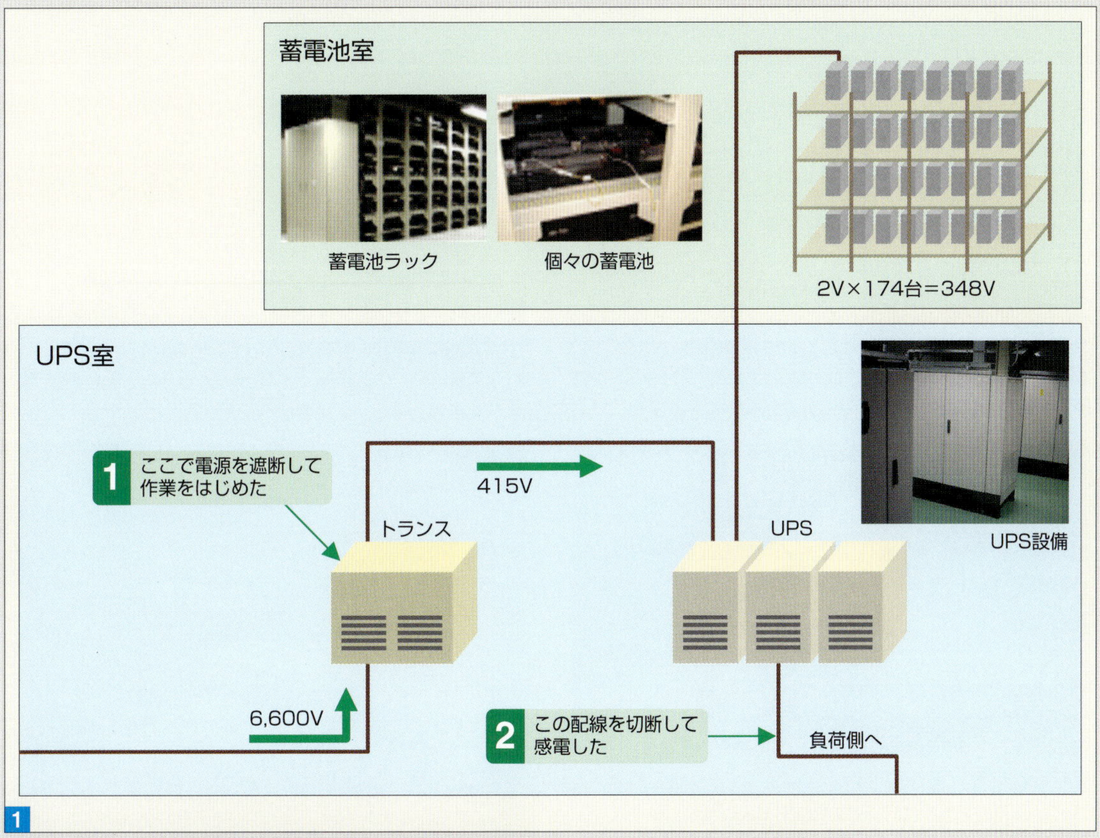
蓄電池室
蓄電池ラック
個々の蓄電池
2V×174台=348V
UPS室
1 ここで電源を遮断して作業をはじめた
415V
トランス
UPS
UPS設備
6,600V
2 この配線を切断して感電した
負荷側へ
1

2
蓄電池室は別の部屋になっていた。UPS室内にトランスがあるため、そのメインの部分で電源を遮断すれば、それ以降の電気は切れていると思いがちである。

失敗防止のポイント5

この事例の場合、検電器を用いて電気が通っていないことを確認の上、安心して電線の切断作業に入った。ところがその検電器は、交流電流は検出できるが、直流電流は検出できないものであった。無停電装置とつながっているのは、直流の蓄電池である。後に冷静に考えると当たり前なことと思われるが、実際に作業している人は長年の勘と経験で安全と思い込みがちである。人間は、陥りやすい罠には、極端にもろいものであることを、実例をもとに多くの人に啓蒙していく姿勢が、技術者として求められる。

事例 23

避雷針の取付け

避雷針は，あまり高すぎると基礎が大きくなり不経済になるばかりでなく，風の影響で騒音を発生したり，あるいはその振動が最上階に伝わる問題を起こすことがある。できるだけ経済的な配置になるよう配慮しなければならない。

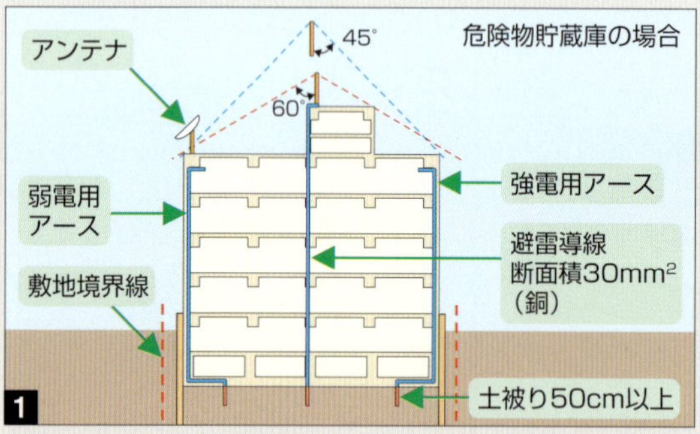
危険物貯蔵庫の場合
45°
60°
アンテナ
弱電用
アース
強電用アース
避雷導線
断面積$30mm^2$
（銅）
敷地境界線
土被り50cm以上
1

上図のように、保護範囲に入るように避雷針の本数と配置を計画する。後の変更で取り付けたアンテナ等が保護範囲に入らずに施工し直すことがないように注意すること。

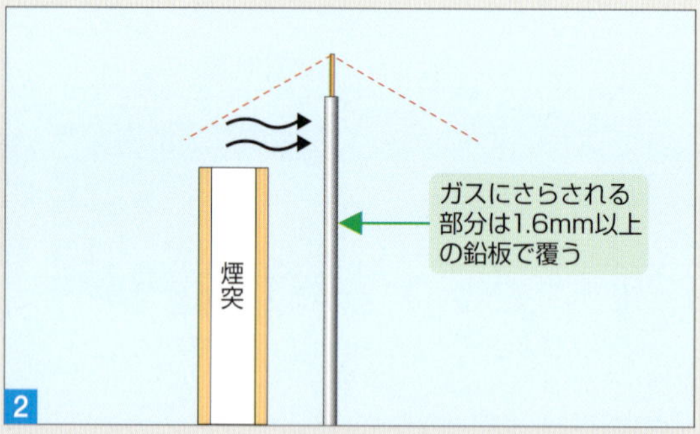
煙突
ガスにさらされる
部分は1.6mm以上
の鉛板で覆う
2

煙突も保護範囲に入れなければならないが、ガスにより腐食するので、風の向きや離隔を十分に考慮した配置とすること。

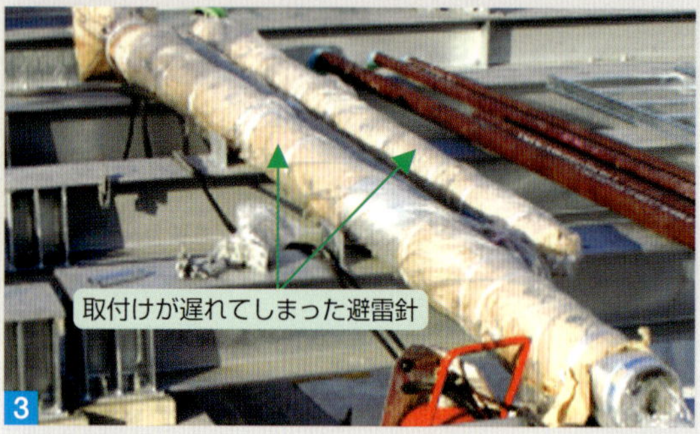
取付けが遅れてしまった避雷針
3

長い避雷針は、屋上にクレーンが設置されている間に取り付けるように段取りしなければならない。

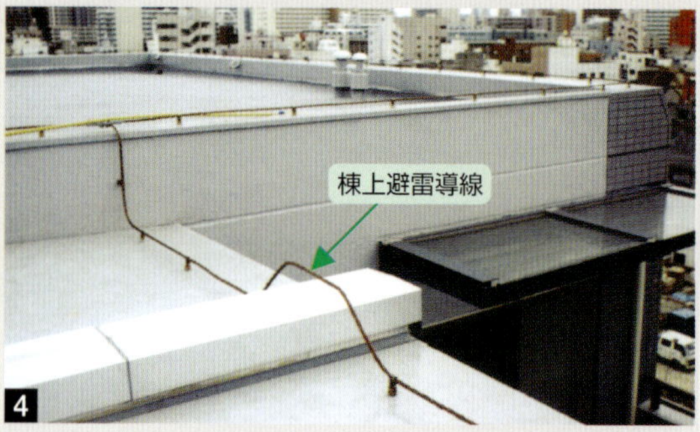
棟上避雷導線
4

写真4は、棟上避雷導線として$30mm^2$の銅線を使用している。

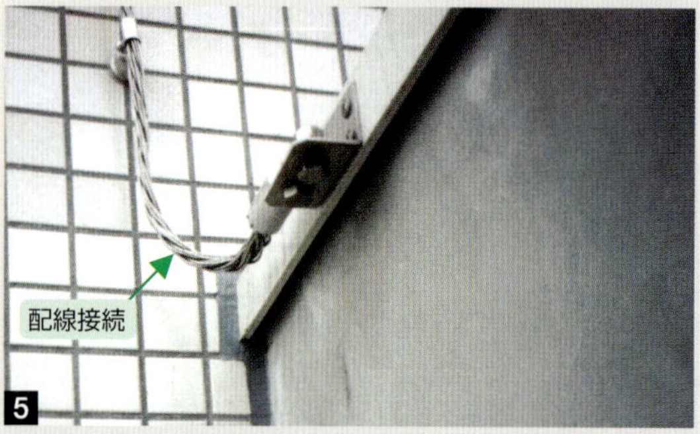
配線接続
5

断面積が$50mm^2$以上のアルミ笠木は、棟上導体として使用することができる。しかし条例により塗膜厚が厚いと認められないことがあるので確認を要する。

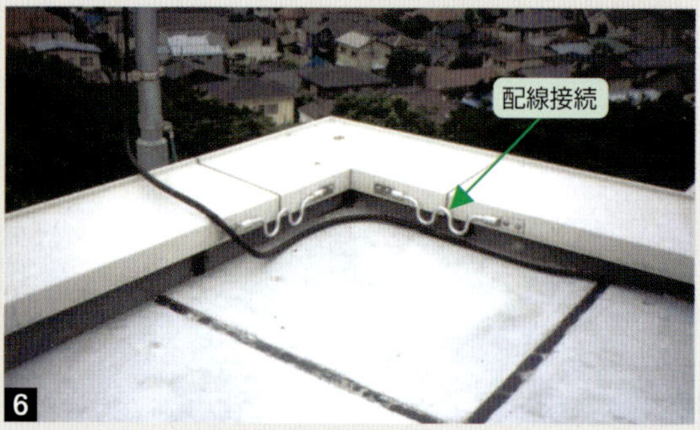
配線接続
6

笠木のジョイント部分の接続断面が小さくなるので、写真6のように配線接続をしなければならない。

事例 24

アースの取付け

建物周囲に敷地のゆとりがない場合，アース棒の打込み（アース板の埋設）は捨てコンクリートの前に施工されなければならない。避雷針用アースの必要本数，強電用のアース，弱電用のアース，それ以外に医療用や通信用に特殊なアースが必要でないかを早めに確認し，どのように配置してルートをどのようにとるのかを計画しておかなければならない。

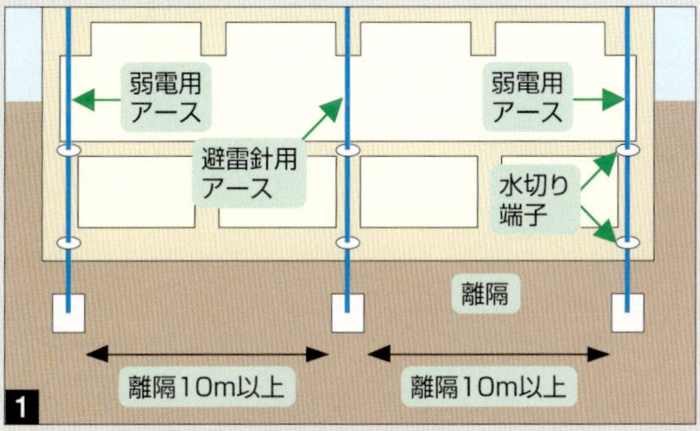

それぞれのアースに影響を及ぼさないよう、上図のように十分な離隔を取らなければならない。

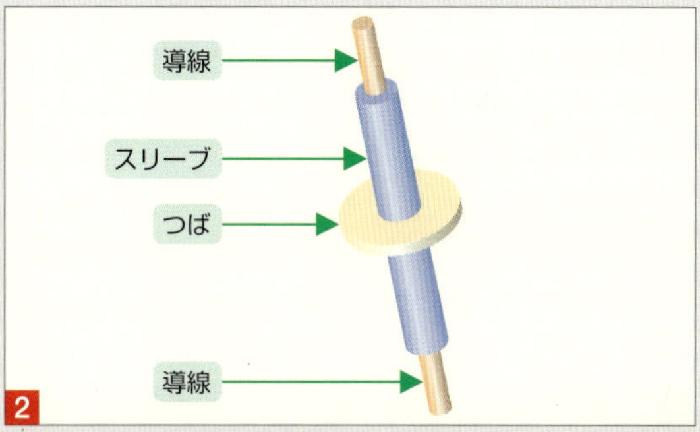

水切り端子は、建物内部への水の浸入を防ぐため、導線を上図のようなつば付きスリーブで接続し、スリーブ内に溶融導体を流し込むものである。

写真3は、アース棒の打込み状況。アース棒は支持地盤を傷めるおそれがなく、施工性が良い。

写真4は、アース用の導体の状況。この上に捨てコンクリートが打設される。

電気工事を担当する施工会社の決定が遅れ、アース工事を忘れると、上図のように耐圧盤を壊してアースを入れることになるので注意すること。

失敗防止のポイント6

電気の設計図書に、必要とされるアースの仕様が明記されていない場合がある。特殊な医療器械や通信機械の場合、それに専用のアースが必要になる。施主や設計者にその認識がなくても、設置する機器類等の決定を早めにお願いし、その機器のメーカーから必要とされる設備の確認をすませ、アースの施工時期に間に合わせなければならない。アースの取付けに関するトラブルを回避するためには、冷静な状況把握と危険予知が大切である。

事例 25

電波障害発生の予測

建物を建てることによる電波障害の補償は，建てる側の責任になるため事前に十分な配慮が必要である。しかし，その判断が悪く，トラブルになるケースがある。どの時点から障害が起こりはじめてくるのか，といった細かな事前の検討が十分にされていないのがその原因である。建物の施工中に屋上高くタワークレーンをせり上げた場合などに「テレビの映りが悪くなった」，と苦情が発生し即座の対応が求められることがよくある。自分の目で見て，事前にある程度の予測をしておくことで，適切な対応が取れるようになる。

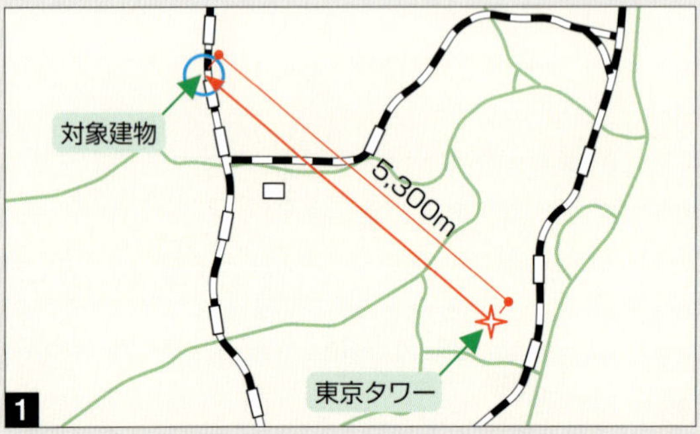
対象建物
5,300m
東京タワー

1

電波の到来方向の、東京タワーからの距離と角度を地図で調べる。上図の場合、建築する建物の高さは55mで、タワーからは約5,300m離れている。

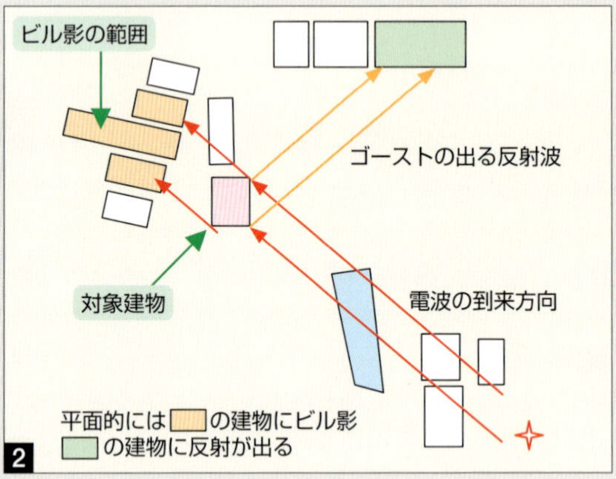
ビル影の範囲
ゴーストの出る反射波
対象建物
電波の到来方向
平面的には の建物にビル影
の建物に反射が出る

2

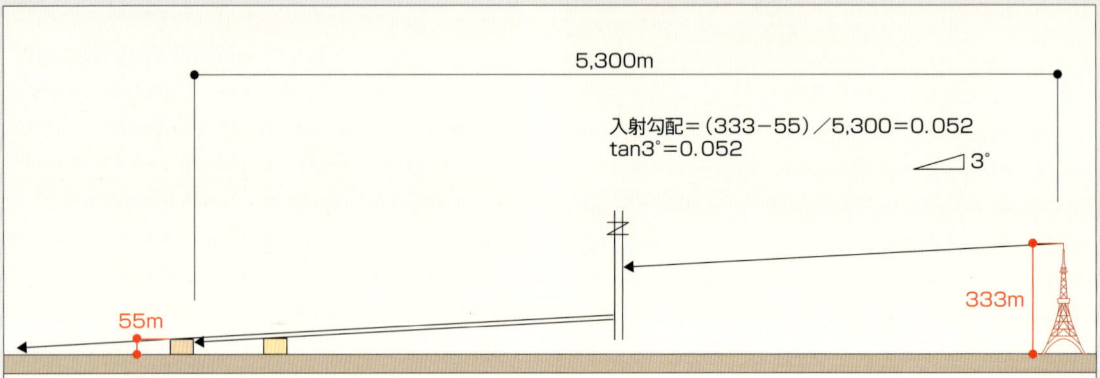
5,300m
入射勾配＝(333−55)／5,300＝0.052
tan3°＝0.052
3°
333m
55m

上図のような電波の到来断面を作成してみると、建物には3°上からの入射角で電波が来ることがわかる。机上での検討の後に、計画建物の後ろ側にあるビル屋上から入射方向を見て、高い建物の存在や反射方向に何があるかを、実際に見てみることが大切である。現地確認をせずに、古いデータをもとに資料を作成して誤った判断をしている例があるので注意をしたい。

近くのビルから電波到来方向と、建物ができたときの反射波がどの方向に発生するのかを、実感してみるとよい。

3

事例 26

電波障害反射波の対策

電波障害の発生件数は，一般的にビル影によるものよりも反射によるほうが多い。写真3の左側の写真は，道路斜線により建物がセットバックしており，養生ネットを取り付けてある外部足場を解体した時点で電波障害の苦情が発生した。そこで再度，外部足場のあった状態のように養生ネットを張り込んでみたところ電波障害が消えた事例である。

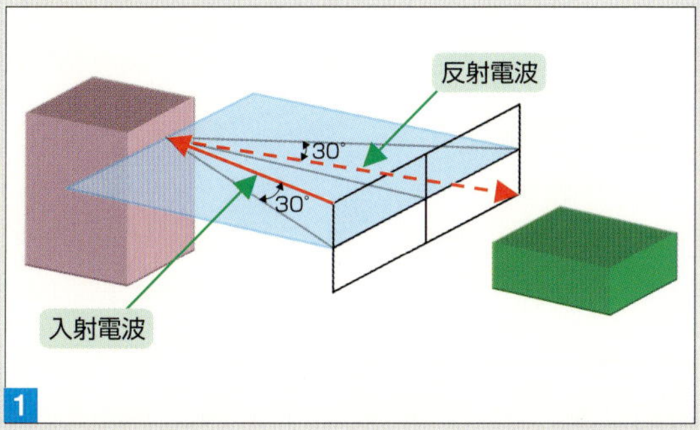

1

反射波の影響範囲が大きくなることがある。建物の外壁面に入射した電波は、上図のように反射し緑色の建物のアンテナに遅れて入るため、ゴーストを発生させる。

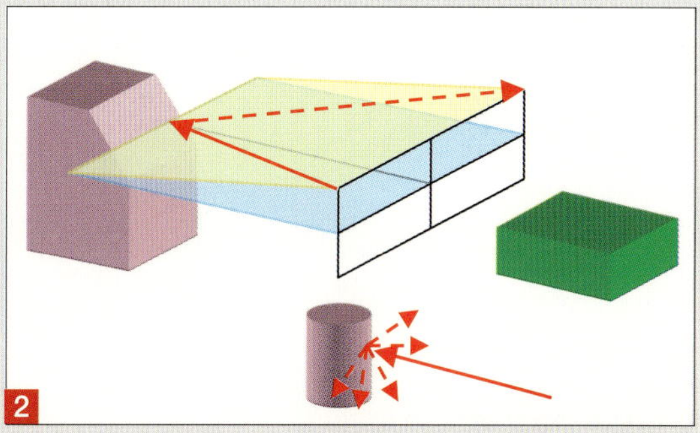

2

外壁面を傾けることにより、反射波を影響の少ない上の方向に向ける方法がある。また反射波を分散させるために壁面を曲面にする対策もある。

上の2枚の写真は、それぞれ電波到来方向の外壁面に金網を張り込み、影響の少ない上方に向けて電波を反射させて対策をとった事例である。

3

事例 27

屋上重量物の搬入時期と配置

建物の屋上に設備機器用架台鉄骨があり，2段に設備機器を配置するような設計の場合，屋上の鉄骨工事をすべて完了させてから設備機器を設置しようとすると，たいへんな手間がかかってしまう。平面的に工区分けを行い，工区ごとに下の設備機器の設置→鉄骨架台建方→上の設備機器の設置というように組み立て，次の工区へ移るような段取りを行ったほうが，むだなく施工できる。下段の鉄骨基礎の上に設備機器を乗せ，その後で上部の鉄骨工事を組み上げるようにするとむだがなく施工できる。

屋上に設備機器を2段に配置する場合、鉄骨工事と設備機器の設置の順序を間違えると、たいへんな手間がかかる。

写真2は、鉄骨架台の上の状況。屋上にクレーンのある間に配置したいが、タワークレーンの開口部分の配置ができない。

発電機はかなりの重量になるため、揚重のしにくい場所に配置されていると横移動が必要になり、移動するルートの作業が進められなくなる。

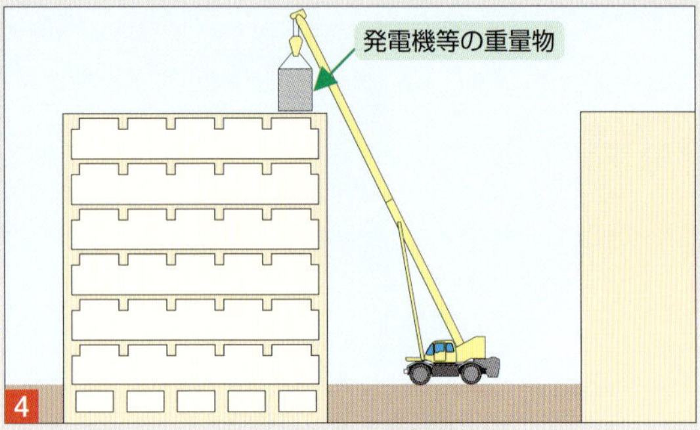

外部からクレーンを使って設置する場合は、クレーンの作業半径内に重量物の配置をするように、計画的な屋上設備機器配置を行うべきである。

重量物の揚重のためには大型のクレーンの設置が必要になり、道路を占有するため休日か夜間作業しか認められないことが多いので、早めに所轄の警察と打ち合わせること。

失敗防止のポイント7

屋上に設置する設備機器が多い場合に、その計画と調整をうまく行うためには、時期ごとの作業状況をパースにまとめ、これをもとに関連する鉄骨・電気・空調・衛生の各工事の責任者と詳しい手順を打ち合わせることである。この作業をできるだけ早期に行うことによって、各機器のレイアウトを最適な場所に設定できると同時に、最も良いタワークレーンの配置計画を行うことができる。施工性の良さは、後の保全性の良さにつながることを踏まえて、この活動を積極的に行うべきである。

2 空調設備

事例

事例 28

エアコン室内機の配置不良

集合住宅において，インテリアをきれいに設計しても，エアコンの室内機を取り付けるとその配管や電気の配線が見苦しい状態になっていることがある。図6のように，カーテンや換気レジスターとの納まりを考えることで，その場所にあった最良の配置が計画できる。

電源コンセントとアース
外部の横引きドレンと冷媒配管
1

写真1のように窓の真上に室内機が配置されていると、梁貫通で外部に出した冷媒配管を真下に下ろせないため、長い横引き配管が外部から見えることになる。

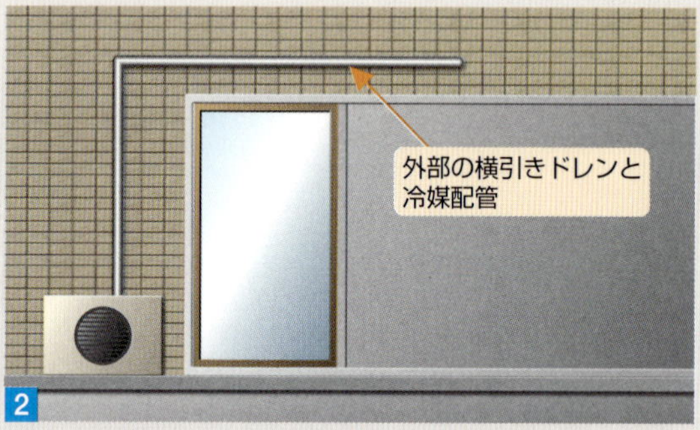
外部の横引きドレンと
冷媒配管
2

上図は、写真1の外部の横引き配管の状況である。長い横引き配管はあまり見栄えのよいものではない。当初から配置を考慮した設計が望まれる。

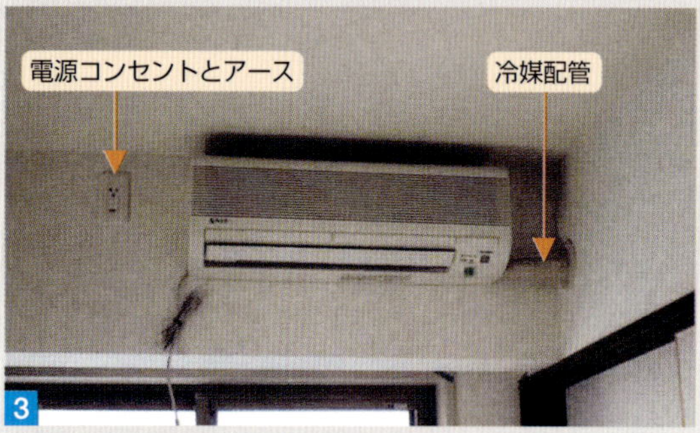
電源コンセントとアース
冷媒配管
3

写真3は、電源コンセントがエアコンから離れすぎている。また、冷媒配管も見えており配慮不足である。

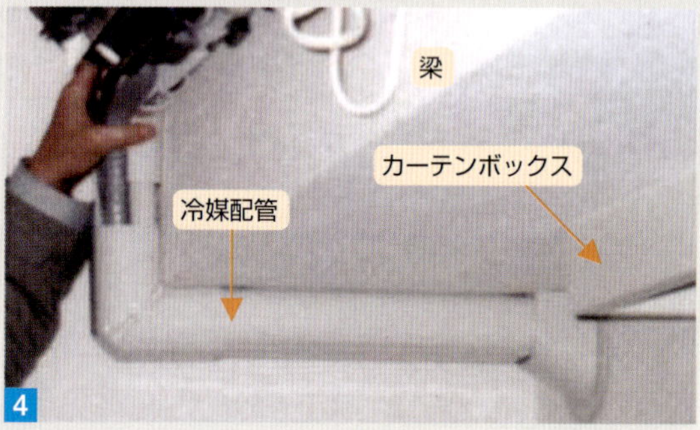
梁
カーテンボックス
冷媒配管
4

ドレン配管を梁下にはわせているものだが、壁貫通をしているこのような形が多い。

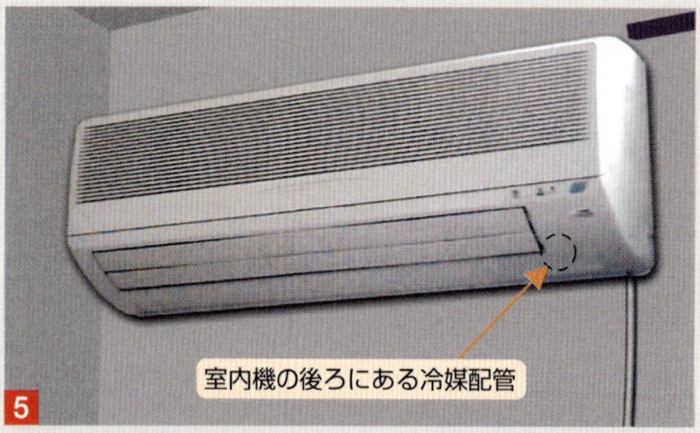
室内機の後ろにある冷媒配管
5

電気の配線は少し見えているが、冷媒配管がエアコンの後ろにあるのですっきりした納まりになっている。

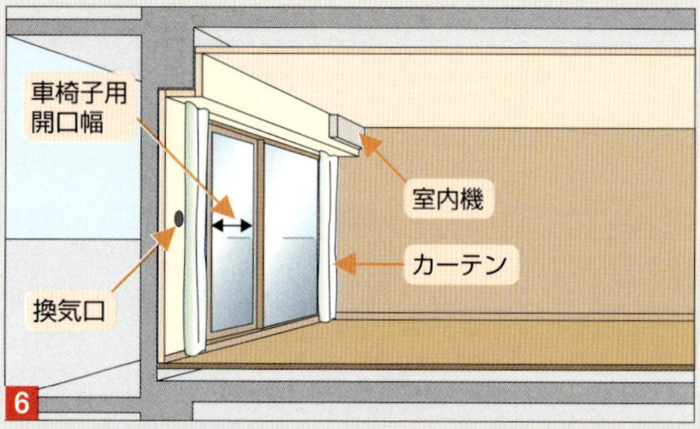
車椅子用
開口幅
室内機
カーテン
換気口
6

上図のようなパースを作成して全体の構成を早めに考えることで、よりよい納まりができる。病院等では、避難のための車椅子用開口幅の確保を考慮しなければならない。

事例 29

通路側エアコン室外機置き場への配管

集合住宅において，共用廊下側にエアコンの室外機置き場を配置する場合に，エアコンのドレン配管ルートの配慮が足りない納まりがよく見受けられる。エアコンを配置したときの室内側の見え方まで計画しておかなければならない。ただし，エアコンのホースの出る方向によって，冷媒配管の接続位置が変わるので検討が必要である。

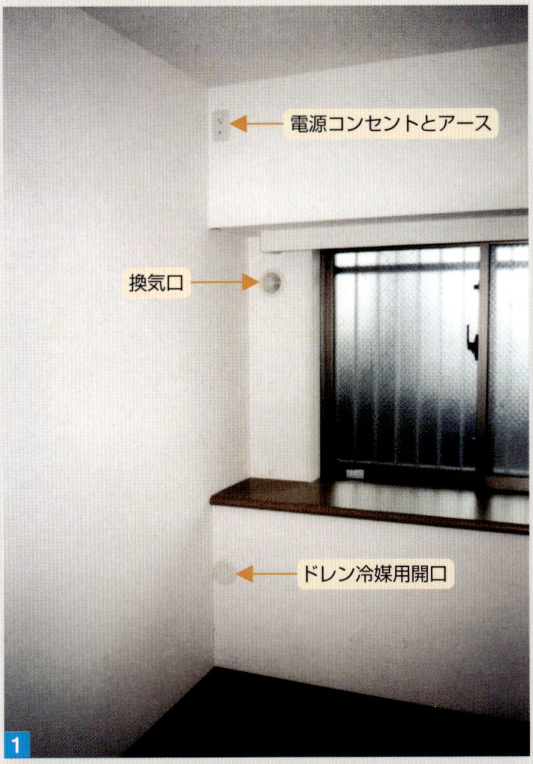
電源コンセントとアース
換気口
ドレン冷媒用開口
1

写真1は、エアコン用にコンセントやドレン開口が設置されているが、この部屋にエアコンを設置した場合どのような状態になるかの配慮がされていない。

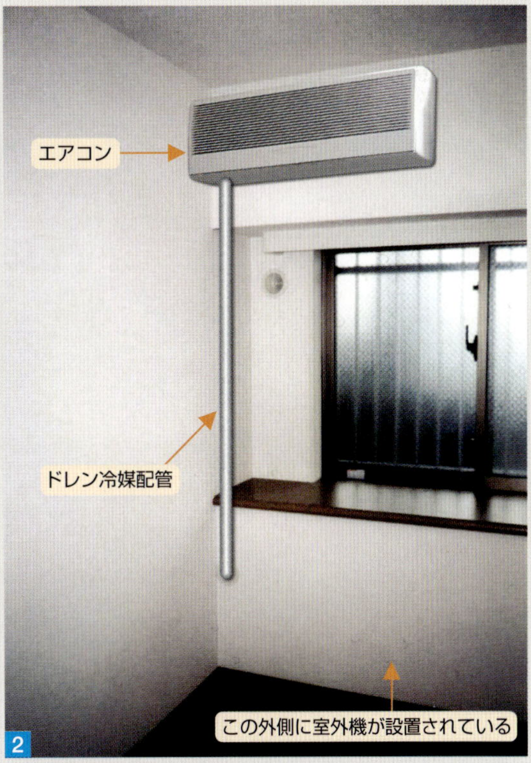
エアコン
ドレン冷媒配管
この外側に室外機が設置されている
2

写真1の部屋に、エアコンの設置を想定した場合の状況。このようにドレンと冷媒の配管が見えてしまうことになる。

ドレン冷媒用スリーブ
3

このスリーブ位置では、壁に沿ってドレン配管を下方で横引きしなければならない。

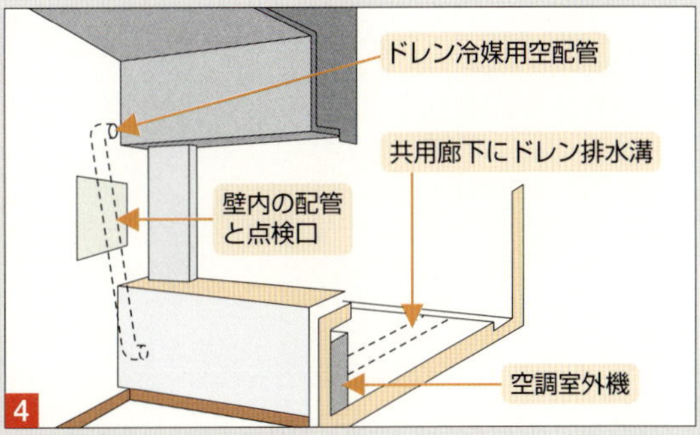
ドレン冷媒用空配管
共用廊下にドレン排水溝
壁内の配管
と点検口
空調室外機
4

壁内にあらかじめ空配管を埋め込んでおくことにより、すっきりした納まりになる。また、共用廊下に水があふれ出ないよう上図のように排水用の溝を設けるとよい。

事例 30

空調機のドレン排水の失敗

配管類で排水管は勾配を取らなければならないが，横引きの距離はなるべく短くするべきである。トイレや雨水の排水に比べ，空調機のドレンルートに対する検討が後回しになると，窮屈な柱の中を無理に通すことになりかねないし，保温材がつぶされると，結露が発生しやすくなる。また，ドレン配管の接続忘れ，逆勾配などにならないよう，天井を貼る前に十分な検査時間を確保しなければならない。

空調機から出たドレン配管は保温され、写真1のように勾配を取って梁下を通り、竪配管につながれる。

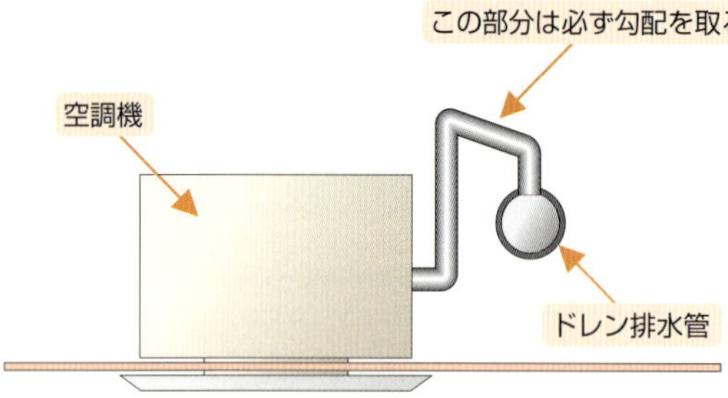
この部分は必ず勾配を取る
空調機
ドレン排水管

ドレンパンに水をほぼいっぱいに溜め、冷房スイッチにより排水されるかの確認が必要である。また、途中でスイッチを切ったとき大量の水の逆流がないかをチェックする。

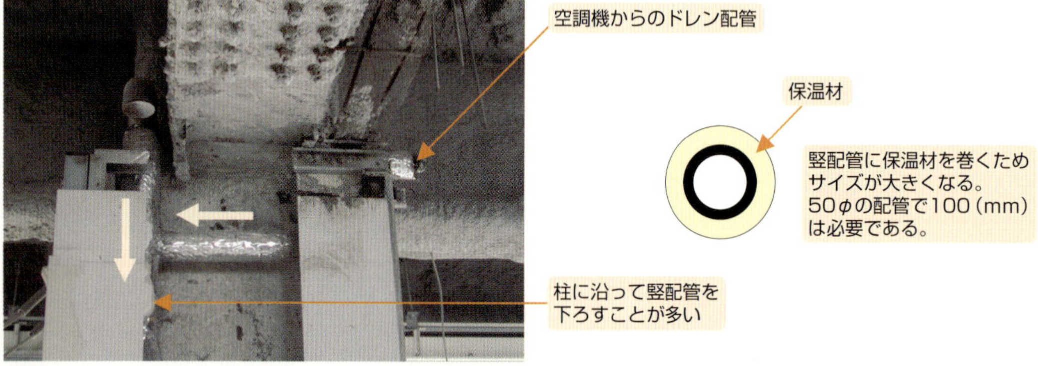
空調機からのドレン配管
保温材
竪配管に保温材を巻くため
サイズが大きくなる。
50φの配管で100（mm）
は必要である。
柱に沿って竪配管を
下ろすことが多い

1

事例 31

ドレンが未接続のまま天井を貼る

夏に天井から漏水するため天井の中を点検してみたところ，空調機のドレンがつながっていなかったという例は多い。どうして検査をしなかったのかと思うかもしれないが，竣工間際のあわただしい雰囲気につつまれた現場では，徹夜作業の連続となり，検査もできない状況をつくってしまう。強い意志をもって早めの設計図書の決定を促し，前工程をクリアしていく力が求められる。

このドレンが接続されなかったり、接着剤を付け忘れたまま天井が貼られてしまうことがある。

また、配管は行われたが、保温がなされないまま引き渡されて、大量の結露水が天井に落下した事例もある。

原因の多くは、機器を吊り込む作業員と配管する作業員、保温する作業員が異なり、満足な検査がなされずにボード貼りを急いでしまったことに起因している。

バッティング

もうひとつの原因は、施工の遅延である。その遅延のもとになっているのが、決定の遅れと各設備の取り合いの検討不足である。
中段の写真のように、バッティングしてしまった場合、その場所で速やかな判断が求められる。現場責任者が関係者全員をその場所に集め、判断を下し、迂回する場合のルートを決める。天井下地施工前の検査日を指定し、その日までに工事を完了するよう担当者に約束をさせる。

この業務ができない現場責任者のいる現場は、各職種が責任のなすりあいを行い、それだけで時間を費やし、不具合へと至ってしまうケースが多い。

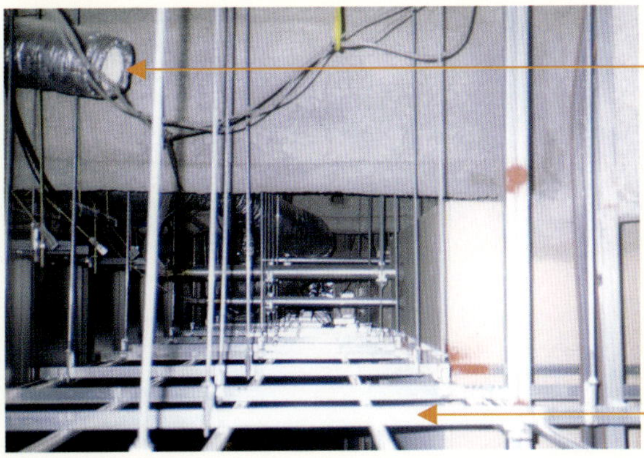
行くあてのない消音フレキ
組立てが完了した天井下地

下の写真は天井下地がほぼ完了しているが、高いところにある消音フレキは未接続のままである。ボックスの取付けを忘れている。ここで作業を行うには天井に潜り込まなければならない。

1

事例 32

工場製作誤差が現場で吸収できない

工場で製作してきた部材が現場でぴったりと合えばよいのだが，現場と製品それぞれには誤差があるものである。最後の配管をフランジでボルト締めしようとしたときに，穴が合わない，フランジにすき間が出てしまうというケースがある。

このようなケースが発生して，現場で切断した状況が写真１である。最後の調整をどこで行うかの対策が事前に必要である。

寸法が合わずに現場で切断している
1

写真1は、大口径配管の施工をしやすい場所から進めてしまったために、3次元的な曲がり方をしている部分の接続が最後になってしまい、寸法が合わなくなり、工場で製作してきた配管を位置合わせのために切断したところである。逃げは施工しやすい部分で取るべきである。まっすぐな管に比べてこのような配管は納期が遅れることがあるので、製作工程の調整も必要である。

ダクト
ここに入るべきダクトの製作が遅れた
ダンパー
2

写真2は、ダクトとダンパーとが作業性の悪い場所で取り合っている様子。正しく接続されるまでに二度の製作し直しが生じ、試運転調整が遅れてしまった事例である。

事例 33

空調機の接続間違い

写真1は，消音フレキがスプリンクラー配管にあたり，つぶれてしまった状況である。ところが，問題はそれだけではなかった。この消音フレキは外気取入れダクトであり，それを空調機の吹出しダクト接続口につないでしまっていた。現場にはプロの職人ばかりでなく，図面を理解できない経験の浅い作業員やにわか育成の作業員もいる。その人たちにミスを起こさせないよう指導，検査していく人材が不足しているのが現状である。

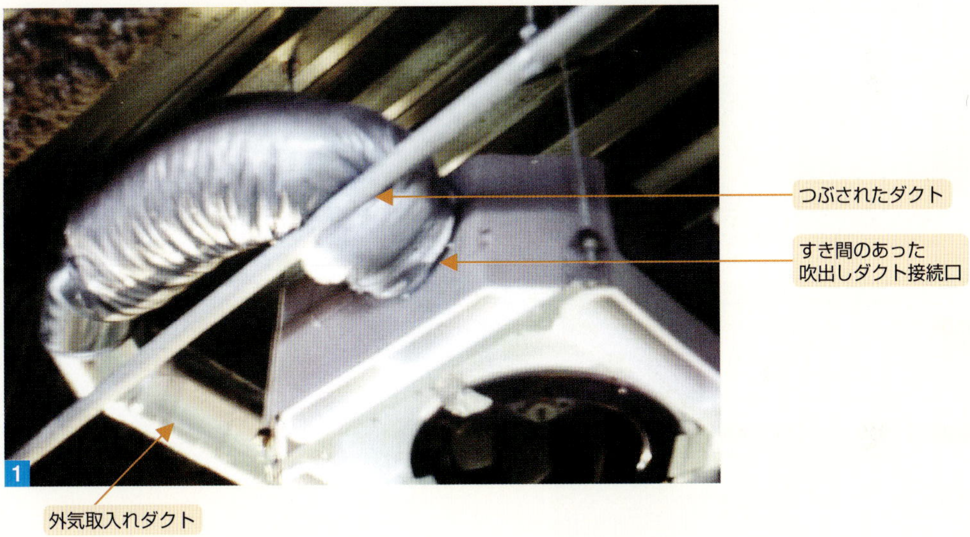

つぶされたダクト
すき間のあった
吹出しダクト接続口
外気取入れダクト

1

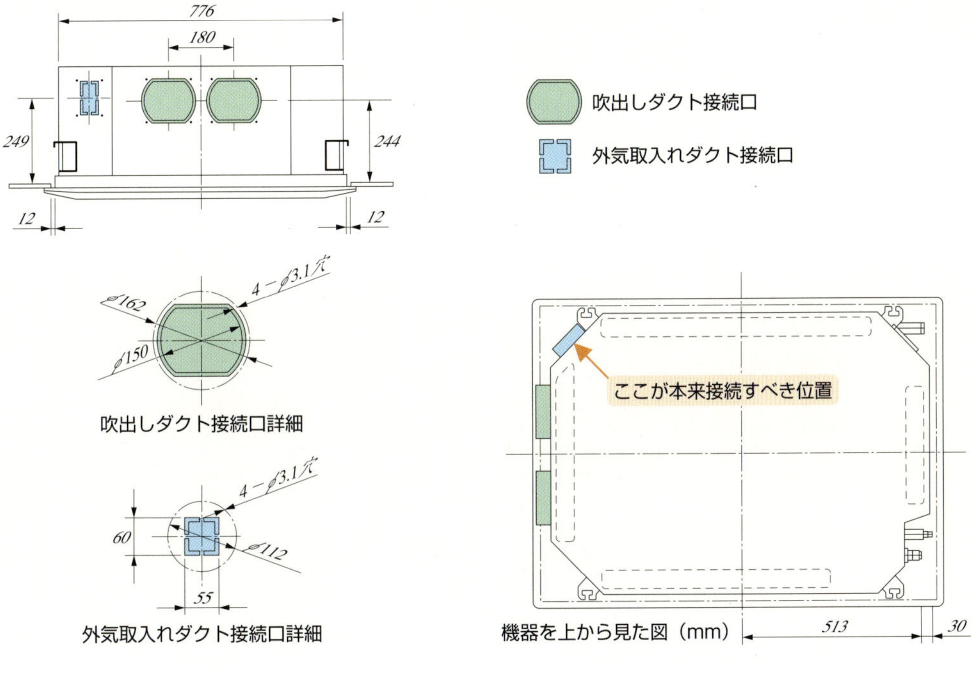

776
180
249
244
12
12
吹出しダクト接続口
外気取入れダクト接続口
φ162
4−φ3.1穴
φ150
吹出しダクト接続口詳細
4−φ3.1穴
60
φ112
55
外気取入れダクト接続口詳細
ここが本来接続すべき位置
機器を上から見た図（mm）
513
30

2

事例 34

全熱交換器のフィルター交換ができない

天井内隠ぺい型の全熱交換器は，メンテナンスのためにフィルターを引き出さなくてはならない。しかし，そのふたの部分に吊りボルトやスプリンクラーがあることがある。また，天井懐《ふところ》が少ない場合，天井下地のチャンネルがあたることがある。ここでは，引き出すためのフィルターを外しやすいように，天井点検口が配置されなければならない事例を紹介する。

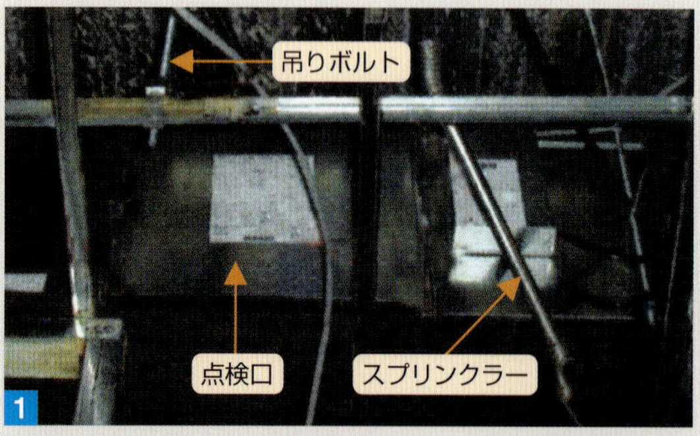
吊りボルト
点検口
スプリンクラー
1

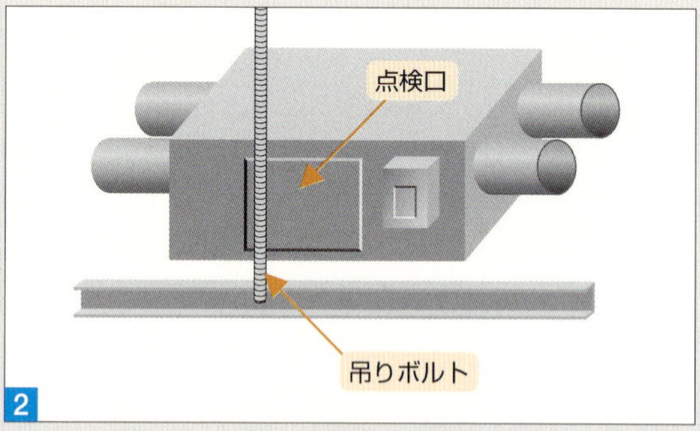
点検口
吊りボルト
2

写真1・図2は、吊りボルトとスプリンクラーが障害となって、全熱交換器のフィルター部分の点検口が開けられない状況を示したものである。竣工後にメンテナンスができないとクレームが入るので注意すること。

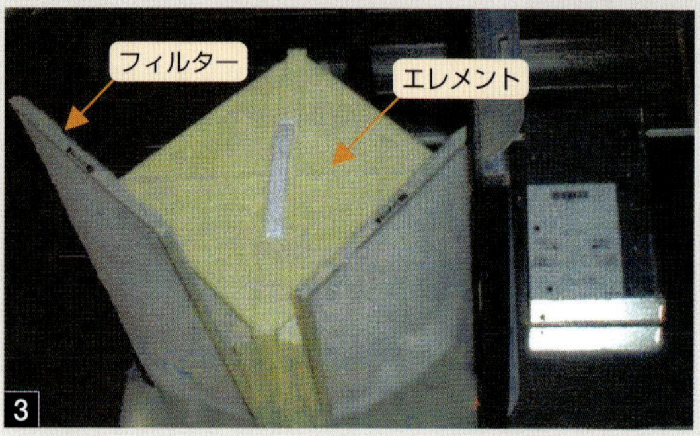
フィルター
エレメント
3

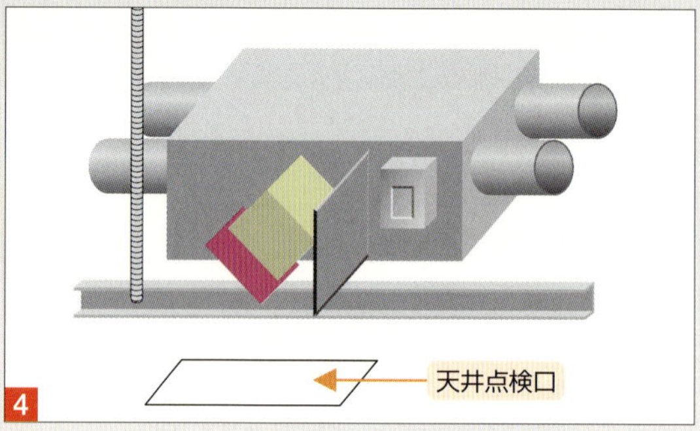
天井点検口
4

写真3・図4は、全熱交換器フィルターを引き出したところで、この下には天井点検口が必要である。この点検口からはフィルター類が取り外しできるよう、障害になる設備がないことを事前に確認しておかなければならない。

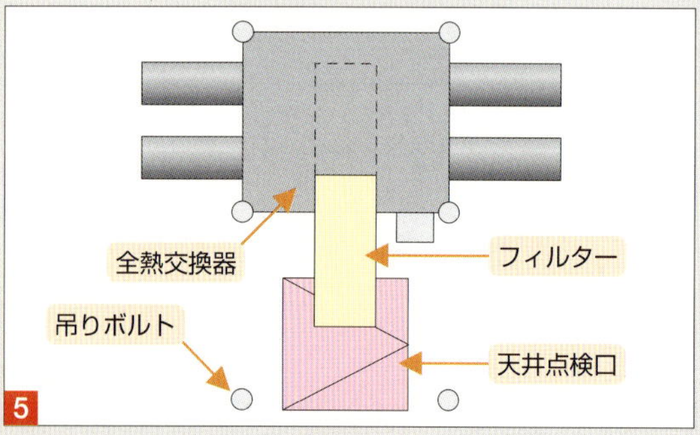
全熱交換器
フィルター
吊りボルト
天井点検口
5

天井伏図に関係設備をプロットするときには、上の図のような記入があると障害物のチェックに役立つ。

失敗防止のポイント8

天井伏せ図の検討は、天井面に見えるものしか書かないのが一般的であるが、色分けなどをして、天井内部のものを書き入れることにより、それぞれの干渉がチェックできる。また無理に天井のラインを合わせようとして、点検口を点検しにくい場所へ追いやる設計者がいるが、点検するときの体勢が悪いと点検口を破損してしまうことがある。設備を理解していない設計者に対しては、根気強い説明が必要である。

事例 35

排煙ファンの吊りボルトの施工不良

写真１は，排煙ファンを天井から吊り下げている様子を示したものであるが，バランスの悪い吊り方になっている。このまま機器を動かすと大きな振動が発生し，ついには脱落してしまうおそれがある。また，吊りボルトの途中に長ナットの接続がなされているが，ボルトが長ナットに十分に入っていない場合も脱落に至る原因となるので，このような施工は決してさせてはならない。

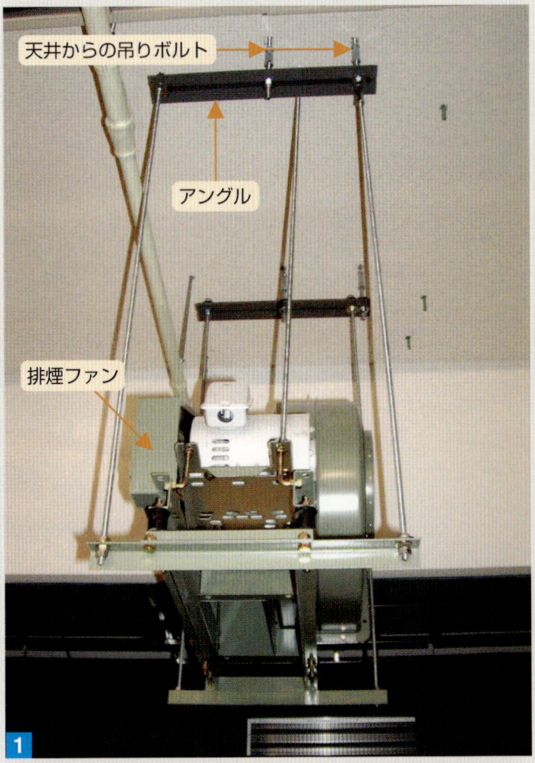

写真１の状態でファンを回転させると、振動が増幅されてボルトが抜けるおそれがある。

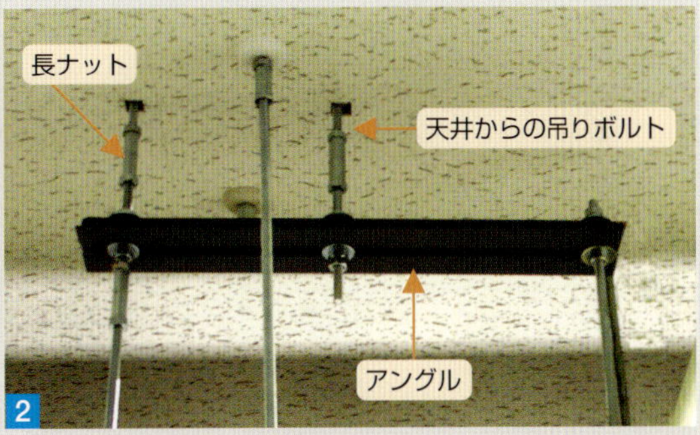

写真2は、写真１の上部を反対側から写したものであるが、非常に不安定な取付けをしているのがわかる。

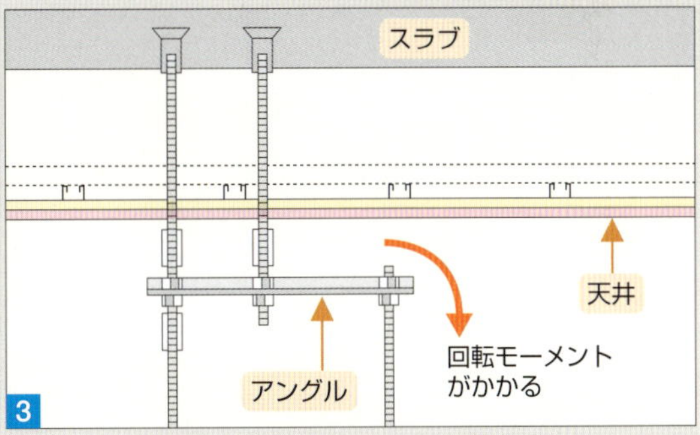

写真１・2の状況を図示すると、上図のようになる。

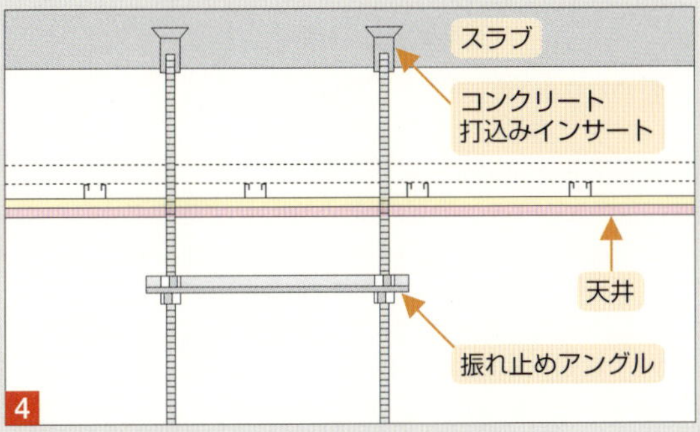

この事例のように、振動するものを吊る場合には途中にジョイントを設けなくてもすむように、排煙ファンのベースまでの長さのボルトを使用するべきである。

長年の振動により吊りボルトが抜け、写真５のような天井内の空調機が落下した事例もある。

事例 36

和室の空調吹出し口の失敗

当初の予想に反して，手間やコストをかけたわりには見栄えがぱっとしないことがよくある。写真１は，和室の押入上部の空調吹出し口前面に木製のガラリを設けているが，開口面が大きく，木製ガラリの羽根が乾燥のため不ぞろいになってあまりいいデザインとはいえない。手間をかけていない写真２のほうがすっきりと見えている。

取り出し式の木製ガラリ
1

写真1は、木製ガラリが大きいためメンテナンスのときに取り外すのに手間がかかる。

一般のスチール製吹出し口に焼付け塗装を施したもの。
2

写真2は、あまり手間はかかっていないが、すっきりとしたデザインになっている。

3
天井吹出し口

これも木の乾燥により材料が暴れて、あまりよい仕上げにはならなかった。

失敗防止のポイント9

設備器具を壁などの仕上材に合わせるために、その材料を取り寄せたり色見本帳で確認した上で該当の品番で手配をするのが一般的であるが、仕上材はたとえ同じ色であっても、凹凸のあるものや金属のようなものとではでき上がった時点で見え方が大きく異なる場合が多い。やり直しにならないように、仕上げのサンプルをつくり、設備機器との色調を合わせて実際に確かめるゆとりがほしい。

事例37

レンジのスイッチを入れると玄関扉が開かなくなる

集合住宅の部屋内は気密性が高いため，厨房のレンジフードファンのスイッチを入れると，部屋内の気圧が下がり，玄関扉が開かなくなったり，エアコンの排水部分で音が発生することがある。厨房内に外気取入れ口がない場合は，このような事態が起こりやすいので，設計時点での配慮が必要である。

レンジフードファン
1

室内が負圧のために、玄関扉を押しても開かない状態になる。
2

レンジフードファンのスイッチを「強」に入れると室内の気圧が下がり，玄関の扉を外に開けることができない状況になってしまった。

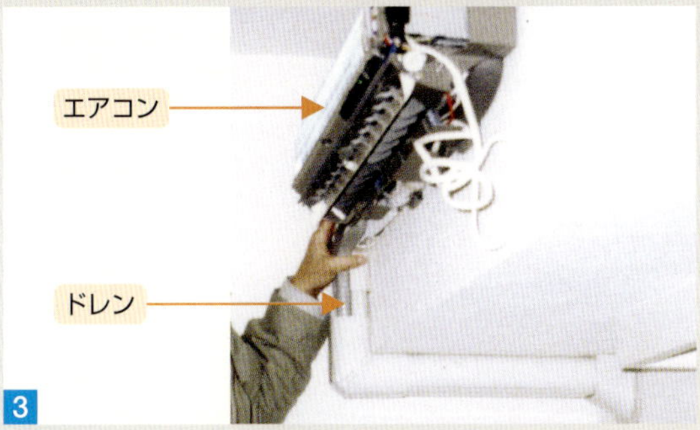
エアコン
ドレン
3

エアコンのドレン排水部分で「ポコンポコン」という音が発生した。

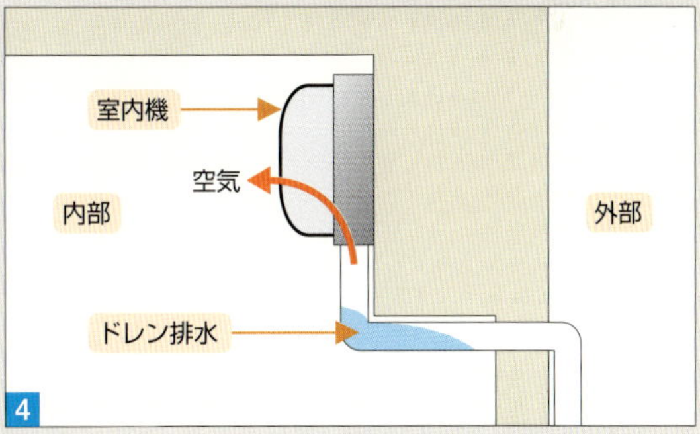
室内機
空気
内部
外部
ドレン排水
4

室内側の負圧によりドレン排水が配水管の中を落下できずにいるところを、空気が配管内を上がってくるために音を発生させている。

5

写真5は、レンジフードファンの排気口。ガスコンロを使用中に排気のみで給気がないと、酸欠などの危険な状態になるおそれがある。

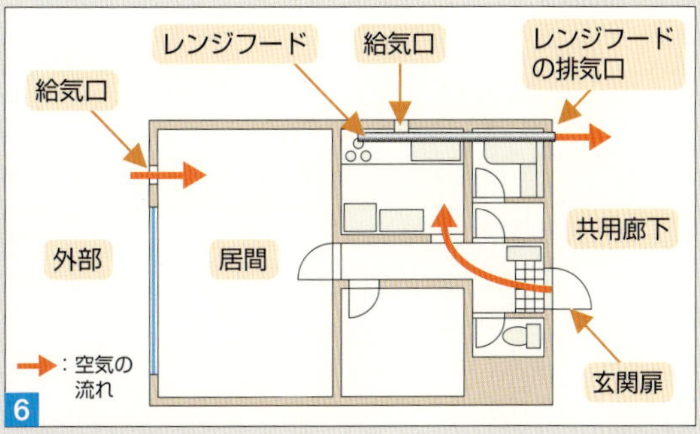
レンジフード
給気口
レンジフードの排気口
給気口
外部
居間
共用廊下
玄関扉
：空気の流れ
6

給気口を居間側にとることが多いが、居間と台所の気密性が高い場合、本事例のような現象が発生してしまう。厨房内に給気を設けるべきである。

事例 38

壁とダクトの施工順序の失敗

廊下などは，壁と平行にダクトが配置されていることが多い。このとき，ダクトの工事が先行されてしまったら壁のボードを貼ることはできない。耐火壁の場合，ダクトを取り付ける前にスラブとの端部処理を完璧にしておかないと，後の作業でたいへんな手間がかかってしまうことになる。施工順序のルールづくりを早めに行い，関係者全員に徹底させることが重要である。

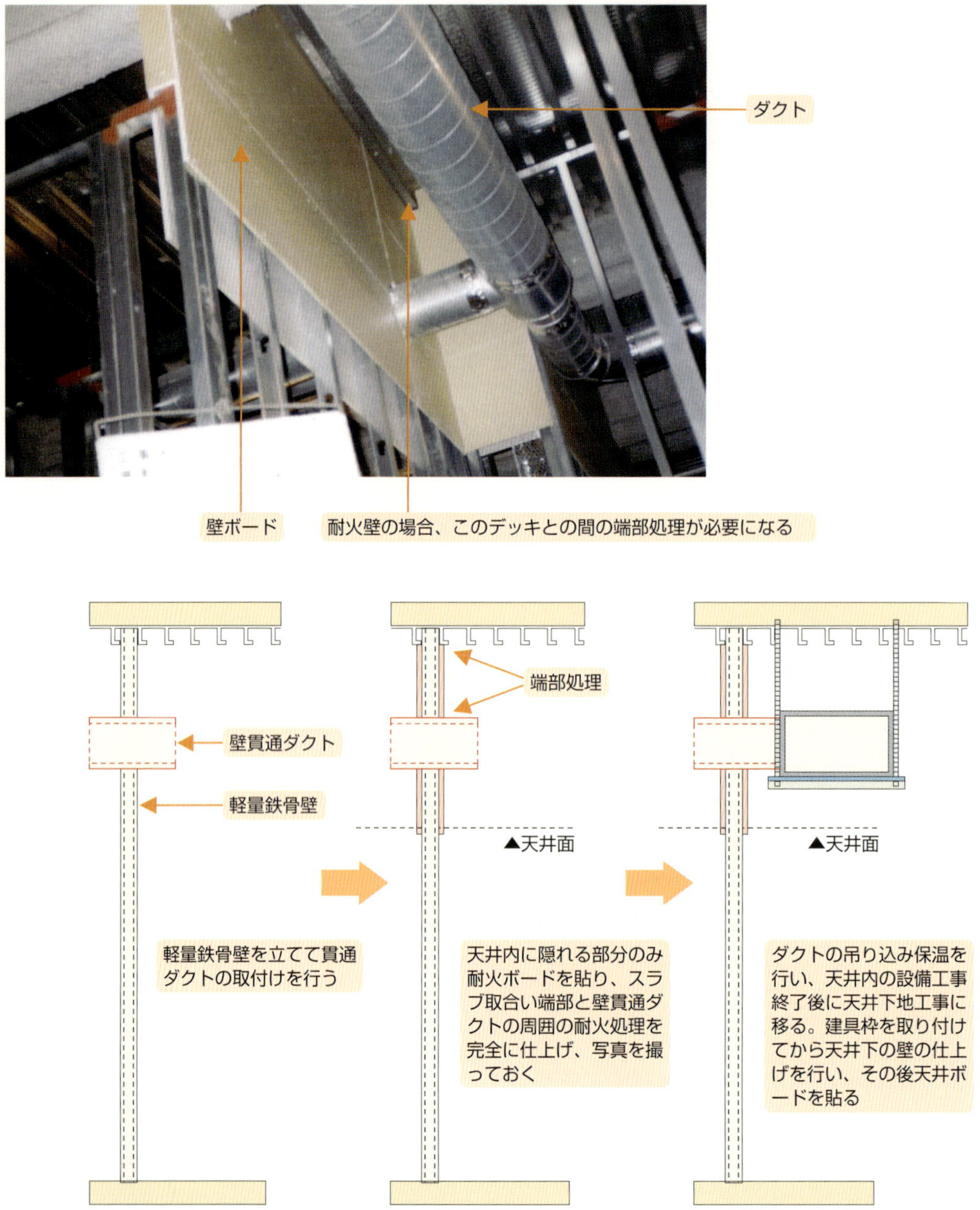
ダクト
壁ボード
耐火壁の場合、このデッキとの間の端部処理が必要になる
壁貫通ダクト
軽量鉄骨壁
端部処理
▲天井面
▲天井面
軽量鉄骨壁を立てて貫通ダクトの取付けを行う
天井内に隠れる部分のみ耐火ボードを貼り、スラブ取合い端部と壁貫通ダクトの周囲の耐火処理を完全に仕上げ、写真を撮っておく
ダクトの吊り込み保温を行い、天井内の設備工事終了後に天井下地工事に移る。建具枠を取り付けてから天井下の壁の仕上げを行い、その後天井ボードを貼る

1

事例 39

施工中の建物の中で熱中症にかかった

外部サッシが嵌殺し窓となっている建物の夏季の内装工事では，よく熱中症が発生する。段取りの悪い現場では，工期に追われ，狭い空間に大勢の作業員が入ることになる。建物の施工方法までを理解して設計している建物は少ない。現場の責任者が先を読み，最悪の場面での作業環境を考え，その対策を講じたつくり方をしていかなければならない。

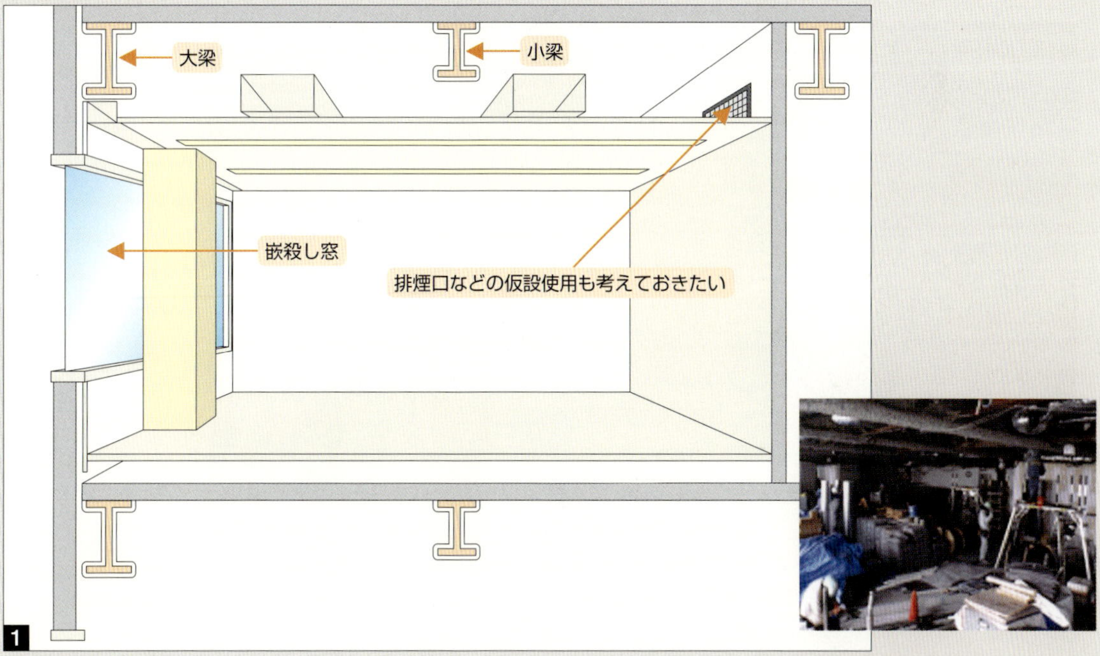

大梁
小梁
嵌殺し窓
排煙口などの仮設使用も考えておきたい

1

ガラス窓から熱が入り、換気ができないため熱がこもりやすい。小部屋に仕切られると、特にその傾向が強い。工程表を作成し、夏場にこのような作業にならないかのイメージをあらかじめつくっておき、仮設の開口を用意しておくか、換気設備を仮設電気で稼動させられるかの検討をしておくべきである。

2 換気の悪い地下空間

3 本設ファンの早期使用

写真2のように、地下空間も換気が悪くなりがちである。地下の片方に給気、反対側に排気の開口をつくり、自然の風の流れに逆らわないようにうまく空気の流れをつくり、ファンなどでそれを補強するなどの対策が必要である。

事例 40

SRC造の設備スリーブの失敗

鉄骨鉄筋コンクリート（SRC）造の鉄骨スリーブの長さが型枠より出てしまい，梁型枠の側板があてられずに，工期が大きく遅れてしまうことがある。壁位置によるふかし寸法の検討を十分に行うことと，鉄骨の横方向の誤差解消のため，スライドできるスリーブをあらかじめ入れておく対策などが必要である。

鉄骨スリーブが
出すぎて型枠が
納まらない

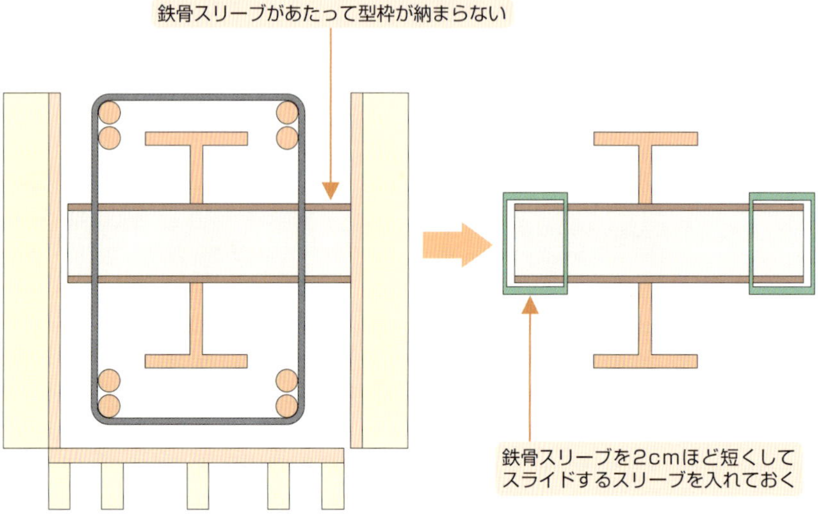
鉄骨スリーブがあたって型枠が納まらない
鉄骨スリーブを2cmほど短くして
スライドするスリーブを入れておく

1

事例 41

スリーブ位置の不良

写真１は，改修現場の鉄骨部分を写したものである。ちょうどスリーブの位置に耐火壁が配置されたため，複雑な納まりになってしまっている。また，柱と梁の接合部分であったためにスプライスプレートがあり，壁の下地はその端部に溶接してあった。あらかじめ間仕切り壁の位置と設備の系統を把握できていれば，このような不具合とむだな出費をしなくてもよかった事例である。

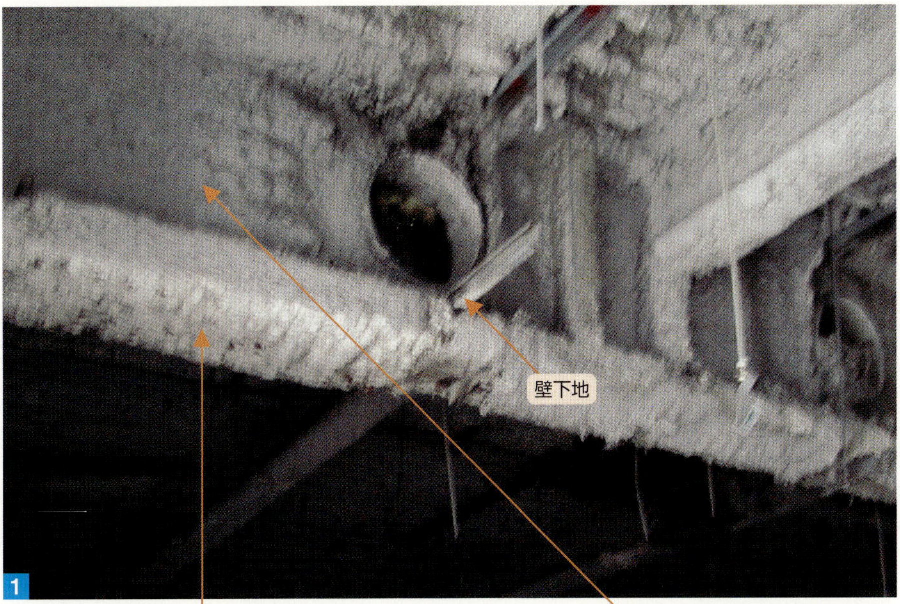

梁フランジのスプライスプレート

梁ウェブのスプライスプレート

梁とスリーブは、この範囲を避ける。やむを得ない場合には、鉄骨のジョイント位置を変更するかどうか、設計担当者と協議する必要がある。

浴室排気ダクトをこのように蛇行させせると、水が溜まり漏水するおそれがある。梁鉄骨のせいを高くしてスリーブを設ける方法を検討する必要がある。

事例 42

内緒でコア抜きされてしまう恐怖

設備工事の着手が遅れた場合，梁のスリーブを入れられないことがある。天井と梁の間に配管を通す空間がないと，何も考えずに梁にコア抜きをする人たちがいる。最近はコア抜きのコストが下がって一般的になったためか，管理を怠ると構造的な検討もないままに無断で抜いてしまって，危険をはらんだ建物になってしまう。

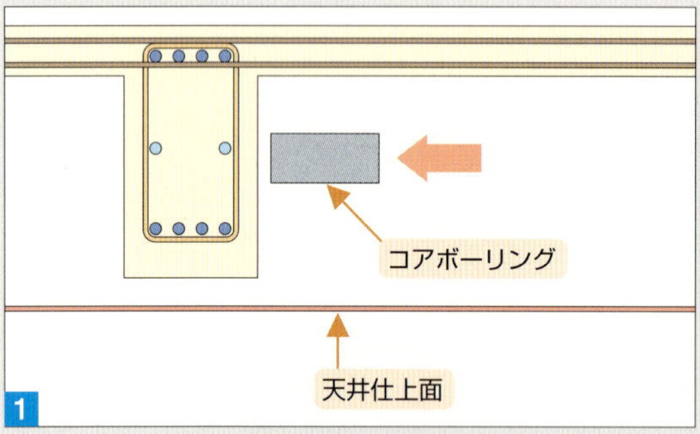
コアボーリング
天井仕上面
1

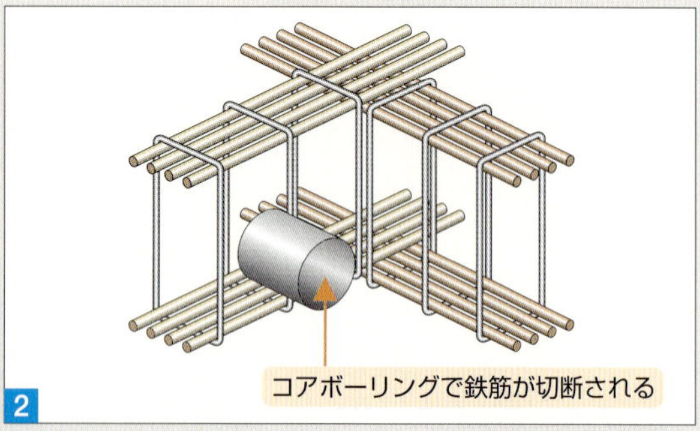
コアボーリングで鉄筋が切断される
2

構造上重要な梁のスタラップや，悪くすると2段筋になっている主筋までもが切断されるおそれがある。躯体工事前に設備配管のルートの確保ができたかどうかを確認することはたいへん重要なことである。

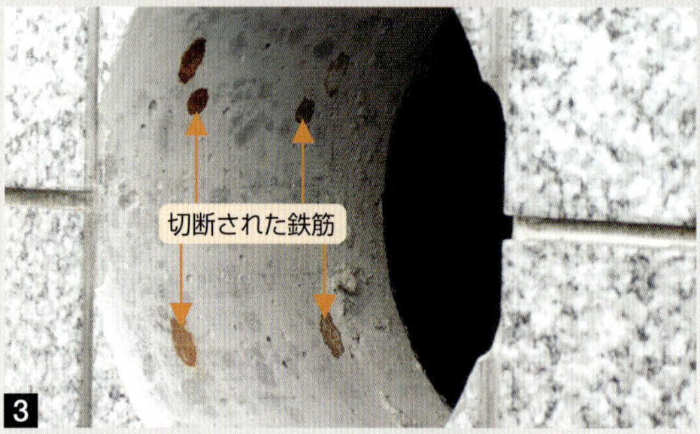
切断された鉄筋
3

写真3では、きれいにカットされた鉄筋が見える。このように鉄筋をやすやすと切断してしまう。

4

写真4は、床をコア抜きした状況。開口補強筋があろうとなかろうとお構いなしに抜いている。

大口径もこのように抜いてしまう
5

6

コンクリートが厚くてもケーシングを長くすればこのように抜き切れる。隠れて施工されないように、現場内に相談しやすい雰囲気をつくることが大切である。

事例 43

竪配管の固定施工の失敗

竪配管は水が通るとかなりの荷重になるので，それを受ける構造体の強度を十分に検討しておかなければならない。また，ここで重要なことは，階高を確認の上，指示金物の取付け位置を正確にして，各階の床に均等に荷重をかけなければならないことである。接合位置で誤差が出ないように，レベル調整機能を工夫しなければならない。

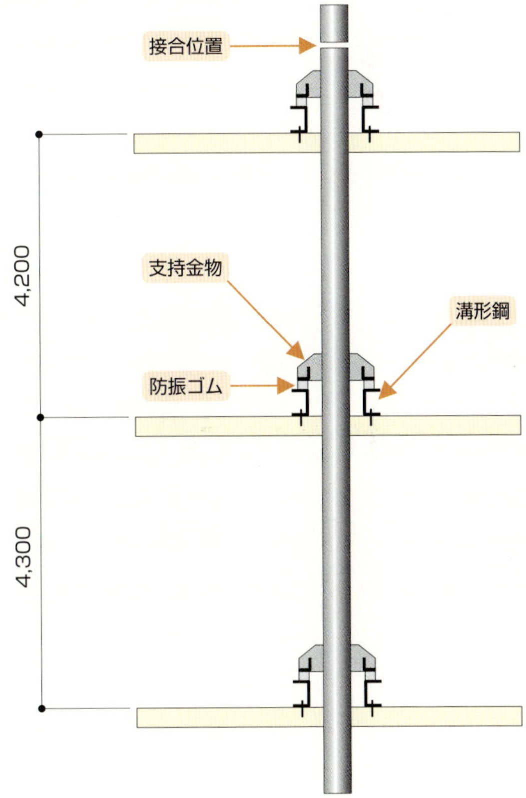

接合位置
4,200
支持金物
溝形鋼
防振ゴム
4,300

配管と支持金物を溶接して搬入
防振ゴム
荷重や温度等の条件に合わせる

1

事例44

空調室外機の配置の失敗（1）

ビル用でも個別対応するために，ヒートポンプタイプの空調が増えてきている。しかし，その室外機は室内機との距離が大きすぎると効率が悪くなるため，その配置と経路の確保に苦労することがある。将来のメンテナンスを考え整然とした計画を行うべきである。

空調室外機が植栽に隠れてしまい、風の流れが遮られ、効率の良い運転ができない。

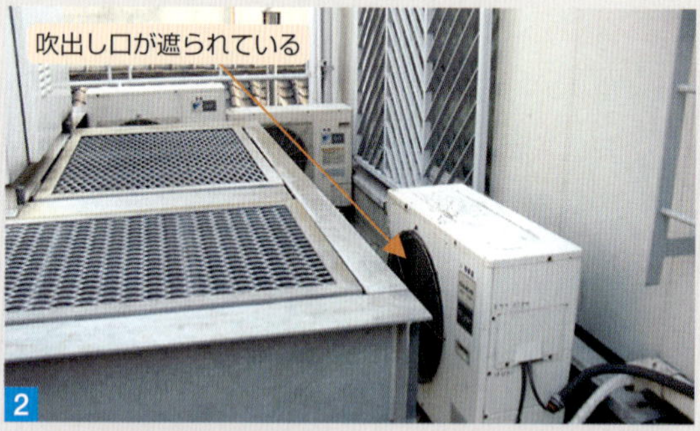

写真2は、空調室外機の吹出し口の前に鉄骨架台があり、ショートサーキットを起こしている。配管・配線類もきれいになっていない。

写真3は、歩道に面した部分に設置された空調室外機だが、通行人にファンの風があたるため防風壁をつくっている。冷暖房能力は落ちる。

写真4は、通路を確保しておかなければ、配管の上を歩くことになってしまう事例である。保温材がつぶれたり、水が入ると断熱効果がなくなる。

点検通路を取り外せるようにして、その下に冷媒配管用ダクトを通している。すっきりとしたレイアウトである。

事例 45

空調室外機の配置の失敗（2）

ヒートポンプ室外機を外壁に取り付ける場合，万が一落下して通行人にあたりでもしたらたいへんなことになるので，外壁への設置にあたっては慎重な検討が求められる。特に，後打ちアンカーボルトは，モルタルに打設しても強度の期待はできないので，その長さや振動に耐える仕様を選定しなければならない。

ブラケット
1

写真1は、外壁面にヒートポンプ室外機を取り付けているが、ブラケットの後施工アンカーが長い間の振動により緩み外れた例があるので、安全面からの検討が必要である。

壁面への共振の有無を
確認する
2

外壁面に設置された室外機の振動が壁に共振してクレームが出た例がある。防振への配慮が必要である。特にインバーター制御の機器は周波域が変わるので注意すること。

地震で落下すると人命に
関わる重大事故につながる
3

写真3は、室外機が大きいため鉄骨でステージをつくったものだが、地震時に落下することのないようにしっかりした強度計算を行わなければならない。

さびでぼろぼろになったフレーム
4

写真4は、ベース部分のさびがかなり進行している。継続的にメンテナンスを行うことはなかなか難しい。

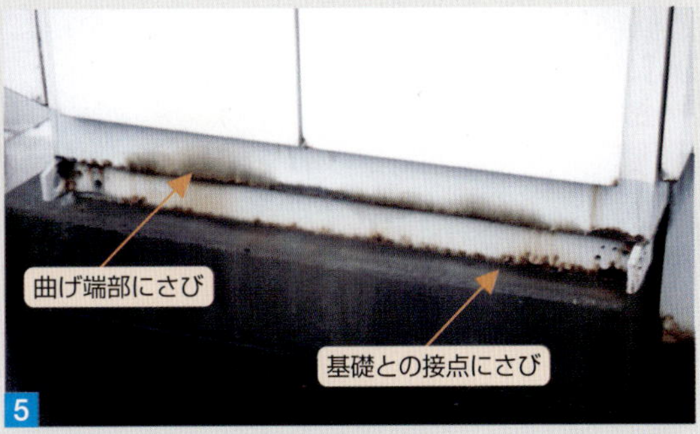
曲げ端部にさび
基礎との接点にさび
5

コンクリート基礎との接点が雨で湿ってさびやすいため、基礎との間にゴムパッドをかませ水を切る工夫が必要である。

事例 46

外部ダクトの取付けの失敗

屋上などに面積の大きなダクトを取り付ける場合，その取付け方法はもとより，他の作業との調整をしっかりと考え，関係者との打合せを密にすることで合理的な施工ができる。建築担当者がリーダーシップを取り，はっきりとした将来の場面を描くことで工程・手順が見え，かつ安全な施工が先取りできる。

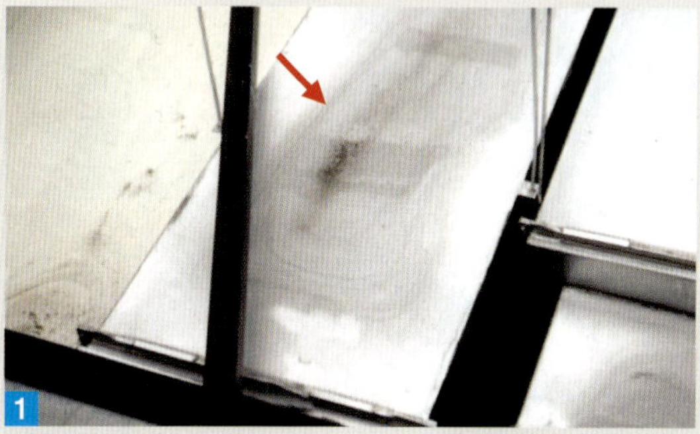
1

写真1は、大きな幅のステンレスダクトの中央がへこんで水溜りができてしまっている。

2

近くに作業通路がないとその上に人が乗り、へこんでしまう。

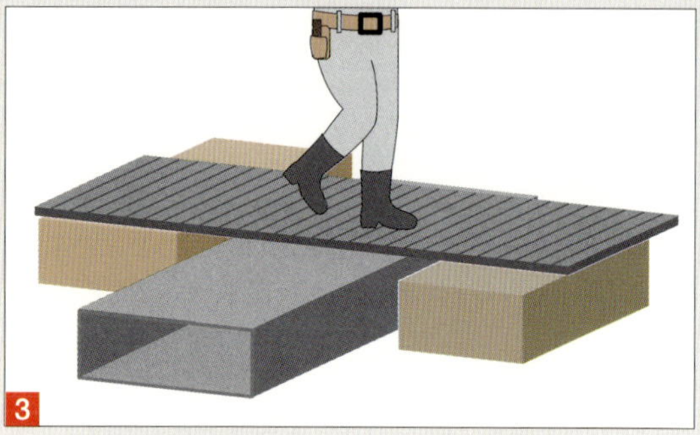
3

仮設の足場を敷き込むか、将来も必要であれば点検歩廊をあらかじめ設置すれば、写真1のような不具合は防ぐことができる。

4

工事中の切削くずや溶接のさびが、ステンレスのダクトにこびりついてしまっている。

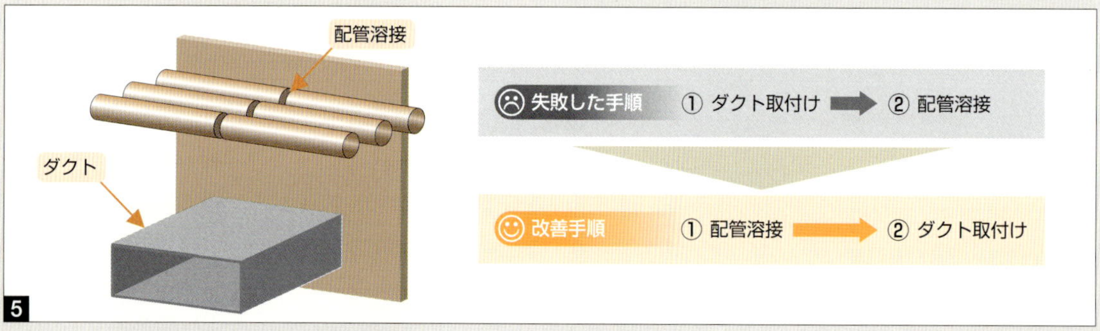
配管溶接
ダクト
失敗した手順　① ダクト取付け　② 配管溶接
改善手順　① 配管溶接　② ダクト取付け
5

写真4は、ステンレスダクトの上の配管溶接を考えず、下部のダクトを先に取り付けたため、このような不具合が発生してしまった。右上図のように作業手順を変えるか、あるいは、配管の溶接位置を変えることで改善できたはずである。別な業種との作業調整が行われにくいのが現実である。

事例 47

外部開口部の検討不良

給気や排気の開口を外壁に設ける場合，十分な納まり図を作成しないで設備のサブコン任せで施工していることが多い。設計図の段階で，立面図に写真１のような開口があった場合におかしいと気が付くはずである。人目につく外部は，現場責任者が事前に確認しなければならない。

離隔不足で割れている
1

空気取入れ口と窓開口との離隔がないため、壁が割れてしまっている。早い段階での検討がなされていないとこのような仕事になってしまう。

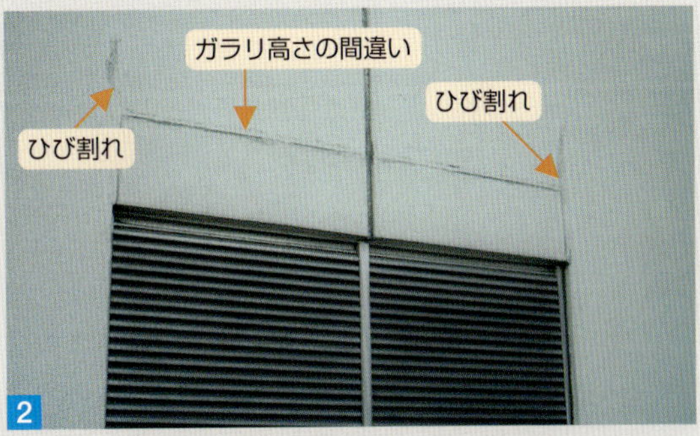
ガラリ高さの間違い
ひび割れ
ひび割れ
2

コンクリート壁の高さを間違えて、上部の壁を後で打ち増ししたもの。両端上部にもひび割れが発生している。できればこの位置に目地が必要であった。

大きすぎる開口
3

壁から外部に突き出したダクトの周囲の開口が大きく、この穴埋めにモルタルを塗るとすぐに割れて漏水してしまう。

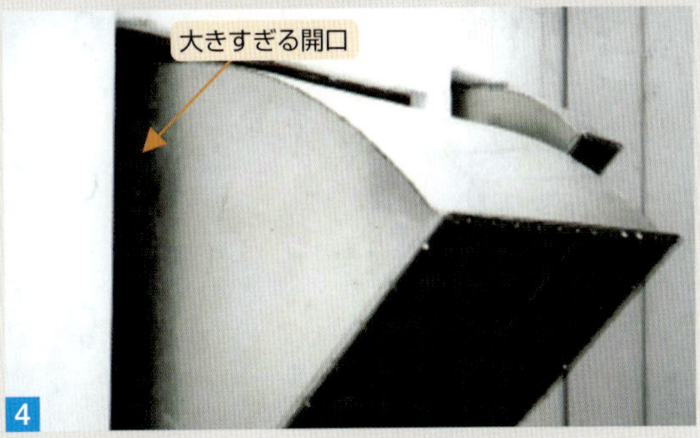
大きすぎる開口
4

写真4のように、どうしてもクリアランスを大きくとってしまう傾向にある。

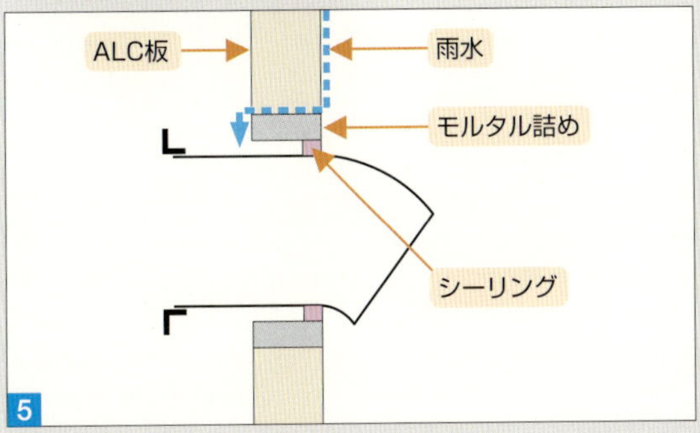
ALC板
雨水
モルタル詰め
シーリング
5

大きすぎた開口をモルタルで埋めた場合、ALC板との接着面が割れて漏水している事例が多い。

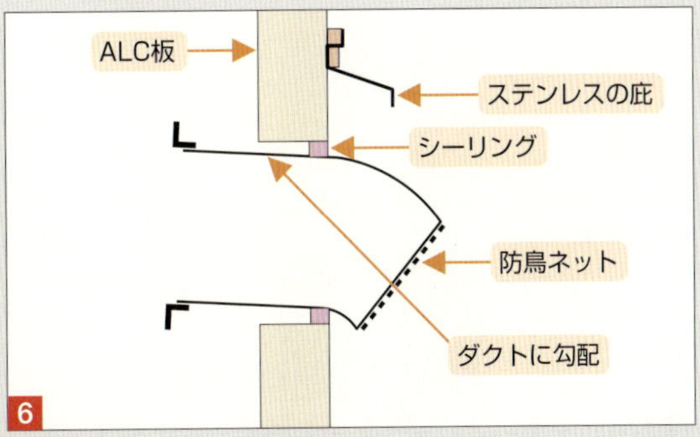
ALC板
ステンレスの庇
シーリング
防鳥ネット
ダクトに勾配
6

開口はフランジが入る最小限の大きさとし、ダクトに勾配をつけて取り付け、上部には庇を設けるとシールの寿命が延びる。

事例 48

厨房排気ダクトの失敗

厨房の排気に関する不具合例は，使い始めてからクレームが出ることが多く，また，その手直しにはたいへんな手間がかかり，かつ施主の信用を失墜させてしまうものである。また隣の建物の給気の近くに排気ダクトがあると，近隣とのトラブルに発展することがある。設計どおりにつくってこのようなトラブルが発生することはないか，落ち着いて検討するべきである。

1 厨房のダクトを外壁に沿って取り付けたため、油分が外壁タイルに付着してしまっている。

2 屋上の上でも周囲に影響の少ない場所で、写真2のように厨房の排気を砂利などに吸着させると効果的である。

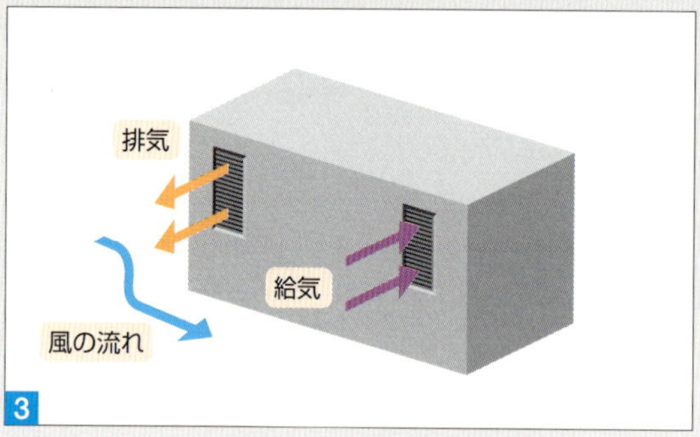

3 厨房の排気が風の向きで、新鮮な空気の取入れ口に流れ、部屋にその臭いがしみ付くことがある。風の流れにも注意をしたい。

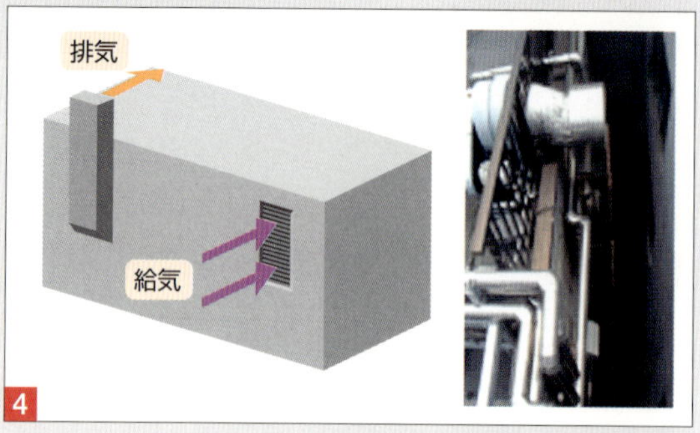

4 上図のように、排気ガラリにダクトを取り付け、影響の少ない高い所へ排気することになる。

5 建物が近接している場合は、排気が隣の給気口に流れていかないかの検討が大切である。

6 内部に入り込んだ空気は、汚れとともに臭いを天井や壁に付着させてしまう。

事例 49

外気取入れチャンバーからの漏水

正月早々に，漏水のクレームが入った。ある企業の新年の賀詞交換を，新築したばかりの体育館で行った後のことであった。調べてみると，体育館の２階の機械室床に大きな水溜りができていた。空調機械の点検口を開けてみると，その底部に水が溜まり，それがあふれたことがわかった。

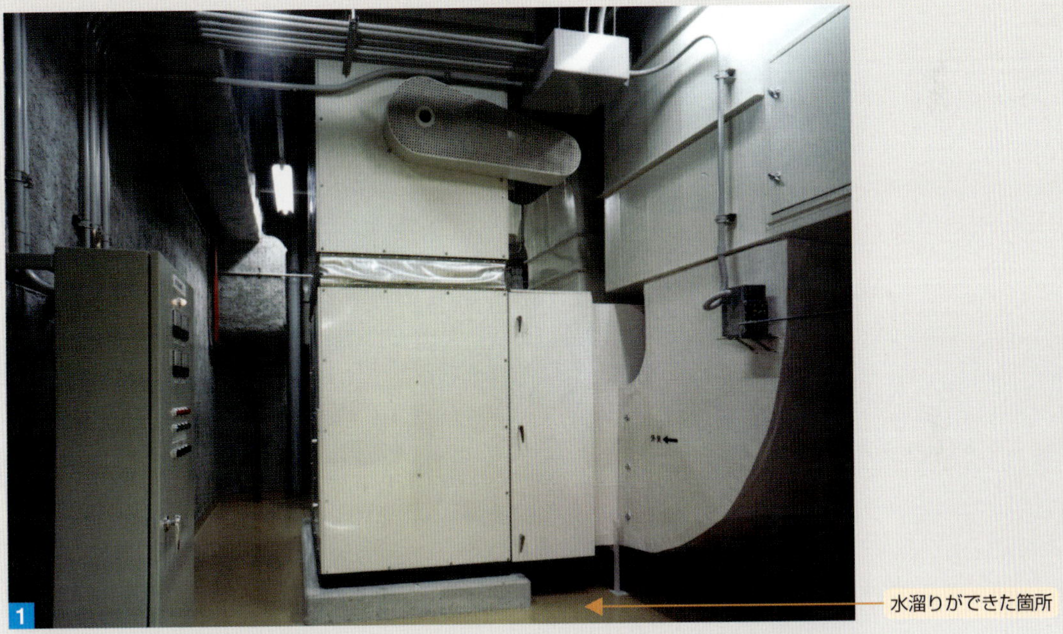
1
水溜りができた箇所

年末に降った軽い粉雪が、空調機に吸い込まれてチャンバー部分に溜まったままの状態となっていたのを、新年になって空調機を稼動させたときにその雪が融けて、水となり漏れ出したものであった。

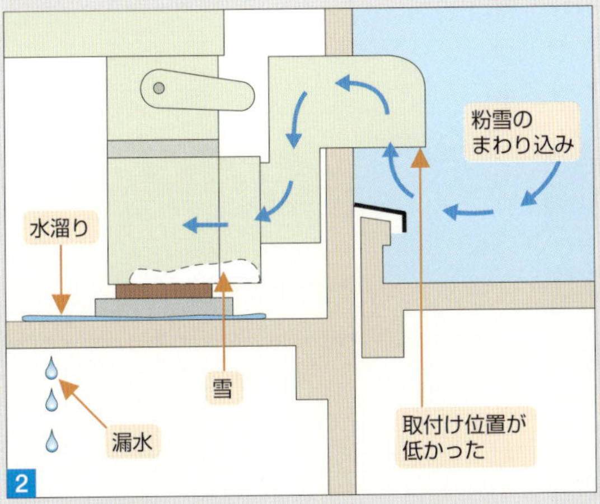
粉雪の
まわり込み
水溜り
雪
漏水
取付け位置が
低かった
2

エキスパンションジョイント部に吸込み口を設けたため、入隅となり、軽い雪を取り込みやすい断面であった。

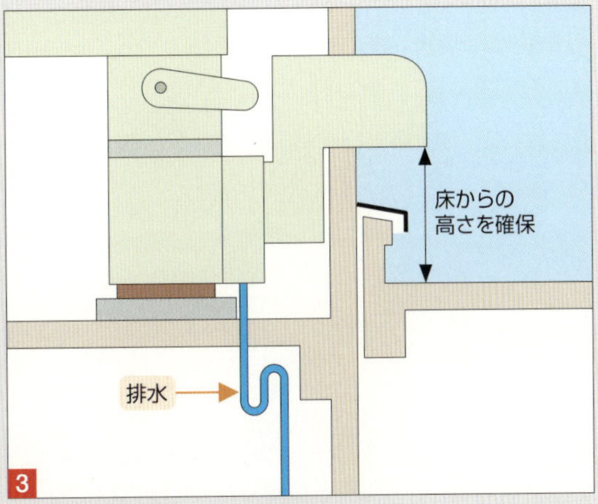
床からの
高さを確保
排水
3

本事例の対策として、空調機械内底部にシーリングを行い排水路を設けた。吹込み防止として、床からの高さを2mほど確保しなければならない。

事例 50

後設置機械基礎の失敗

改修工事の施工方法を誤ると，建物の寿命が大幅に落ちることがある。新築工費の時点ではしっかりした管理の下に施工がなされたとしても，その後の改修工事では，十分な管理もされずに写真１のようなその場しのぎの施工が行われやすい。このようなことを想定して，新築の時点で将来対応の予備の基礎をつくっておくことも考慮したい。

シート防水の上に、そのまま発電機基礎のコンクリートを打設している
1
フェンスの基礎

▲このような仕事が平気で行われている。

▼基礎コンクリートの上にシートを巻いて止水処理をしている。
写真1よりは少しは改善されている。

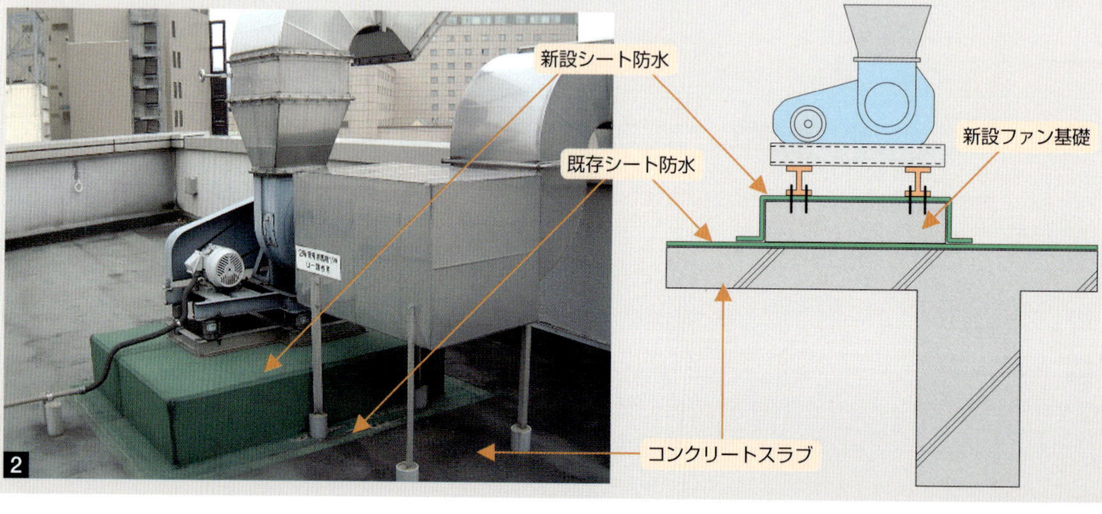
新設シート防水
既存シート防水
新設ファン基礎
コンクリートスラブ
2

事例 51

床の振動とその発生源の特定

竣工後約1年半の夏に，その地上9階建の建物の8階の床で，突き上げるような振動を感じるとのクレームが入った。調査の結果，8階の12.8×16（m）のスパンの中央部分の振動が大きく感じられた。それ以外の階や場所では感じられなかった。断続的な振動で場所が限られていることから，その近くにある機器による振動が発生源であると判断して調査したが原因を特定できなかった。そこで，自記記録式の振動計を設置して，同時に機器の発停時間の記録を取ったところ，振動の発生源を特定することができた。

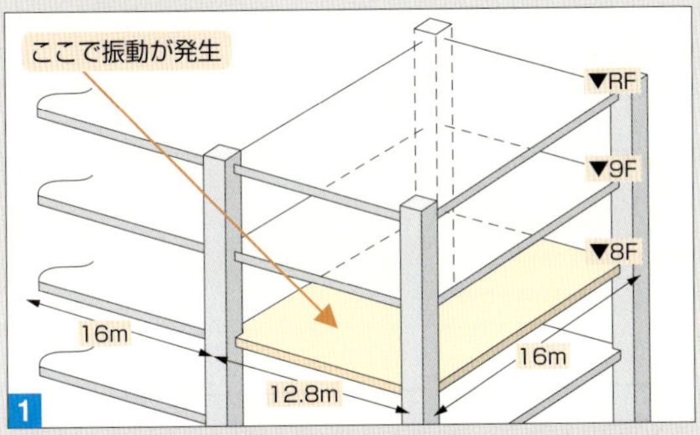

鉄骨（S）造の大スパンの建物の、8階中央部分の振動が大きく感じられた。

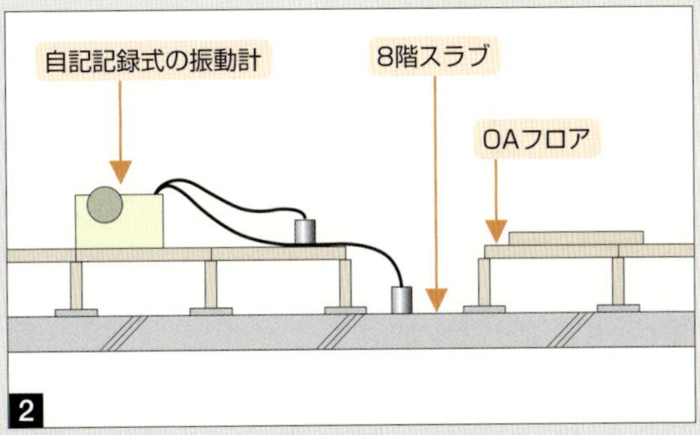

直接コンクリートスラブに設置した振動計と、OAフロア上に設置したものでの数値の差はなかった。

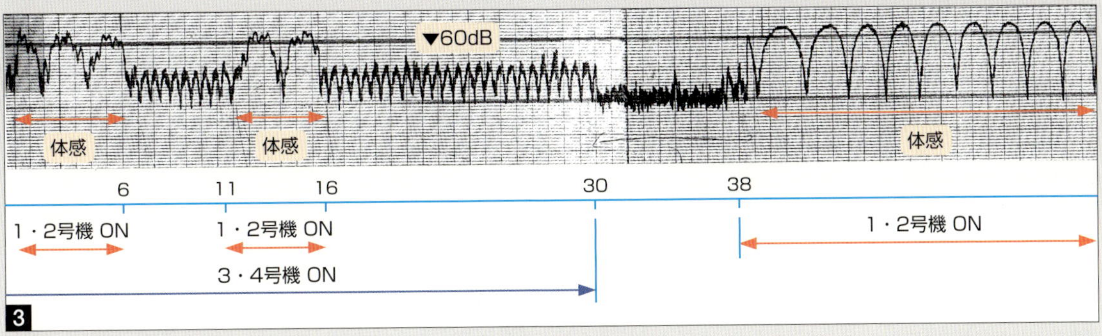

上図は、自記記録式振動計のデータである。60dBを超えたところで振動が身体に感じられた。横方向の数字が時間、その下には屋上に設置されたクーリングタワーの動いている時間を表示している。1・2号機と3・4号機のクーリングタワーは、それぞれグループになって運転されている。このデータから1・2号機の運転時間と床が振動している時間とがぴったりと合い、発生源は1・2号機のクーリングタワーであることがわかった。

写真4が振動の発生源となっていたクーリングタワー。奥に見える2台が、1・2号機である。

写真5は、クーリングタワーの上部。電動機の回転数は395回転/分（6.58Hz）であった。

事例 52

振動の原因と対策

事例51について，クーリングタワーの1・2号機が発生源と特定できた後，それぞれの振動を計測した結果，2号機の羽根のバランスが悪く，振動を大きくしていたことがわかった。しかし，どうして2層分下の平面的にも離れたところだけが振動したのであろうか？　その原因を探ってみた。

1号機と2号機の振動を調査したところ、2号機の振動が極端に大きいことがわかった。自動車のタイヤのホイールバランスの不良と同じ原理である。

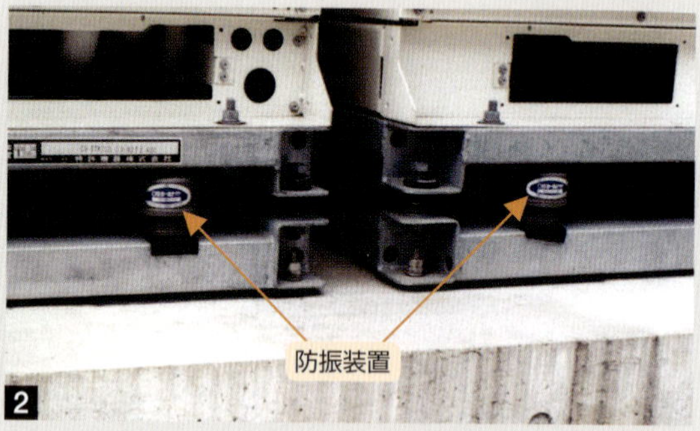

クーリングタワーの下には、専用の防振装置が取り付けられていたが、羽根のバランス不良によるエネルギーが大きすぎたため伝播してしまった。

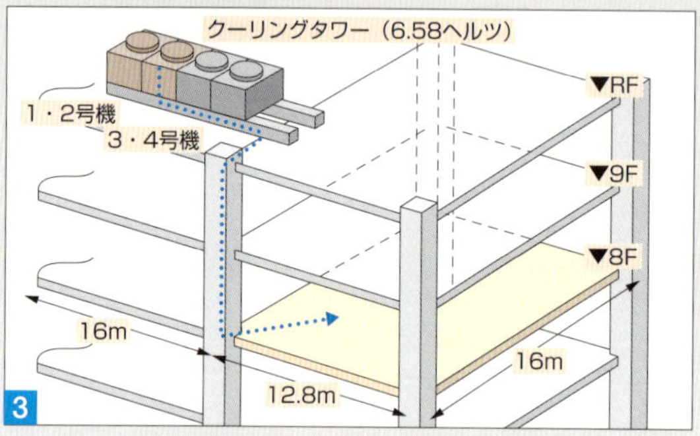

屋上のクーリングタワーの振動が梁や柱を通り、8階部分まで伝播し共振したものである。では、どうしてほかの部分の振動はなかったのだろうか？

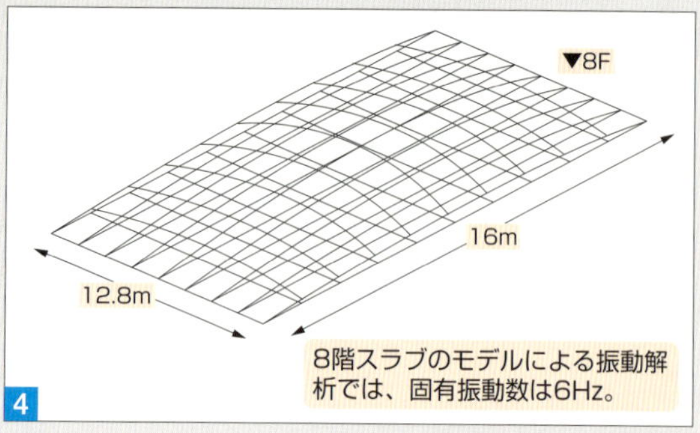

8階床の固有振動数が6Hzで、クーリングタワーの電動機の回転数とほぼ合ってしまったのが原因。屋上と9階は、コンクリート厚さが厚く固有振動数が合っていなかった。

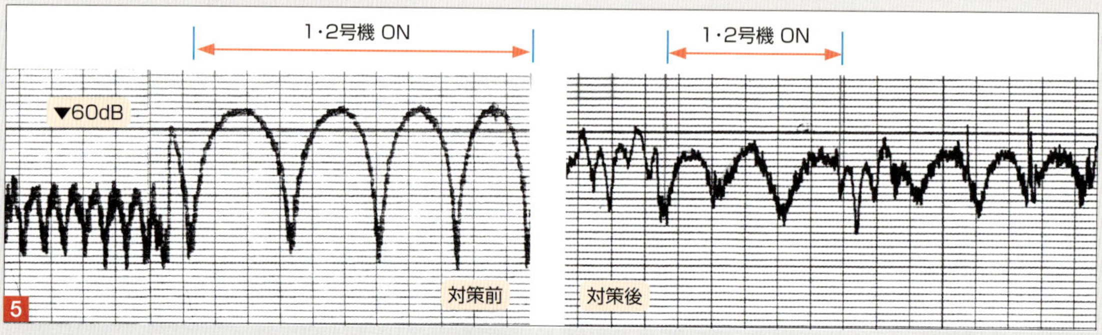

2号機のクーリングタワーの冷却用羽根のバランスを調整したところ、上図右のデータのように 60dBを超えることがなくなり、体感されなくなった。このように、振動はかなり離れたところへ伝わり共振を起こすことを理解しておきたい。建物の固有振動数と機械の回転数をあらかじめ検討しておけば、このような不具合はなくすことができた。

事例 53

外気による結露

店舗や銀行など，客の出入りの多い場所では，空調機の吹出し口周囲が濡れて見苦しい状態になることがある。これは夏季に冷気を吹き出しているところへ，暖かく湿った空気が出入口から入り込み，冷やされた吹出し口の枠に触れて結露を発生させ，カビをつくりしみになったのが原因である。

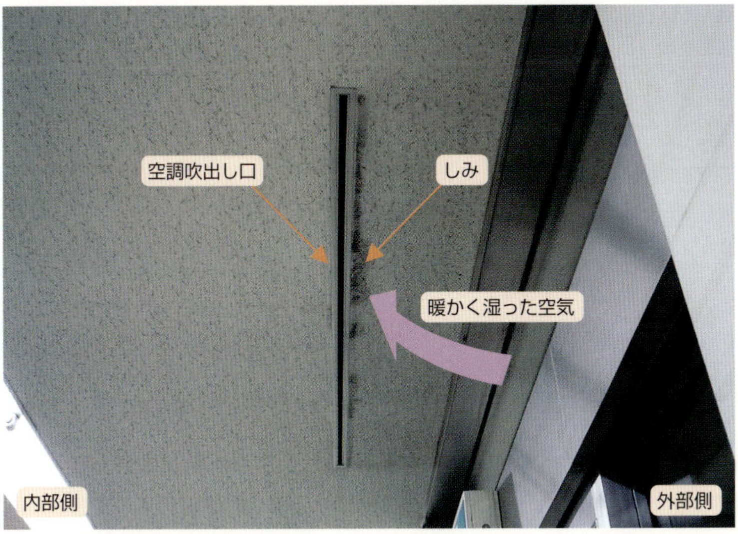
空調吹出し口
しみ
暖かく湿った空気
内部側
外部側

天井内に入った暖かく湿った空気が天井内で結露を発生させていることもあるので、吹出し口だけでなく、ダクトを含め断熱材の内部結露が起こらないように、断熱材の表面の防湿シートに穴がないようにしなければならない。

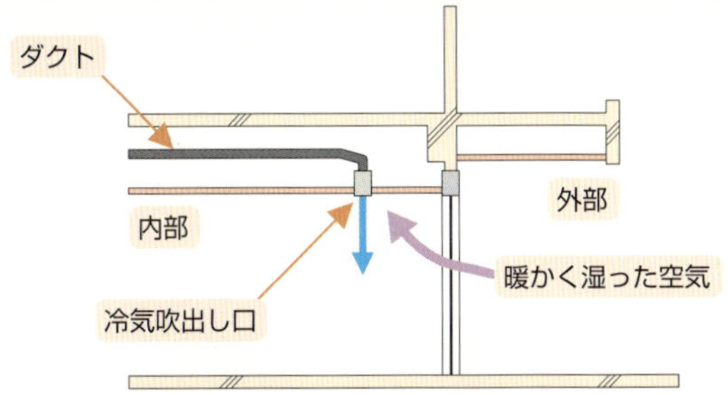
ダクト
外部
内部
暖かく湿った空気
冷気吹出し口

結露してできたしみ

しみの被害が拡大し、ボードが落下

1

事例 54

常時冷房の部屋へのダクトの施工不良

オフィスの中にサーバールームを設け，その冷房のためのダクトを事務室の天井内に通したところ，保温不良の箇所があり冷風ダクトのまわりの断熱材に内部結露が発生し，それが大量の水を含んで事務所の天井にしみをつくってしまった。事務室の空調を停止した後に，室内が外気と同じ湿った状態になるため，その空気が冷たいダクトに触れて結露を発生させてしまった。

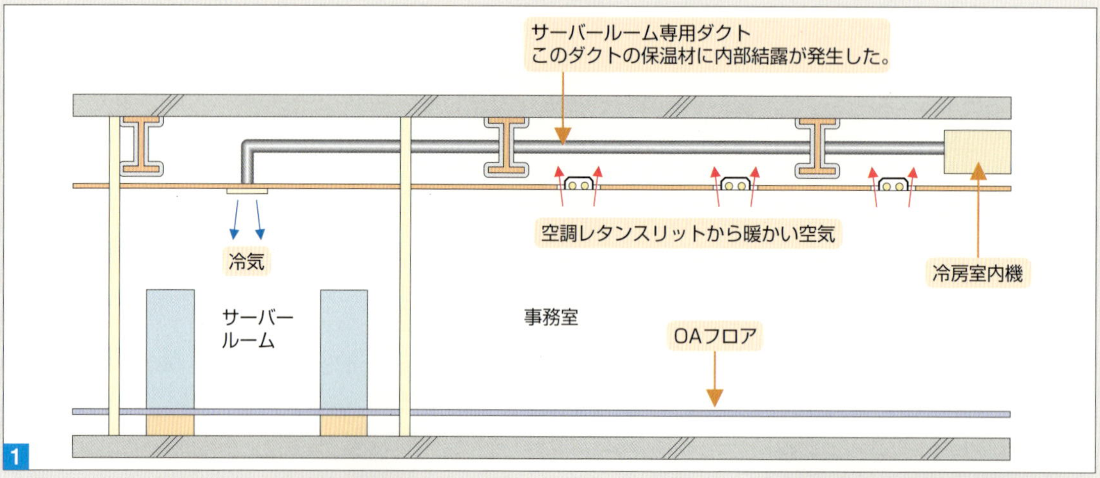
サーバールーム専用ダクト
このダクトの保温材に内部結露が発生した。
空調レタンスリットから暖かい空気
冷気
冷房室内機
サーバー
ルーム
事務室
OAフロア
1

断熱材そのものは、空気を通すため内部結露を発生させる。
この防湿シートにより空気を遮断している。
断熱材そのものが空気を通すために、内部結露の原因になっていることを理解していないと、写真2のように防湿シート端部の処理不良を起こすことになる。このような施工不良を見逃してはいけない。

▲スパイラルダクトと消音フレキとの接続部分をしっかり処理する。

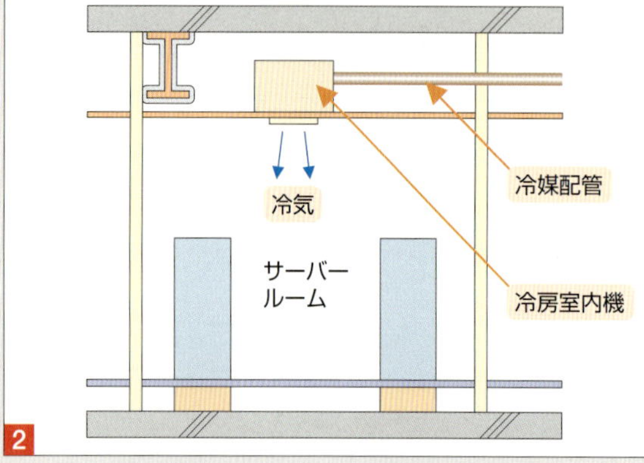
冷媒配管
冷気
サーバー
ルーム
冷房室内機
2

左図のようにサーバールーム内に室内機を設ける対策も考慮したい。

事例 55

結露と湿り空気線図

冬季に外気を室内側に取り入れた場合と，夏季に外気を取り入れた場合のそれぞれの空気がどのようになるかを示してみよう（下図参照）。冬季は湿度が低くなるため加湿が必要となり，加湿されたその空気が冷たい窓ガラスなどに触れることにより結露が発生している。

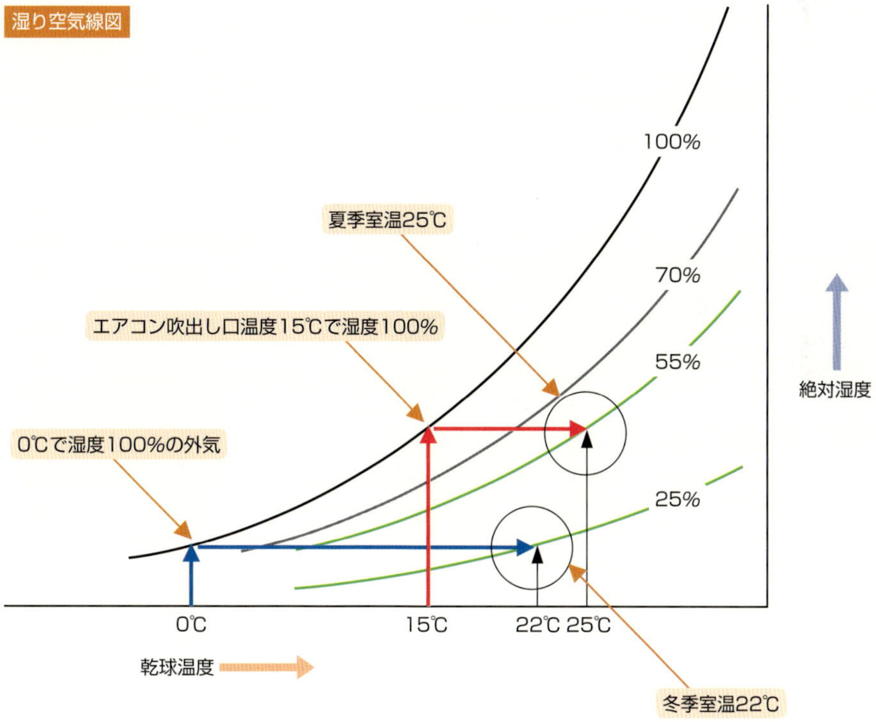
湿り空気線図
100%
夏季室温25℃
70%
エアコン吹出し口温度15℃で湿度100%
55%
絶対湿度
0℃で湿度100%の外気
25%
0℃
15℃
22℃ 25℃
乾球温度
冬季室温22℃

冬季：室内暖房時
0℃で湿度100%の外気を取り入れて室温22℃まで上げたとすると、保有水蒸気量（絶対湿度）は変わらないが、相対湿度は約25%となってしまう。つまり、この状態で外気を多く室内に取り込むと、室内は乾燥するので加湿が必要となってくる。

夏季：室内冷房時
エアコン吹出し口の温度15℃、湿度100%で、室温が25℃の場合、保有水蒸気量（絶対湿度）は変わらないが、相対湿度は約55%となり、除湿されたことになる。

1

事例56

脱衣室の換気バランスの不良

脱衣室が湿っぽく，壁の隅にカビが発生している状況がよくある。浴室内は温水により，空気の圧力が高くなり，それが脱衣室に入ってくると，カビをはじめとしてさまざまな不具合を発生させる。事例56では,計画段階で空気の流れのバランスを十分に考慮しておかないと，後での対応が難しいというケースを紹介する。

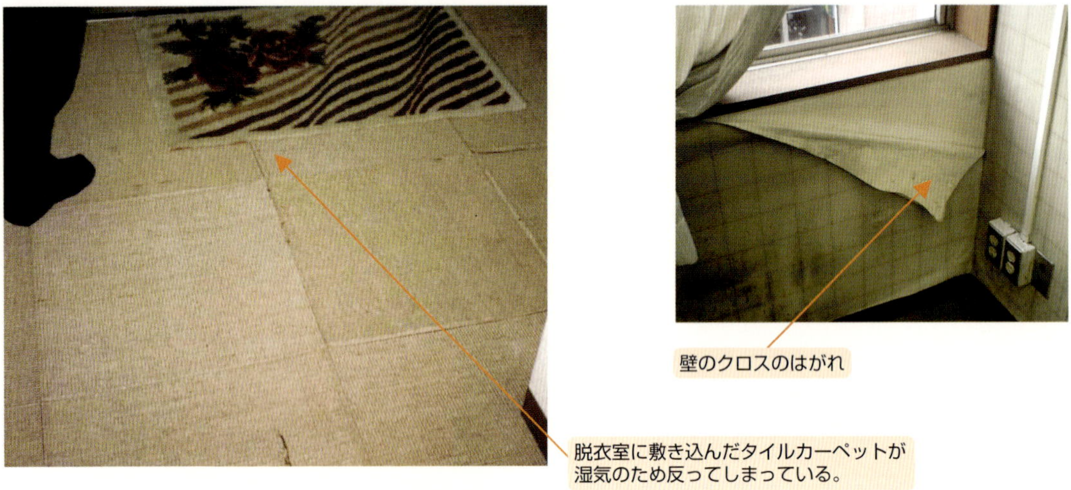
壁のクロスのはがれ
脱衣室に敷き込んだタイルカーペットが湿気のため反ってしまっている。

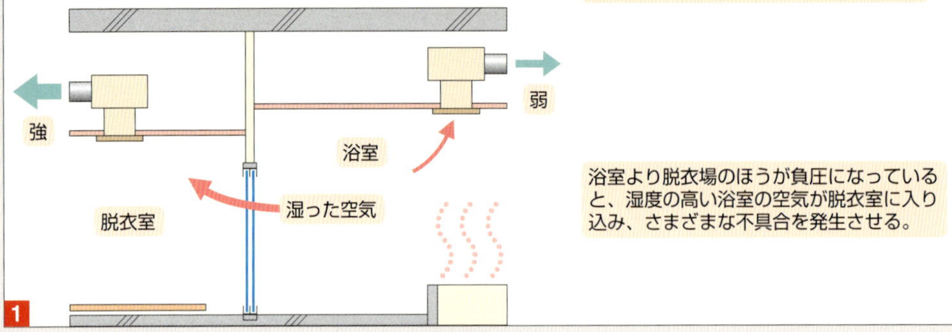
強
弱
浴室
脱衣室
湿った空気
1
浴室より脱衣場のほうが負圧になっていると、湿度の高い浴室の空気が脱衣室に入り込み、さまざまな不具合を発生させる。

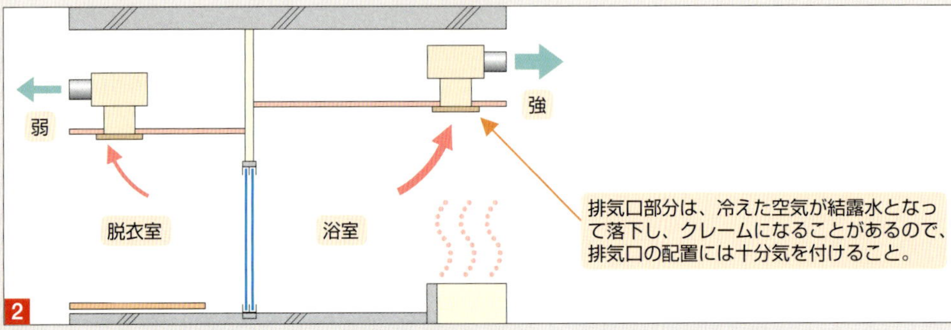
弱
強
脱衣室
浴室
2
排気口部分は、冷えた空気が結露水となって落下し、クレームになることがあるので、排気口の配置には十分気を付けること。

浴室と脱衣室間の扉を開けても、浴室側のほうにバランスよく空気が流れるように設計する。天井内の壁とスラブにすき間がないようにしっかりとした施工が必要である。

事例 57

脱衣室等の防カビ対策

脱衣室など，湿度が高くなる要因のある部屋での湿度による被害を防ぐためには，室内の空気の流れを良くすることである。そのためには，すっきりとしたレイアウトと，内部に配置する脱衣かごなどの備品にも配慮し，空気の流れを妨げないような素材を使うことである。

1
通気性の良いいす
籐製のタオル入れ
籐製の脱衣かご
できれば、壁際ではなく中央に配置したほうがよい。

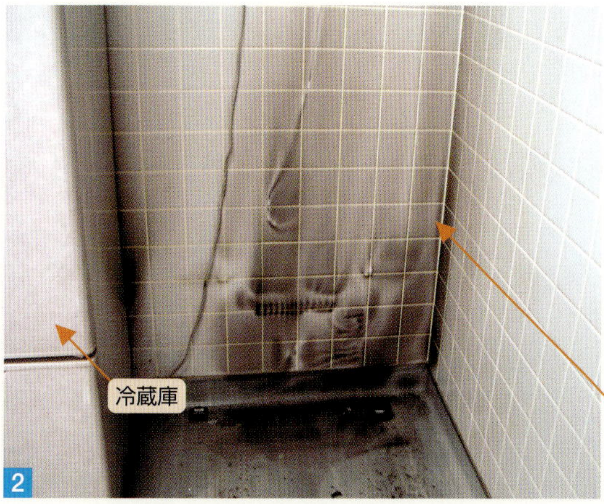
2
冷蔵庫
入隅部分に設置されていた冷蔵庫をずらしたときの壁の状況

左の写真は、厨房の隅に押し付けられて置かれた冷蔵庫置き場である。壁との間にスペースをとり、清掃ができるように配慮すると、衛生的に良い状態を保つことができる。

事例 58

空調工事のさまざまな失敗

設計時点でよいと思って施工したことが，後に失敗であったと気が付くことが多い。図1のような建物の接続の場合は，それぞれの空調の条件が違うので，仕切りのための扉を設けることが正しいと思われる。

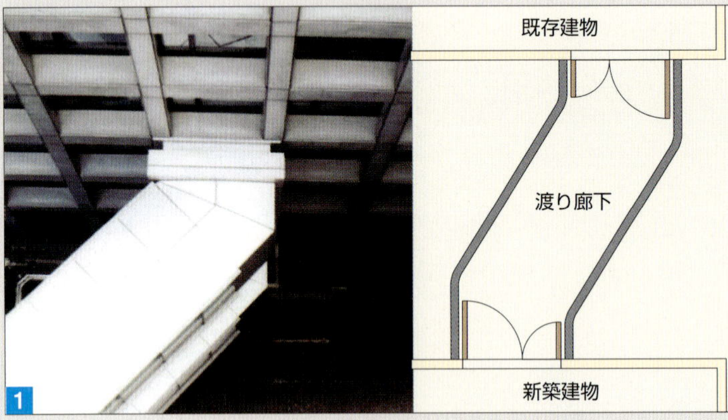

既存建物との間に渡り廊下をつくり、通行しやすいように常時開放扉で防火区画を形成した。しかし使い始めてみると、両建物の空調システムの違いもあり、気圧差が生じ新築建物側に風が吹き込むことになった。
新築側の給排気ダンパーを調節して対応したが、自動扉などの差圧を防ぐ扉を設けるべきであった。

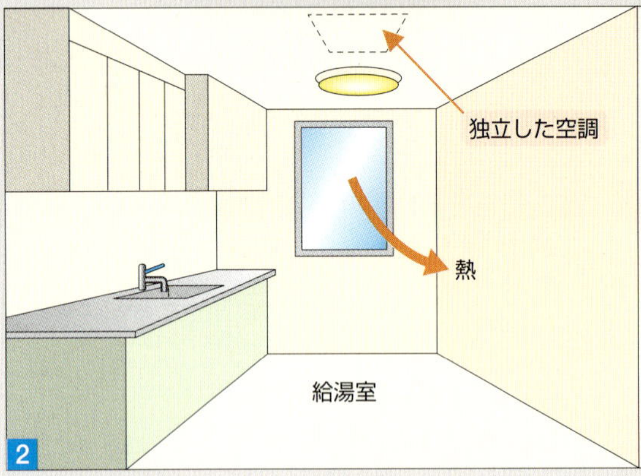

来客へのお茶のサービスを行う給湯室の室内温度が高くなるとのクレームが出た。設計上は給排気システムしかないため、夏場には中での作業に支障をきたした。空調のために廊下側からダクトを引き込んだが、廊下側のサーモスタットと共通のため、温度があまり下げられなかった。このような使用頻度の多い給湯室の場合は、独立した空調を設けるべきであった。

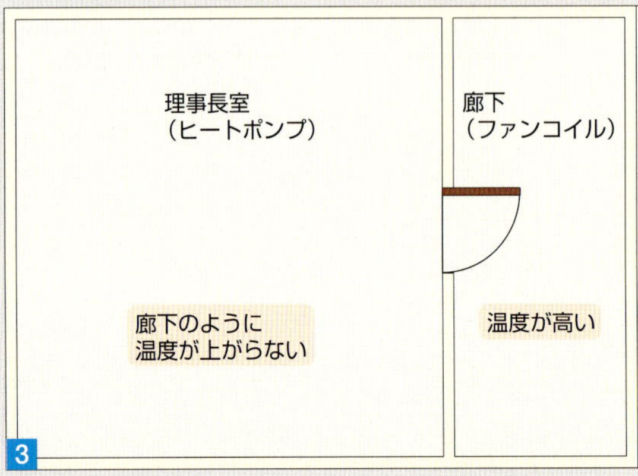

ある施設において、気温の変化に敏感な理事長のため、中間期にでも冷暖房を個別に設定できるようにと、その部屋（理事長室）のみヒートポンプ空調システムを採用し、そのほかは原設計通りファンコイル方式とした。冬になってその理事長室の空調が効かないとのクレームが入った。温度を計測してみると、廊下などファンコイル部分の温度が高く、それに比べてヒートポンプは温度が上がらないため体感温度に差が出たものであった。そこで、ファンコイルのダクトを理事長室に引いて対応した。

3 衛生設備

事例

事例 59

地下の階高と受水槽

受水槽の容量と配置を考えずに描かれた設計図がある。施工図作成の段階で納めようとしても，柱のスパンや階高が決まっているため，容量を確保するのにたいへんな苦労をすることがある。受水槽の周囲の点検スペースに多くの面積をとってしまう。そのような失敗を防ぐため，受水槽室の有効水量とスパンと階高の関係を示した事例を紹介する。

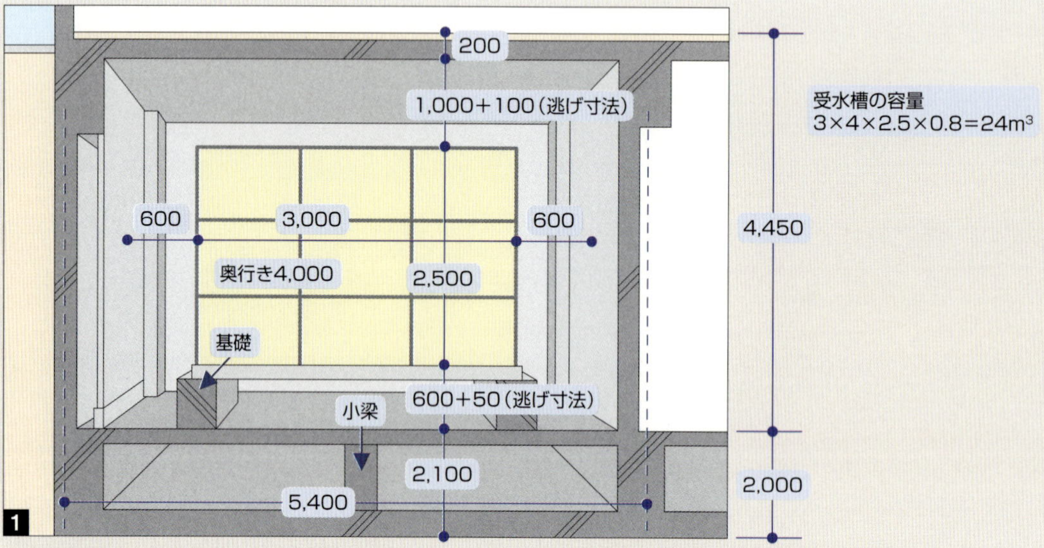

W3×D4×H2.5（m）（有効水量約24m3）の受水槽を一般的に納めた場合、上図のように階高4.45m、スパン5.4mが必要になる。

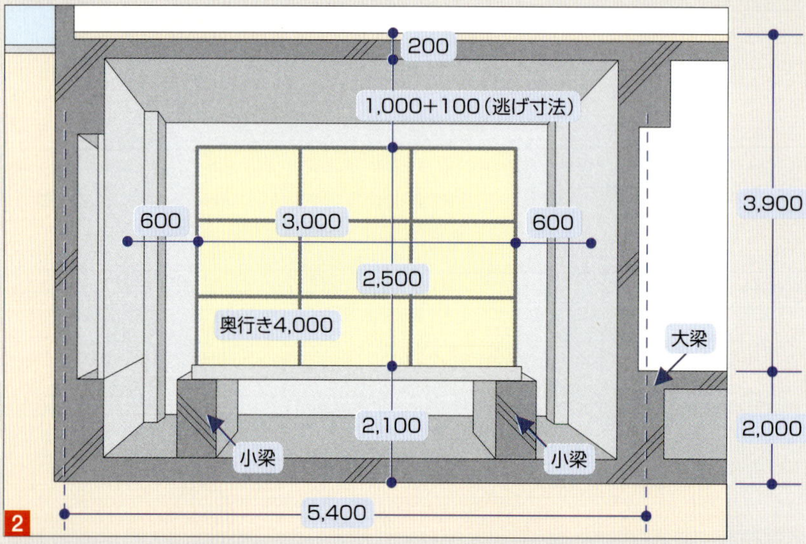

受水槽室の二重スラブを取りやめ、躯体の小梁（大梁の場合もある）を受水槽の基礎と兼用にすることで、階高は3.9mにすることができる（他に、設備配管の切り替えや機械式駐車場などがある場合は、それによって階高さが決まることがあるので注意）。

事例 60

受水槽の水がオーバーフロー管からあふれ出した

受水槽の電極棒の高さの間違いや結線のミスは，後で大きな問題になることがある。図1は，オーバーフロー水位よりも高い位置に受水槽への定水位弁のボールタップが配置されていたのと，満水警報の電極棒も高すぎたという二重のミスを犯したため，受水槽への流入水が停止せずに，ずっと垂れ流し状態になってしまった事例である。最終の追い込みの時期に工事量が多く検査に人員がまわらず，責任のない者に任せてしまうと，このよう問題が発生してしまう。また，自動制御と衛生工事の責任範囲・工事範囲を明確にし，検査責任者・検査方法を確立しておくことが大切である。図2に正しい納まりを示す。

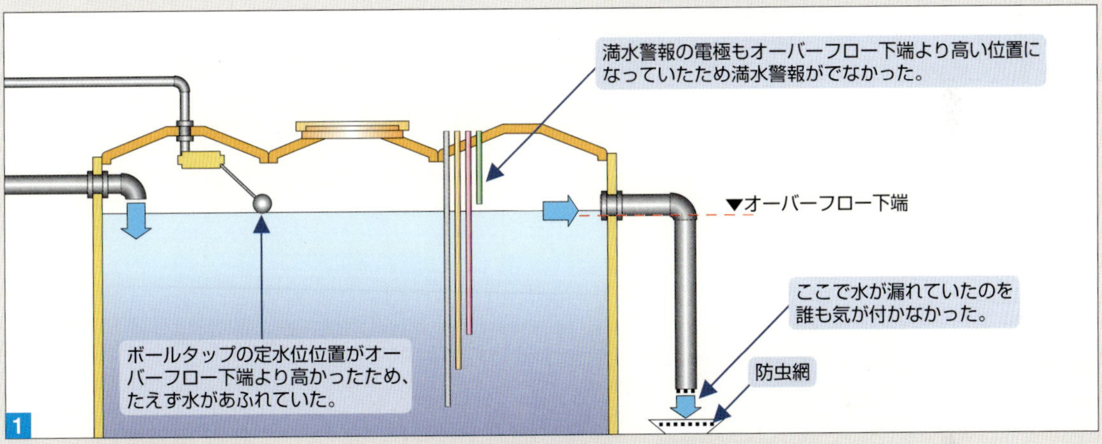

1

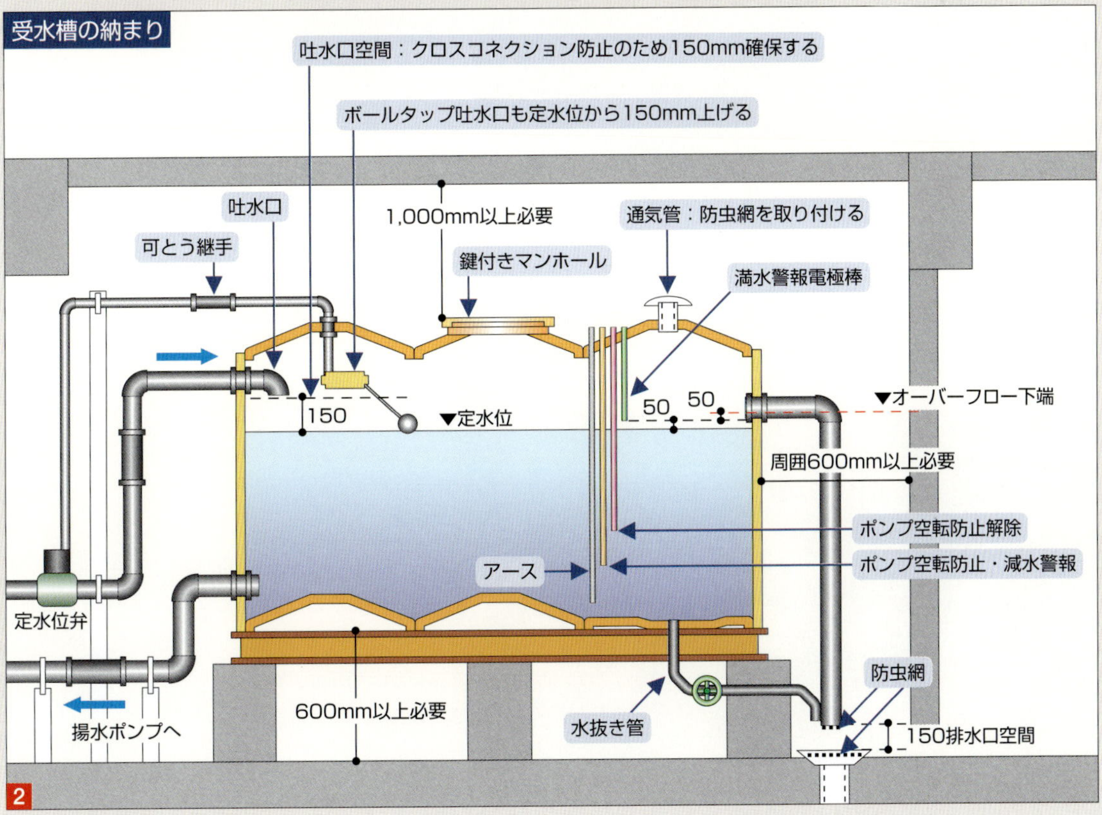

2

事例 61

受水槽回りの納まり

ここでは，71ページの図2で説明した受水槽回りと揚水ポンプについて，写真1･2を使って説明する。受水槽の周囲点検スペースはもとより，揚水ポンプの周辺も飲料水を扱うので，清潔に保たれるよう十分な点検スペースを確保し，問題があった場合にすぐ発見できるように，写真1のように十分な照度をとらなければならない。

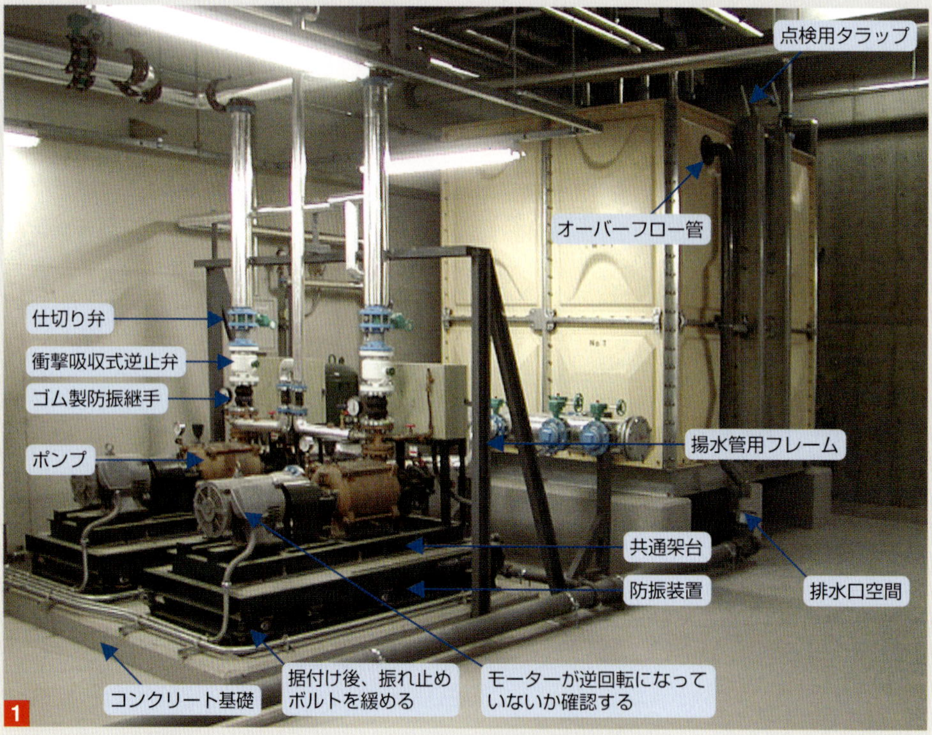
点検用タラップ
オーバーフロー管
仕切り弁
衝撃吸収式逆止弁
ゴム製防振継手
ポンプ
揚水管用フレーム
共通架台
防振装置
排水口空間
コンクリート基礎
据付け後、振れ止め
ボルトを緩める
モーターが逆回転になって
いないか確認する
1

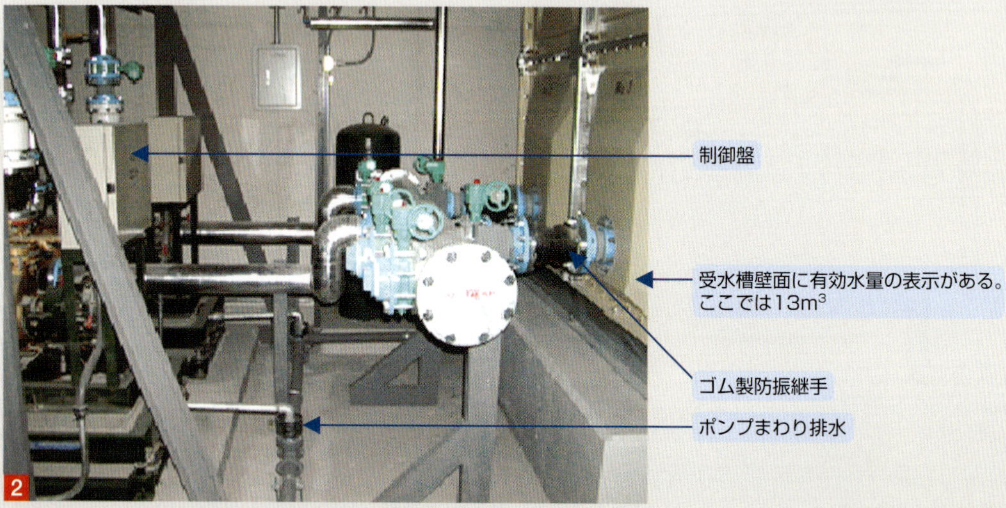
制御盤
受水槽壁面に有効水量の表示がある。
ここでは13m3
ゴム製防振継手
ポンプまわり排水
2

事例 62

高置水槽の水がオーバーフロー管からあふれ出した

事例60と同様に，高置水槽でも図1のように揚水ポンプ停止の電極棒がオーバーフロー下端より高く，水が垂れ流しになることがある。オーバーフロー下端との位置関係の確認が重要である。このような失敗をなくすには，水槽の中に入ってチェックをする必要がある。

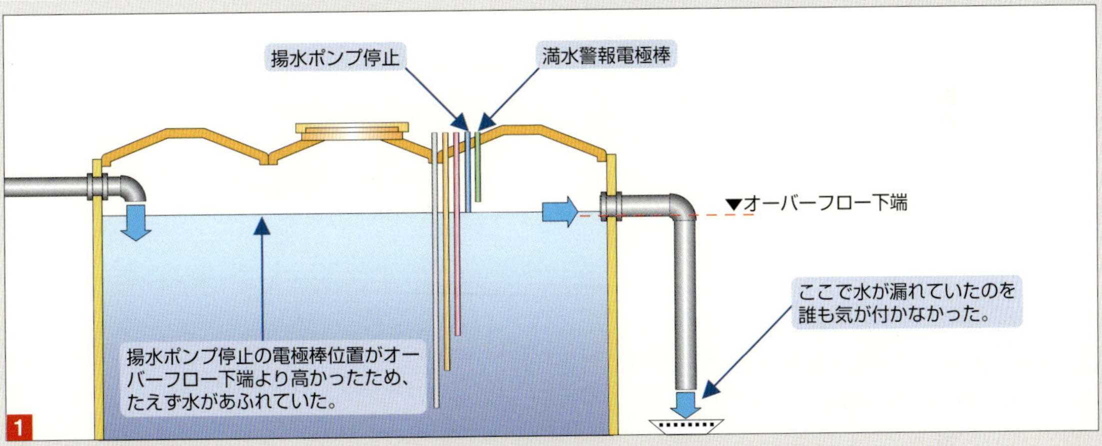
揚水ポンプ停止
満水警報電極棒
▼オーバーフロー下端
ここで水が漏れていたのを
誰も気が付かなかった。
揚水ポンプ停止の電極棒位置がオー
バーフロー下端より高かったため、
たえず水があふれていた。
1

高置水槽の納まり

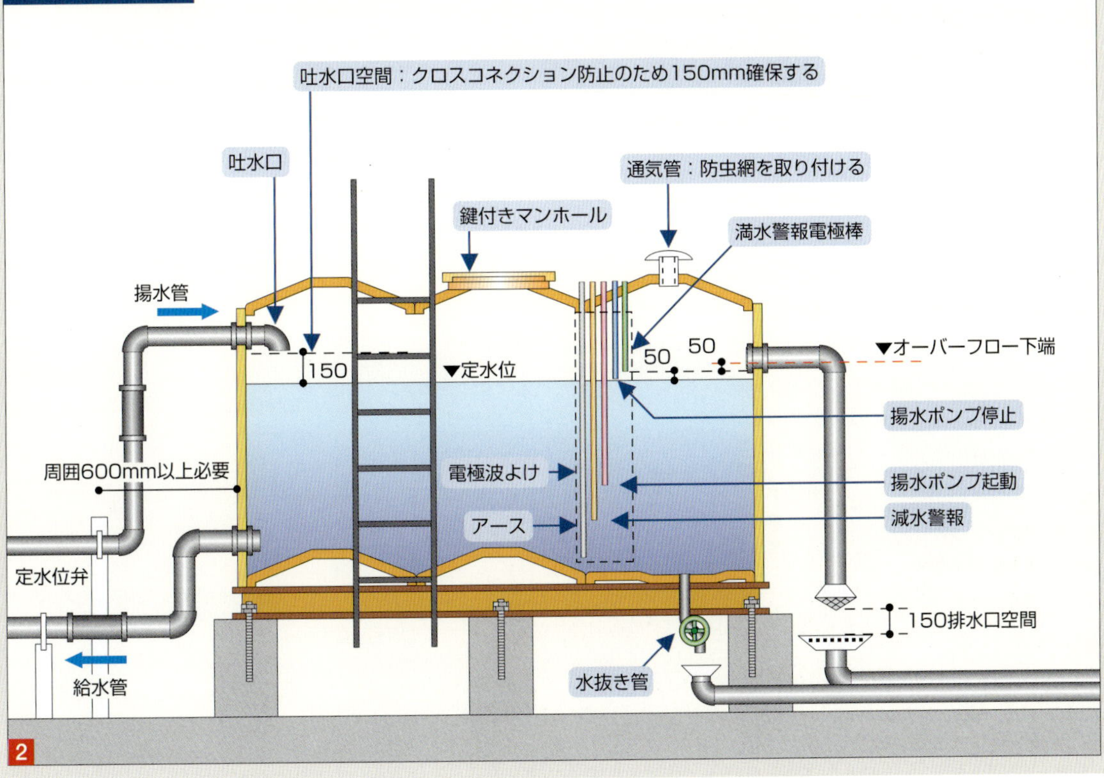
吐水口空間：クロスコネクション防止のため150mm確保する
吐水口
通気管：防虫網を取り付ける
鍵付きマンホール
満水警報電極棒
揚水管
150
▼定水位
50
50
▼オーバーフロー下端
揚水ポンプ停止
周囲600mm以上必要
電極波よけ
揚水ポンプ起動
アース
減水警報
定水位弁
150排水口空間
給水管
水抜き管
2

事例 63

井水槽の水がポンプアップされない

ある事務所ビルで，便所の洗浄水に井戸水を使用していた。図1のような井水槽をつくり使用しはじめたところ，ある時間に一気に使用されたため，井戸ポンプからの供給が追いつかなくなった。バックアップ用の上水補給水の電磁弁が動作不良だったため水位が下がり続け，水槽が空の状態となり，ポンプにエアーが入り込み揚水ができなくなった。

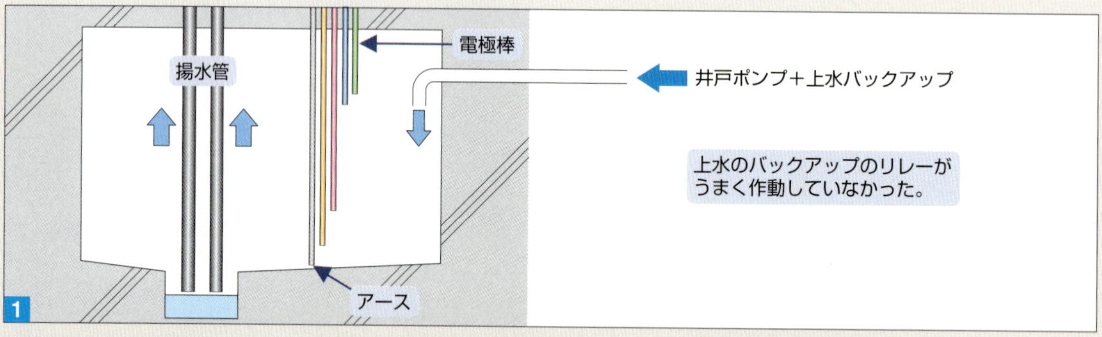

電極棒
揚水管
井戸ポンプ＋上水バックアップ
上水のバックアップのリレーがうまく作動していなかった。
アース
1

建物の建て替えを行ったとき、既存の井戸水を継続使用する申請を行ったが、取水量は大幅に制限されたので、上水のバックアップがとれるように制御を行った。しかし、その状態を発現させての確認は行われていなかった。

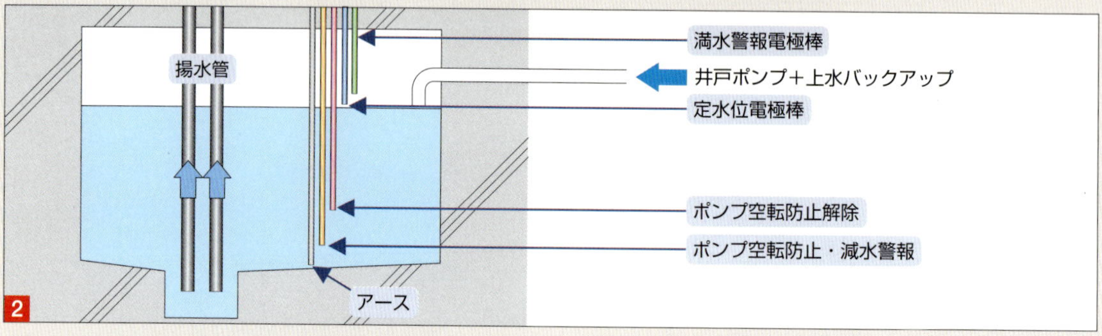

満水警報電極棒
揚水管
井戸ポンプ＋上水バックアップ
定水位電極棒
ポンプ空転防止解除
ポンプ空転防止・減水警報
アース
2

発生し得る状況をすべて想定して検査要領を作成し、その状況を実現させて検査をすることが大切である。自主検査のときにミスを発見できなければ、後に大きな信用の損失に至ってしまうことを、検査する人に認識させなければならない。

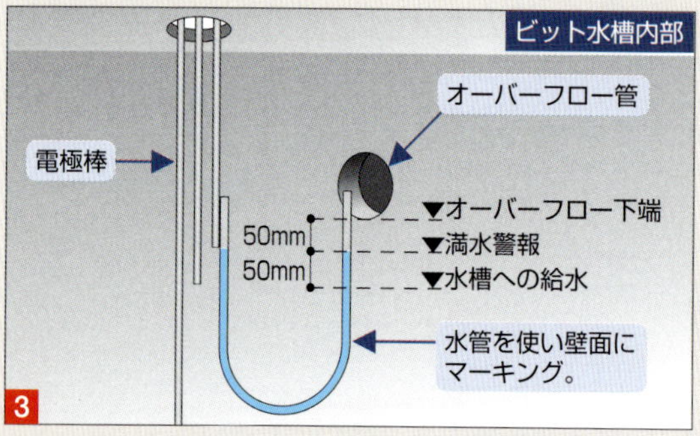

ビット水槽内部
オーバーフロー管
電極棒
▼オーバーフロー下端
50mm
▼満水警報
50mm
▼水槽への給水
水管を使い壁面にマーキング。
3

狭い水槽の中では、水管（透明なホースの中に水を入れたもの）で上図のように水槽内壁面に高さをマーキングして、計画通りかをチェックする。

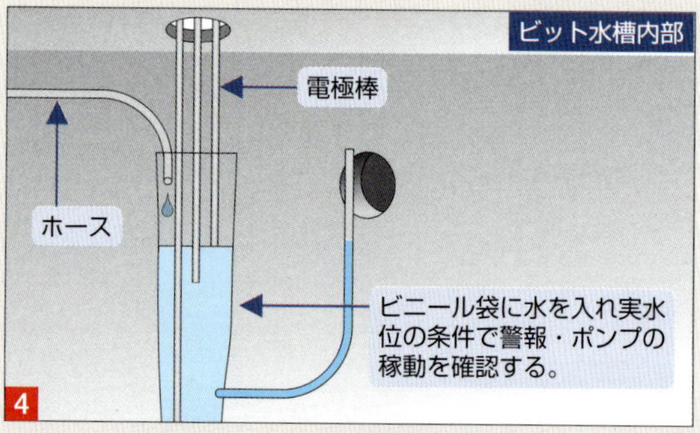

ビット水槽内部
電極棒
ホース
ビニール袋に水を入れ実水位の条件で警報・ポンプの稼動を確認する。
4

時間を要する検査は、上図のような確認をすることで短時間でミスが発見できる。

事例 64

電極棒が作動しなくなった

ゴミや水垢，油分の多い水槽では，電極棒の表面に絶縁性の被膜ができ動作不良を起こすことがあるため，スイッチ選定の際には十分に考慮しなければならない。汚水槽や厨房の排水槽のように，汚物や油分の多い水槽の場合は，フリクトレベルスイッチを選定する。

排水管
ケーブル
釜場
湧水排水ポンプ
電極棒

1

湧水排水ポンプが作動しなくなってしまった。原因は電極棒の表面に絶縁性の被膜ができてしまったことであった。

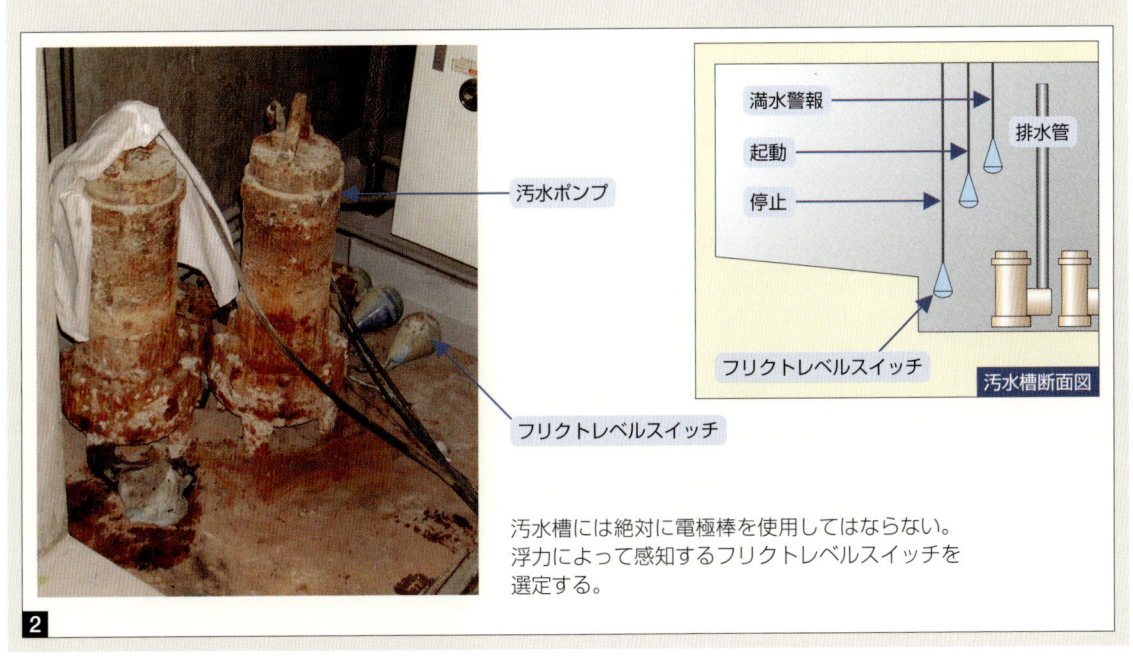

汚水ポンプ
フリクトレベルスイッチ

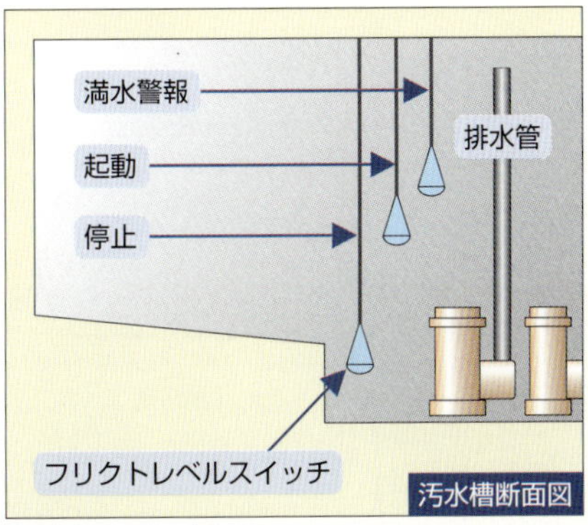
満水警報
起動
停止
排水管
フリクトレベルスイッチ
汚水槽断面図

2

汚水槽には絶対に電極棒を使用してはならない。浮力によって感知するフリクトレベルスイッチを選定する。

事例 65

放流ポンプの配線の失敗

竣工1年で放流槽内のポンプが故障して，取り替えることになってしまった。原因は放流ポンプの電源ケーブルが短く放流槽内で結線したが，結露とガスで腐食してしまい，ポンプ本体まで影響していたことであった。発注に際しては，制御盤までのケーブル長さを確認した上で行うこと。

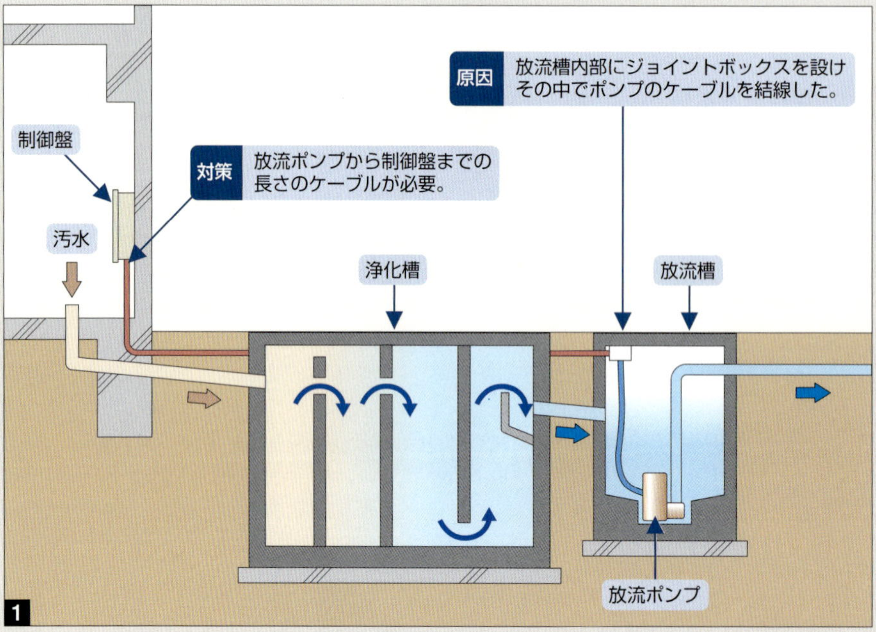

原因
放流槽内部にジョイントボックスを設けその中でポンプのケーブルを結線した。
制御盤
対策
放流ポンプから制御盤までの長さのケーブルが必要。
汚水
浄化槽
放流槽
放流ポンプ
1

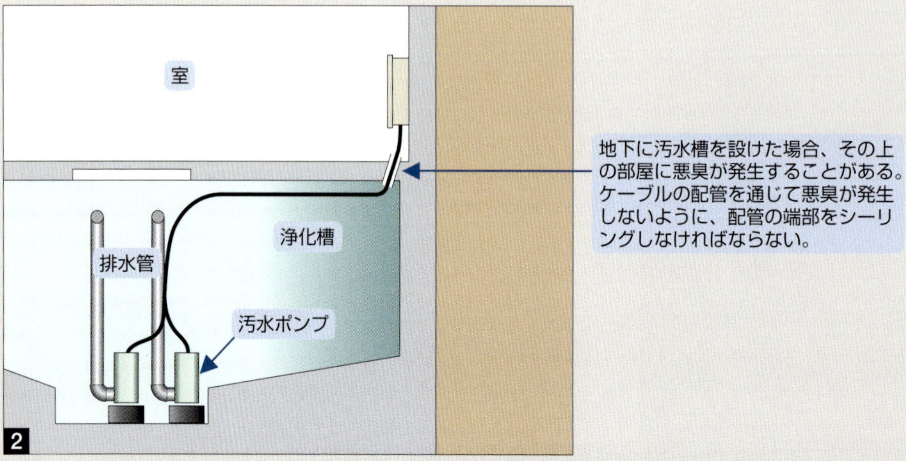

室
浄化槽
排水管
汚水ポンプ
地下に汚水槽を設けた場合、その上の部屋に悪臭が発生することがある。ケーブルの配管を通じて悪臭が発生しないように、配管の端部をシーリングしなければならない。
2

事例 66

トイレと公設桝の配置（1）

汚水や雨水の排水は，公設桝に至るまで，重力に従って流れていく。しかし，このルートが勾配不足で詰まったり，各階で梁を貫通したりと，当初の計画の稚拙さから問題を起こすことが多い。以下に示すようなパースをもとに立体的に計画すると，多くの問題は解決し，後のメンテナンスも容易に行えることになる。このような作業を本来の設計業務の中で行うことにより，より高品質な建物をつくることができる。

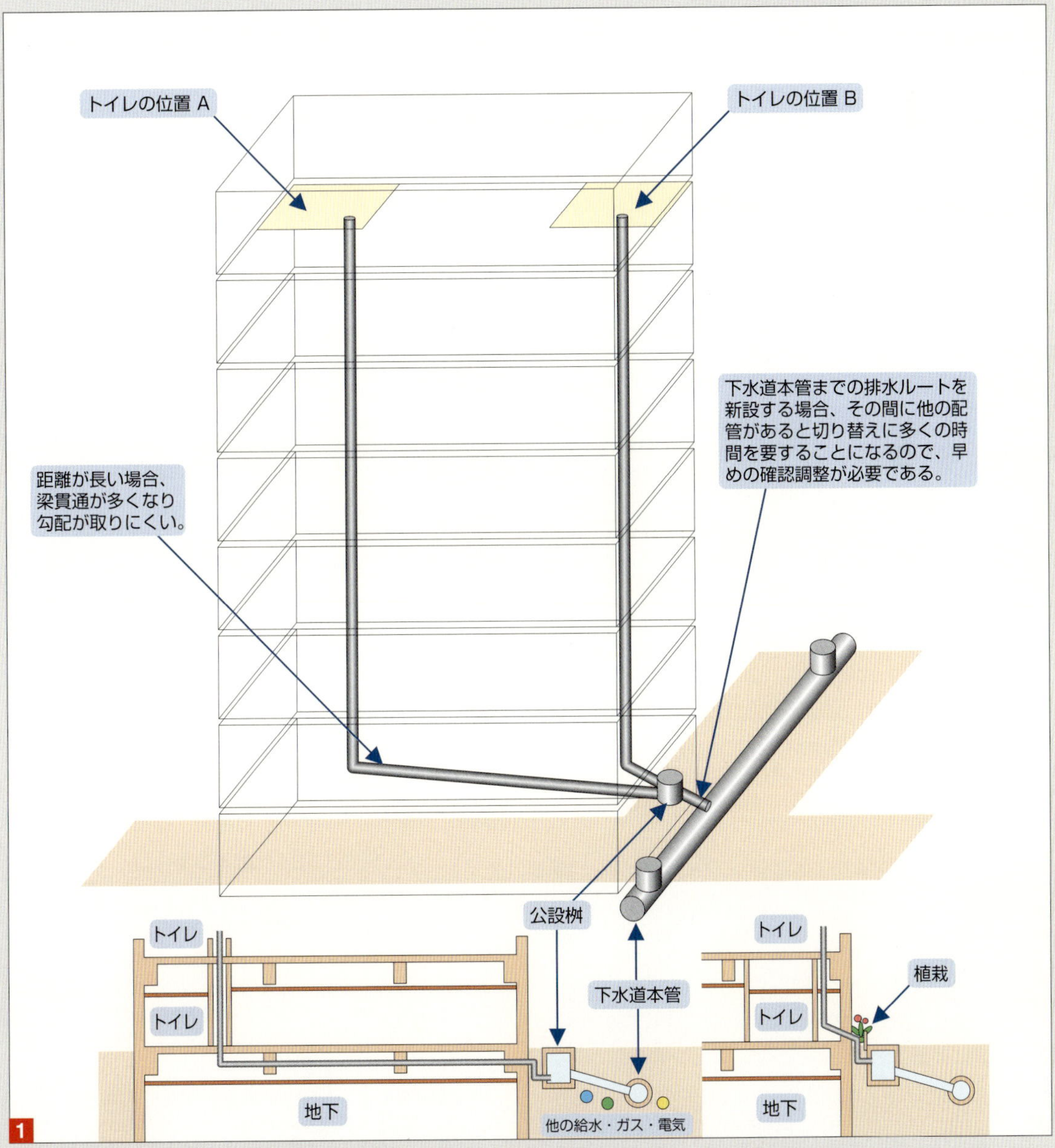
トイレの位置 A
トイレの位置 B
下水道本管までの排水ルートを新設する場合、その間に他の配管があると切り替えに多くの時間を要することになるので、早めの確認調整が必要である。
距離が長い場合、梁貫通が多くなり勾配が取りにくい。
公設桝
下水道本管
トイレ
トイレ
地下
他の給水・ガス・電気
トイレ
植栽
トイレ
地下

1

左下図のような位置にトイレを配置した場合、１階床梁を貫通して勾配を取り、排水管を公設桝まで導かなければならない。右下図のように公設桝までの距離が少ない位置にトイレを配置すると、外部に植栽を設けることにより壁貫通のみで処理ができ、漏水の心配が少なくなる。雨水も同様になるべく外部側に配置すべきである。

事例67

トイレと公設桝の配置（2）

汚水排水は敷地内の桝を経由して公設桝に流れ込む。敷地の調査のときには必ずその配置を確認して，どのようなルートを確保しなければならないのか，施工手順はどうすれば効率的か，あるいは仮設トイレの排水管をなるべく短く配置するにはどのようにしたらよいのか等々，検討しなければならない。

写真1は、歩道に取り付けられた公設汚水桝。それぞれの敷地の汚水を受け持っている。

写真2は、道路に取り付けられた公設汚水桝。L形側溝に合わせた形になっている。

写真3は、公設桝のふたの部分が縁石にかかっており、細くなった部分の縁石が割れて何度も取替えになることになる。位置関係を十分に把握しておくべきである。

写真4は、下水道本管のマンホール。この下に道路の方向に下水道本管が通っている。各公設桝は下水道本管に接続されている。

写真5は、L形側溝沿いに設けられた雨水排水桝である。道路を占有した場合に、工事のセメント類を流して詰まらせないように十分な管理が必要である。

失敗防止のポイント10

もともと2つの敷地であった土地をまとめて購入して建築するときに、公設桝が2つあって1箇所を使用しない場合は、撤去するように下水道局から指導を受け、下水道本管までの撤去費用の負担がかかるばかりではなく、道路工事が発生して近隣住民にも迷惑をかけてしまうことになる。そのような場合は、1階の系統を一つの桝、2階以上をもう一つの桝というように、既存の公設桝をうまく使うような計画を立てるとよい。しかし、現地の調査を行わないで設計すると、せっかく使える公設桝とは違う位置に新設するように書いてある場合がある。そのまま施工すると撤去費用と新設費用が二重にかかってしまうことになる。

事例 68

建物周囲の工事の時期と段取り

敷地境界と建物の間が狭い建物の場合，建物ができてしまうと，その周囲の工事は非常にやりにくくなり，建物の陰に隠れるため施工状態の検査も目が届きにくくなる。工程表を作成する現場責任者は，そのときの状況を考えて最良の段取りを工程表に表さなければならない。

建物が立ち上がった後で、周囲の雨水排水桝と排水管の工事を行っているため、窮屈で施工性が、非常に悪くなっている。
地下の躯体が完了した、広々とした環境の中で施工すれば、能率も上がり、かつ上階の工事中の雨水の処理にも使用できる。

このように地下躯体が完了した時期をうまく利用して、排水工事のみではなく、電気やその他すべての設備工事を終わらせてしまうように工程を組む勇気がほしい。
もうひとつ欲を言えば、この段階でも山留めの鋼材を切断しなくてもすむような設備の納まりを検討しておきたいものである。

設備工事の障害になっている山留め鋼材

1

事例 69

便器から汚物が噴き上がる

竣工引渡し後に，1階の便器から汚物が噴き上がったという事故が発生した。施工中の汚水竪管に鉄筋棒が入り込んで竪管の曲がり部分に残り，その部分に流れにくい汚物が引っかかり，汚水桝へのルートが詰まって上からの汚水の圧力で1階の便器から噴き上がったものである。しっかりとした施工管理と検査が行われていれば防げた事故である。

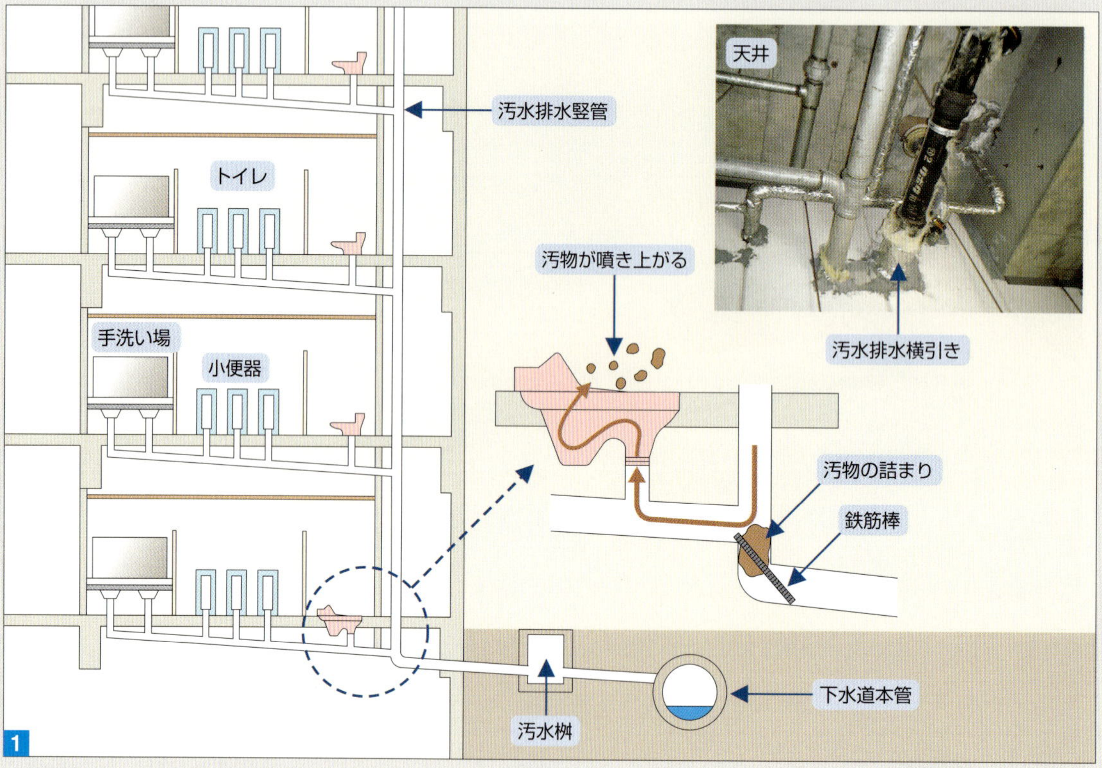

＊通気管は、上図では省略。

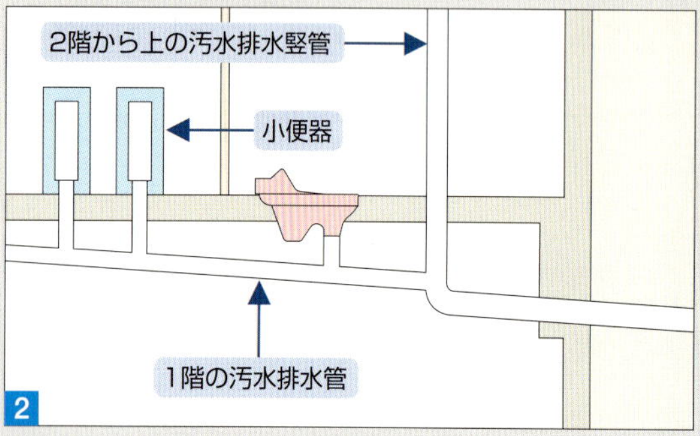

1階のトイレの排水は、上階の排水と別の系統にしなければならない。

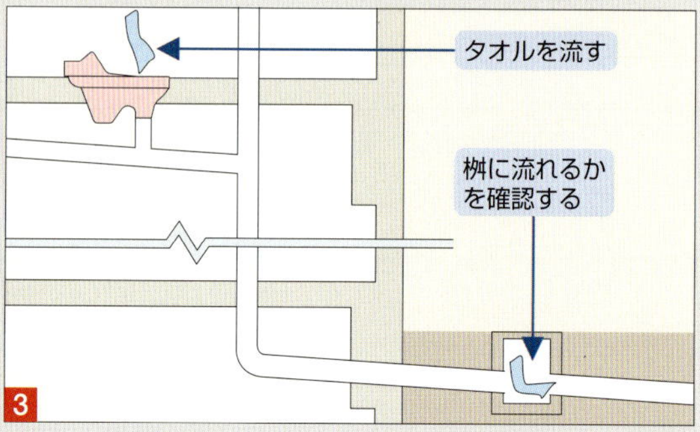

上階で大便器からタオルを流し、汚水桝に流れてくるかを確認することで配管内に異物がないか確認できる。タオルが桝から外に流れ出ないようにカゴ等を用意する。

事例 70

居室内に臭気がこもる

汚水排水や汚水槽からの通気管の大気開放位置の設定を間違えると，建物の引渡し後に大きなクレームになる。新築の建物の居室内部に嫌な臭気が入ってくることは，施主にとって漏水と同じくらい施工者への不信感を抱いてしまうものである。

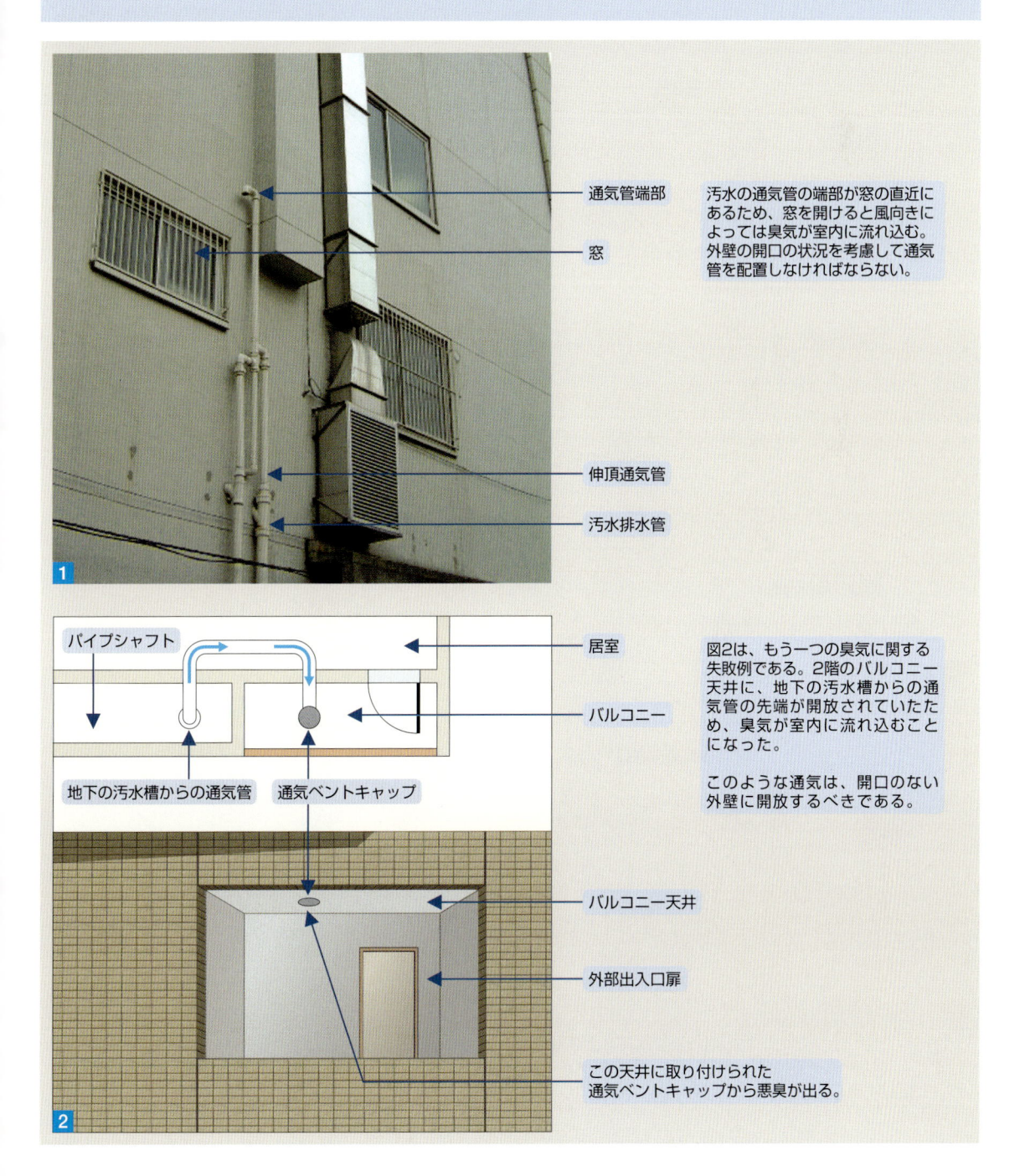

通気管端部
窓
伸頂通気管
汚水排水管

1

汚水の通気管の端部が窓の直近にあるため、窓を開けると風向きによっては臭気が室内に流れ込む。外壁の開口の状況を考慮して通気管を配置しなければならない。

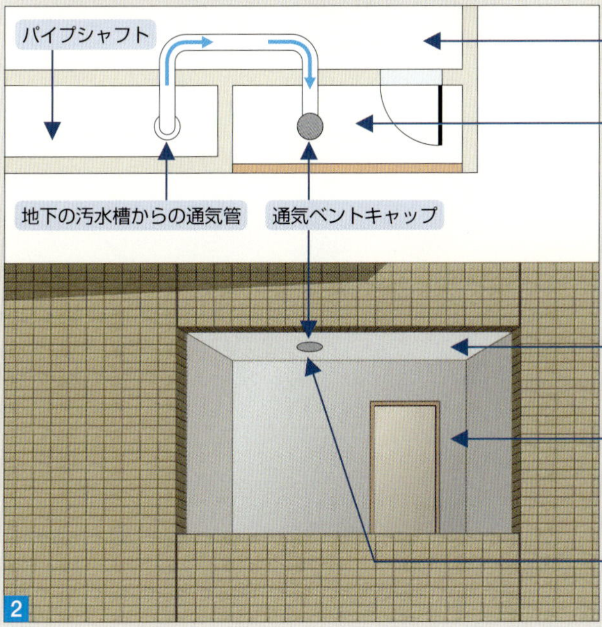
パイプシャフト
居室
バルコニー
地下の汚水槽からの通気管
通気ベントキャップ
バルコニー天井
外部出入口扉
この天井に取り付けられた
通気ベントキャップから悪臭が出る。

2

図2は、もう一つの臭気に関する失敗例である。2階のバルコニー天井に、地下の汚水槽からの通気管の先端が開放されていたため、臭気が室内に流れ込むことになった。

このような通気は、開口のない外壁に開放するべきである。

事例 71

浴室内に臭気がこもる

竣工後の老健施設の大浴場に臭気が上がるというクレームがあった。特に，大浴場を使用していないときに臭気がひどかった。原因を調べてみると，通気管の取り方に問題があることがわかった。

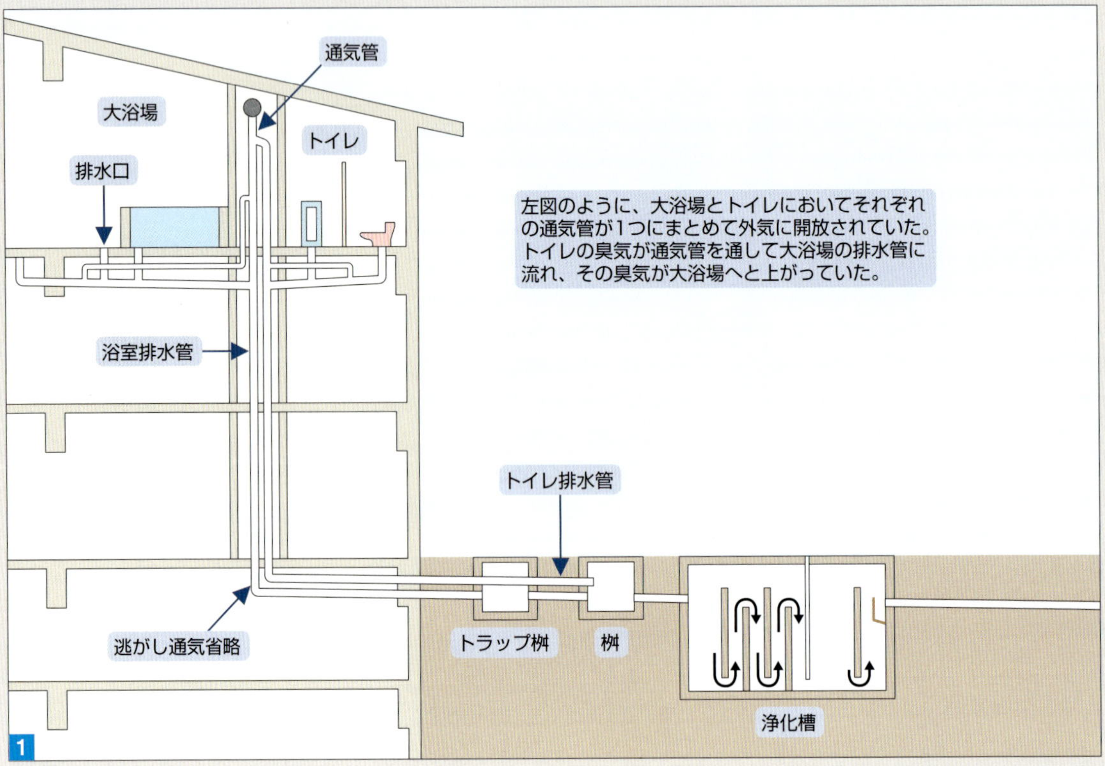

左図のように、大浴場とトイレにおいてそれぞれの通気管が1つにまとめて外気に開放されていた。トイレの臭気が通気管を通して大浴場の排水管に流れ、その臭気が大浴場へと上がっていた。

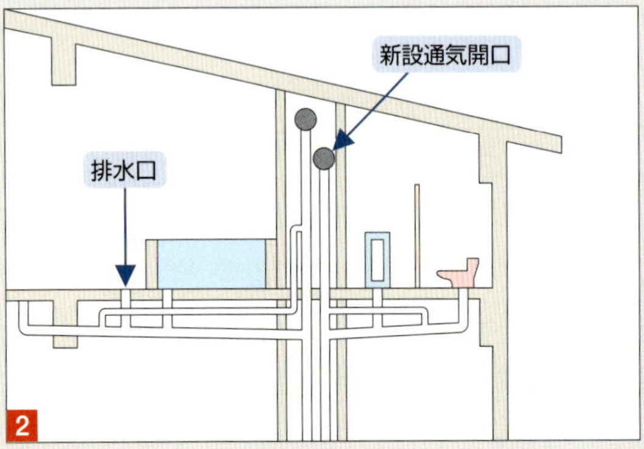

上図のように、トイレの排水の通気管を別系統とすることで、トイレ側の臭気の侵入を防いだ。通気管のサイズ不足で破封することも多いので注意が必要である。

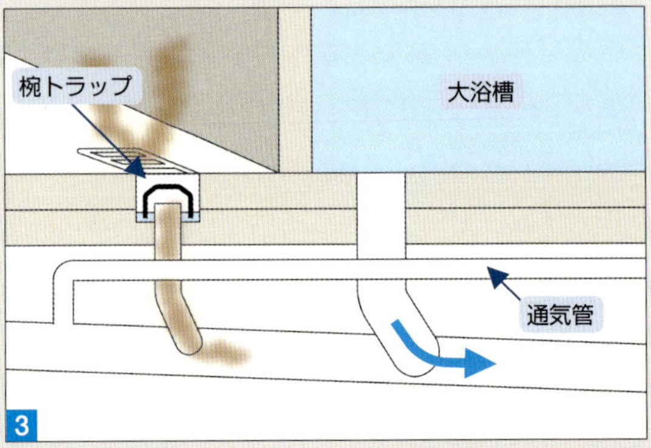

大きな浴槽で大量の水を抜くときに、通気管が細く位置が離れていると、負圧により近くの排水溝の椀トラップの封水を破り、そこから通気を取ってしまうことがある。その結果、破られた封水から臭気が上がってくることになる。

事例72

ユニットトイレとそのシャフト部分の納まり

ユニットトイレ配管はスラブ上部で横引きとするため施工性が良く，下の階への影響も少ないので，メンテナンスの点でも優れている。ある建物の配管類の納まりを図1に示すので，施工手順の参考にしていただきたい。

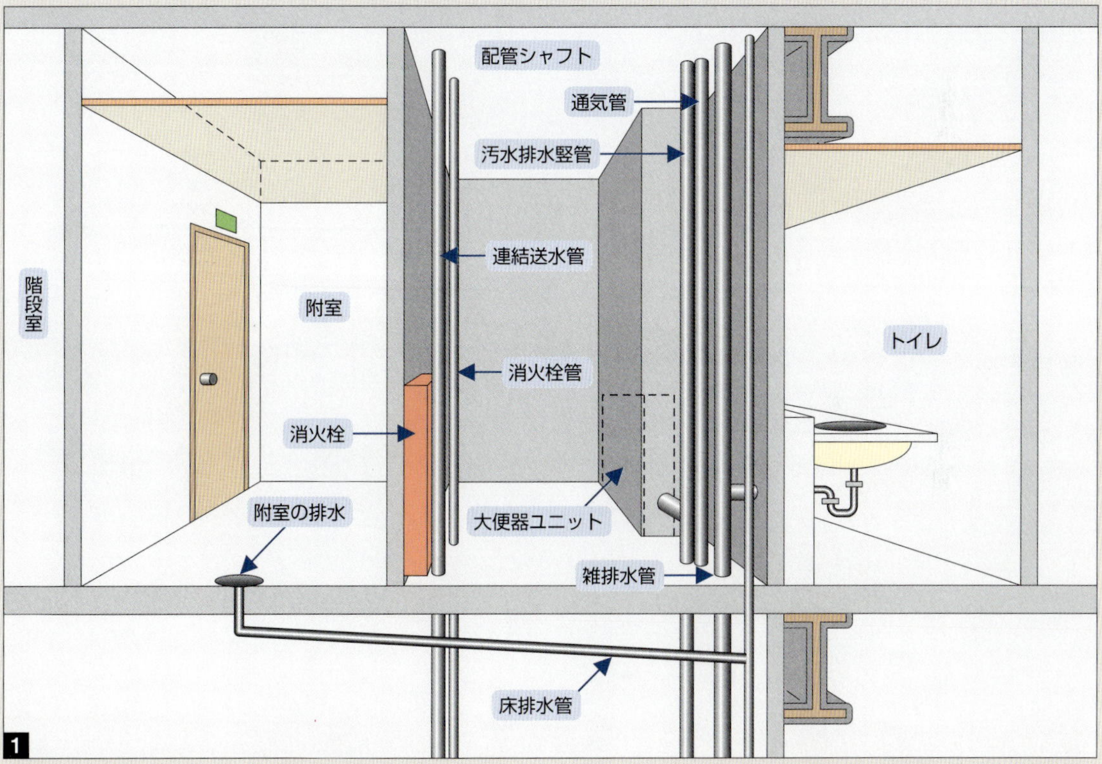

上図は、左側に階段室とその附室、中央に消火系配管とトイレ給排水・通気のためのシャフト、右側にトイレを設けた建物の部分の断面である。

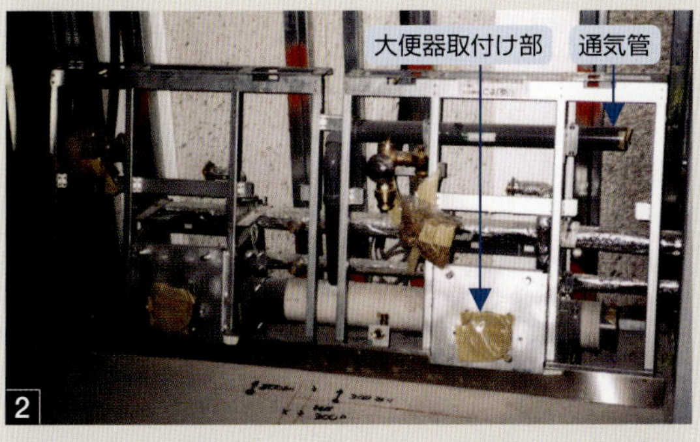

写真2は、大便器ユニットの骨組みと配管類。床の地墨に合わせて取り付ける。

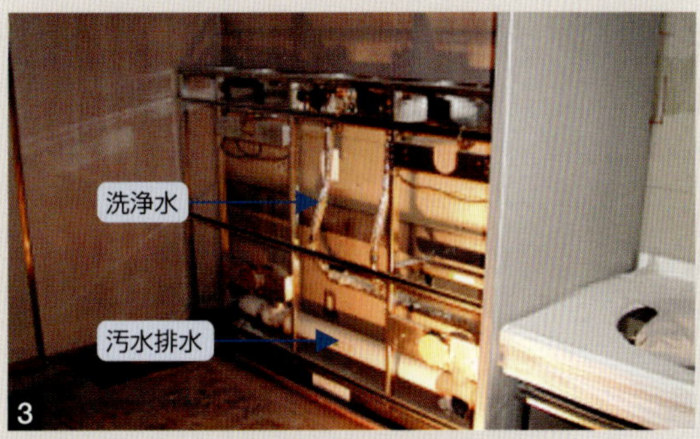

写真3は、小便器と洗面ユニットの取付け状況。ユニット工事と設備配管工事の責任範囲を明確にしておく必要がある。

事例 73

障害者用トイレ内の設備

障害者用トイレは介護の人も入れるよう，ゆとりをもったスペースを確保しなければならない。また，手摺りは体重がかかっても耐えられるように，壁面内に十分な補強を入れておくこと。実際に車椅子に乗って使いやすくできているかの検査を行うと，人の立場に立った施工ができるようになる。

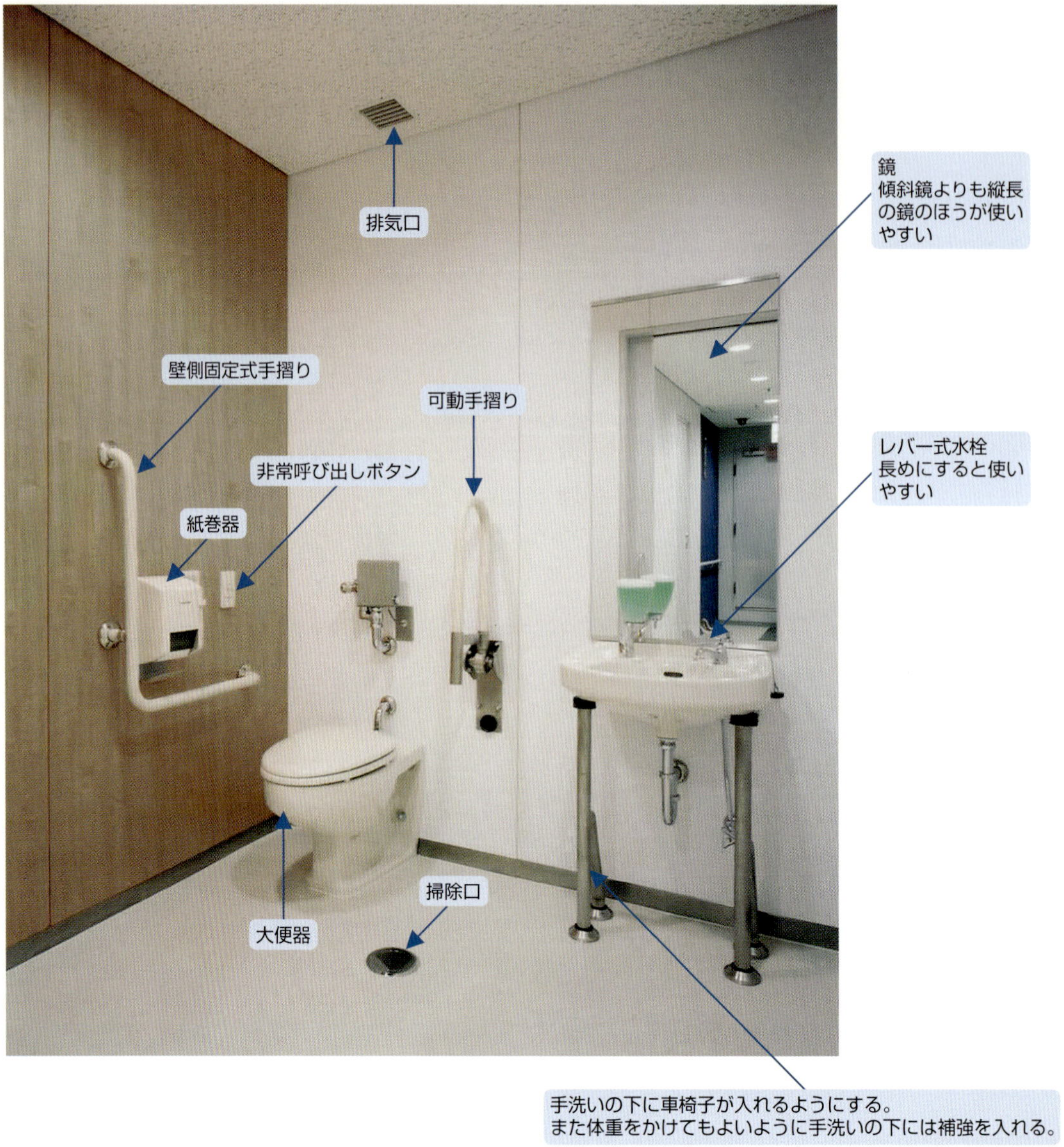
排気口
鏡
傾斜鏡よりも縦長の鏡のほうが使いやすい
壁側固定式手摺り
可動手摺り
非常呼び出しボタン
紙巻器
レバー式水栓
長めにすると使いやすい
掃除口
大便器
手洗いの下に車椅子が入れるようにする。
また体重をかけてもよいように手洗いの下には補強を入れる。

1

出入口の扉に電動扉を採用したところ、消防検査で停電時でも軽く手で開けられるようにするようにと改善の指導を受け、装置を取り替えたことがある。

事例 74

共用トイレの喫煙管理

事務所ビルの共用トイレにおいて，禁煙の規制を行い灰皿を設置しなかったところ，写真のようにトイレの床に吸殻を捨てられ，床の長尺塩ビシートが焦げ跡だらけになってしまった。タイル貼りにすると汚されやすいため，あえて長尺塩ビシートにしたが，不特定多数が使用するトイレの仕上げにはもう少し検討の余地があった。

無残に焼け焦げた不特定多数の人が使う大便器前の床。

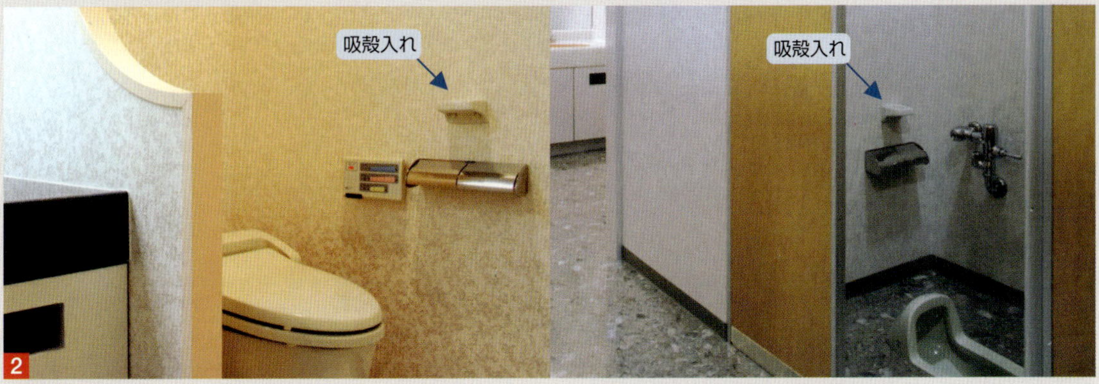

写真2は、当初から吸殻入れを設置していたトイレ。ただし、問題は紙巻きの真上にあるため、こぼれた吸殻が紙に引火するおそれがある。

失敗防止のポイント11

平成15年5月より健康増進法が施行され、建物の利用者が他人のタバコを吸わされることを防止するために必要な措置を、その建物の管理者が講じなければならなくなった。大手私鉄の多くは、構内全面禁煙となっている。しかし、今後建物をつくる上でも、単に「喫煙を禁止にすればよい」という発想だけでなく、このようなルールを破る者が存在することを念頭において、メンテナンスにはなるべく手間をかけないようにハード面でどのような対策が取れるか、模索していかなければならない。

事例 75

ユニットバスの配管が外れて床に水があふれた

宿泊施設の竣工前の自主検査で，浴槽の排水速度を確認するためカランを全開にして各室の浴槽に給水していたところ，配管が抜け大量の水が廊下にあふれ，大宴会場の天井から降り注いだ。その系統は水圧テストを行い，通水して1月経ったときのことであった。復旧には多くの時間とコストがかかり，開業のために準備していた施主に多大な損害を与えてしまった。

1
大宴会場の折上天井
ここから大量の水が降り注いだ。

時間をかけ、きれいに仕上げた天井から水が降り注いだ。すぐ上の階に上がったが、漏れている箇所を特定してバルブを閉めるまでに20分もかかってしまった。閉めた時点では、漏水した廊下は水かさが5cmにも達していた。

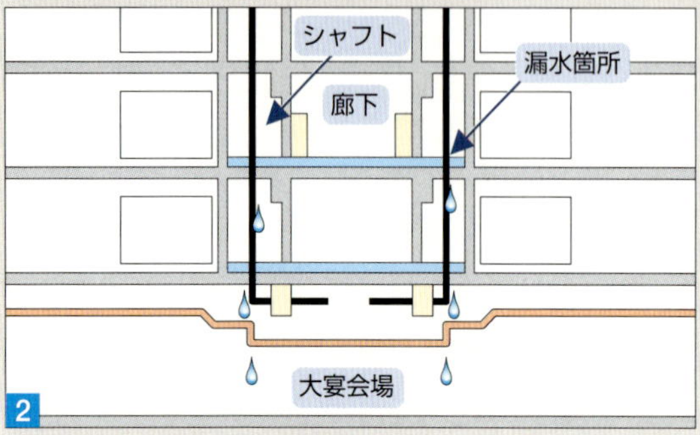
シャフト
漏水箇所
廊下
大宴会場
2

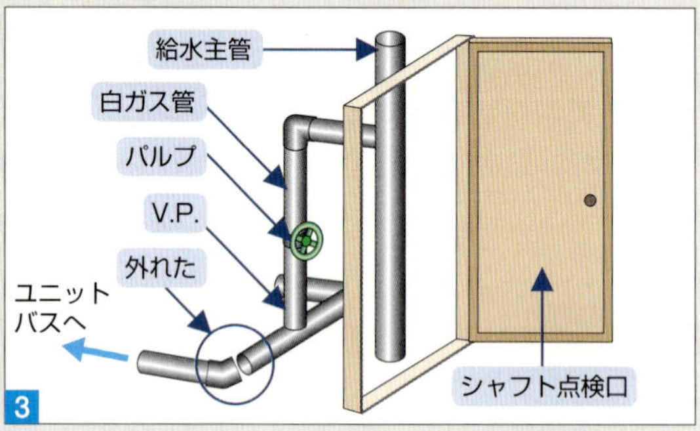
給水主管
白ガス管
バルブ
V.P.
外れた
ユニット
バスへ
シャフト点検口
3

原因を調べたところ、客室ユニットバスへのシャフトの中で、給水の塩ビ配管（V.P.）は保温がかけられ網で巻かれていたが、エルボのところで外れていた。さらに調査を進めていくと、塩ビ配管のエルボと直管との接続の接着剤がないまま差し込まれていた。このような状態で保温網巻きをしてしまっていたことがわかった。水圧テストはバルブまでしか行われておらず、通水しても1カ月間は外れずにいた。しかし、接着なしの継手部分が通水後の温度変化により伸縮を繰り返し、緩みが出て抜けてしまったものである。

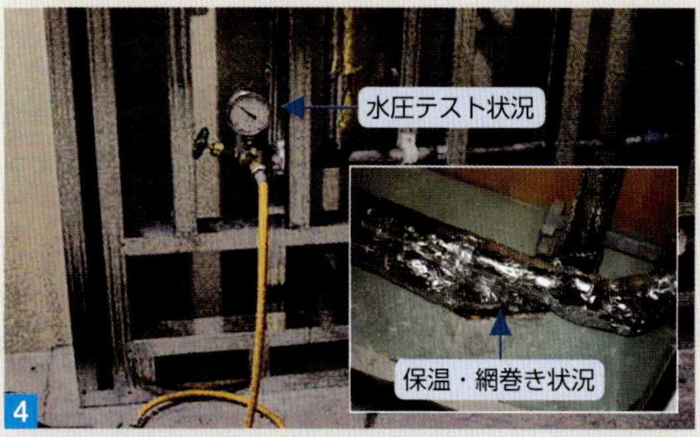
水圧テスト状況
保温・網巻き状況
4

水圧試験は、必ず行われ、記録も残すものであるが、水栓を取り付けてからは水圧試験が行われないことがある。

失敗防止のポイント12

配管の接着剤のつけ忘れがこのような悲劇を生む。そして、その最終責任は現場責任者がもたなければならない。このような事故を防ぐためには、配管材料の選定を含め、その検査方法を確立しておく必要がある。特に重要なのは、従来の水圧試験のほかに、水栓をすべて取り付けた後に、水圧をかけた状態で、配管を軽く叩いてみることである。これを人任せにせず、最初は責任者自らがやってみるべきである。設備工事は重層下請構造になっており、現場の工程が苦しい場合は、多くの応援作業員を受け入れるが、その管理が不十分な場合が多い。朝礼などでこのような事故が発生したことを知らせ啓蒙していくことも必要である。

事例 76

ユニットバス内部の便座カバーが傷ついた

あるホテルの工事で，ユニットバス内の便座カバーが傷つけられ，半数以上を取り替えることになってしまった事例である。作業手順を十分に考えて施工する必要性を認識すべきである。

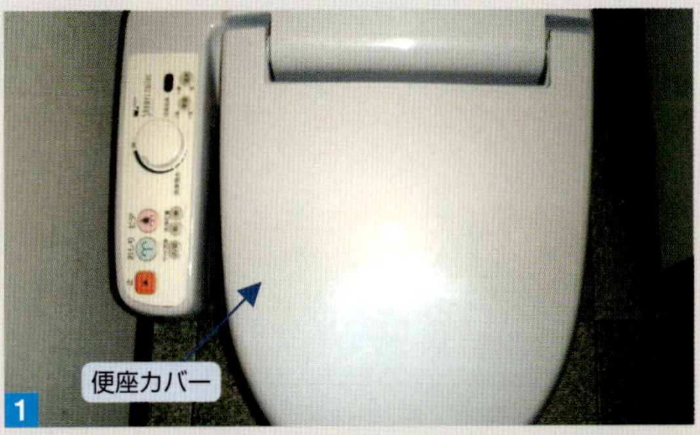

写真1のように、便器のカバーが傷つけられ、引渡しできない状態になった。

便器の上部にはユニットバスの天井点検口があった。内部が狭く脚立が立てられないため、天井内の結線工事を便座カバーの上に乗り施工したのが原因であったと考えられる。

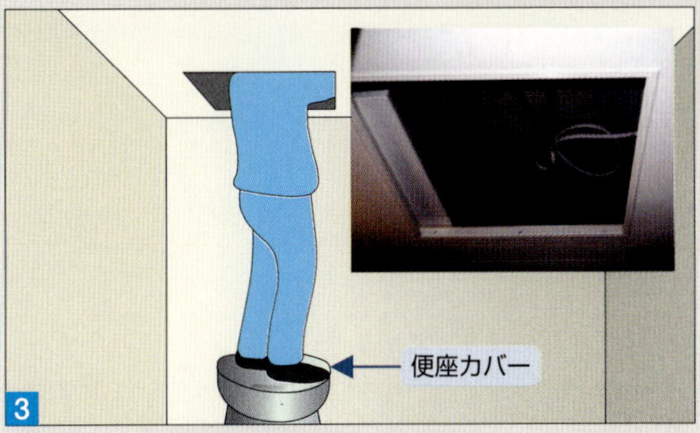

原因と思われる作業姿勢。工程が遅れていたため、便器取付け後にこのような状態で結線を行っていた。

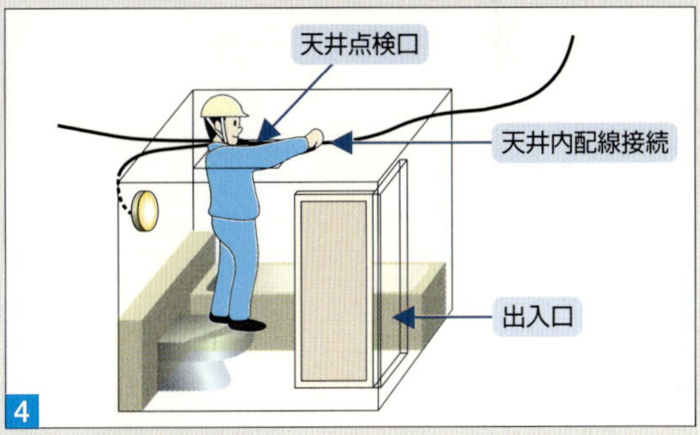

ユニットバスの配置状況。ユニットバス内部に脚立を立てるスペースがないため、ちょうど便器の真上に天井点検口が配置されていた。

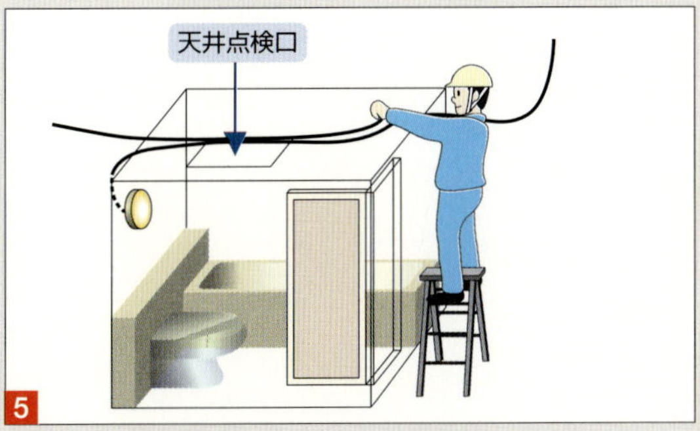

結線やダクトの接続を、上図のように出入口側に脚立を立て、天井を貼る前に施工できるように計画すれば、このようなトラブルは解決できる。

失敗防止のポイント13

このような考え方はいろいろな場面で応用が利く。図面の検討の際に、施工のしやすさを徹底的に考え、問題の起こらないような納まりで実施することが大切である。現場で実際の作業がどのように行われているかは、知っているようでなかなかわからないものである。たえず問題意識をもって現場運営にあたることと、作業性についても実際に施工を行っている作業員とこまめに打ち合わせたり改善策を講じるなどの習慣を身につけたい。

事例 77

配管の固定不良

写真1は，小便器の上部に付けたフラッシュバルブであるが，パネルの目地からずれ，パネルの穴が見えて見苦しくなってしまった。竣工当初は納まっていても，繰り返しボタンを押しているうちに緩み，配管が倒れてしまったものである。竪配管が固定されていない施工不良といえる。ライニングを設けずに壁内に配管を立ち上げるときの配管固定が難しいので，納まり図を作成し，配管固定方法を検討しておく必要がある。

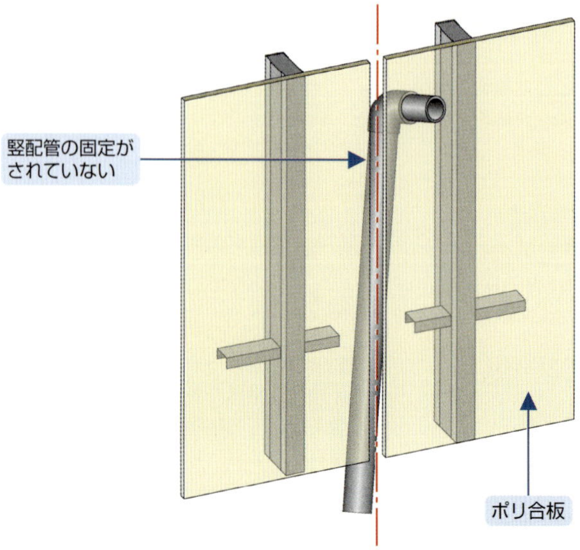

左図は小便器のフラッシュボタン部分であるが、ライニングのない納まりであった。

1

事例 78

赤水が発生した

給水管の施工がしっかりと行われているかどうかは，一日開かない状態にしておいた後に，洗面器の排水の栓をして水栓を少し開けてチェックするとよい。そのときに出た少量の水にさびが入っていると赤水が出る。その原因は，持ち出しソケットの内面に塗装しただけの材料が使われていることが多いといえる。砲金製のソケットを使わなければならない。また，写真1のように大量の赤水が発生する場合は，配管全体の中でさびが発生していることが多い。途中の内部ライニング鋼管の継手部分管端コアが，施工不良の場合もあるので注意しなければならない。

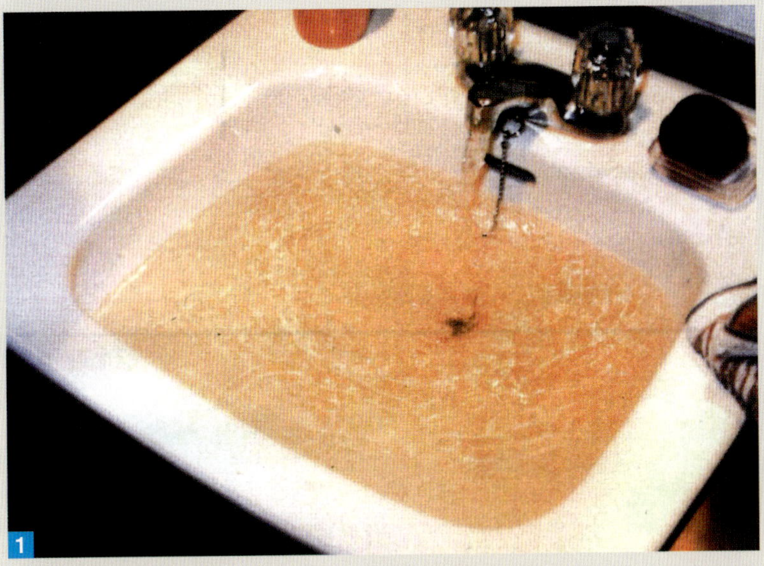

1

これだけ大量の赤水が出た。原因は配管接続部の防さびのための管端コアが正しく取り付けられていなかったため、さびが付着していた。

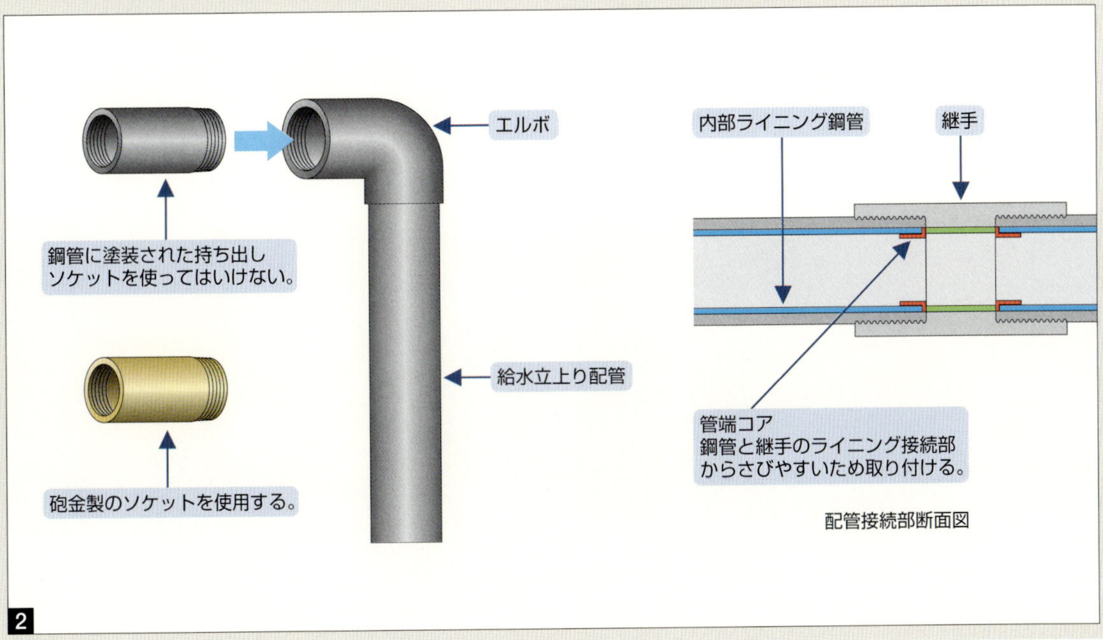
エルボ
鋼管に塗装された持ち出しソケットを使ってはいけない。
砲金製のソケットを使用する。
給水立上り配管
内部ライニング鋼管
継手
管端コア
鋼管と継手のライニング接続部からさびやすいため取り付ける。
配管接続部断面図

2

事例 79

洗面台回りの配慮不足が招く不具合

洗面台の付近にコンセントを設ける場合は，コンセントに水がかからないように，また濡れたタオルなどがその付近にかからないように配慮しなければならない。プロット図を作成するときに使い勝手を考えて配置する習慣を身に付けておかなければならない。

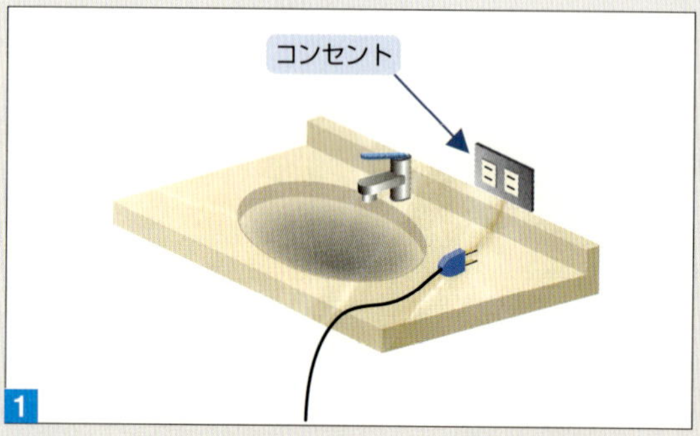

洗面台は水で濡れやすいので、コンセントの配置は十分に配慮しなければならない。

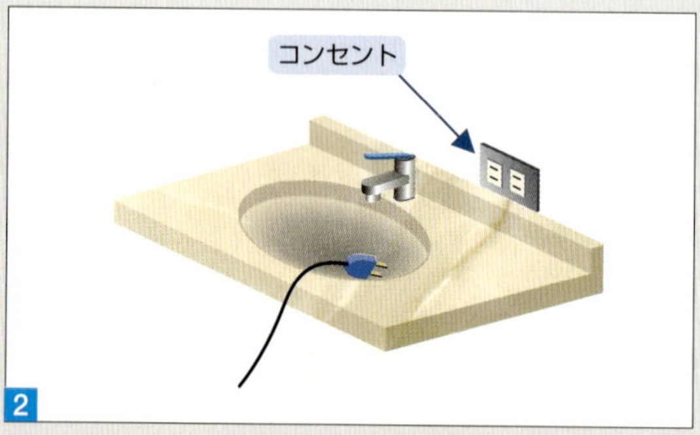

ドライヤーなどの家電製品のプラグを抜いたときに、プラグが水槽の中に入ってしまうおそれがあるので、コンセントは水槽の位置から離れたところに配置すべきである。

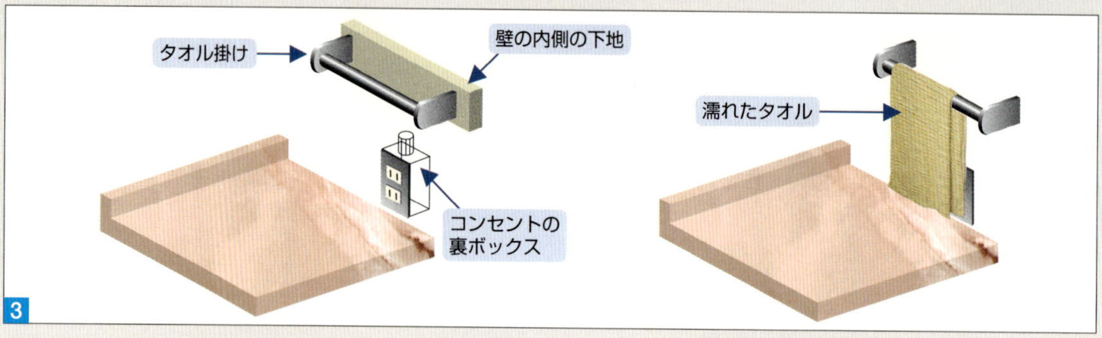

左上図のようにでき上がったところに右上図のようにタオルを掛け、それが濡れた場合にはコンセントが使いにくく、かつ、プラグを差し込んだ場合には感電してしまうおそれがある。仕上がって使い始めてから気が付くと、下地から手直しすることになりたいへんな手間がかかる。

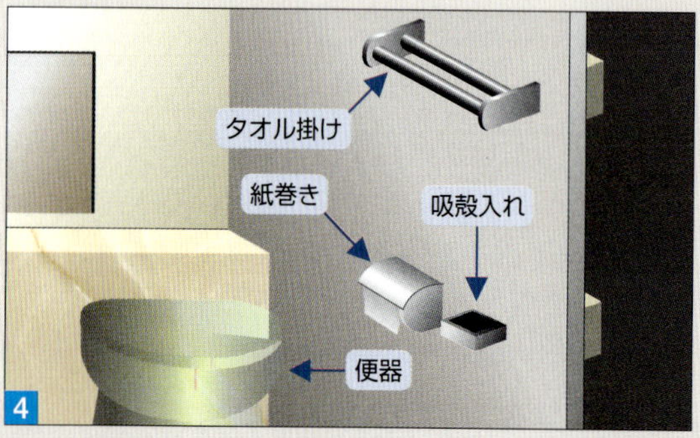

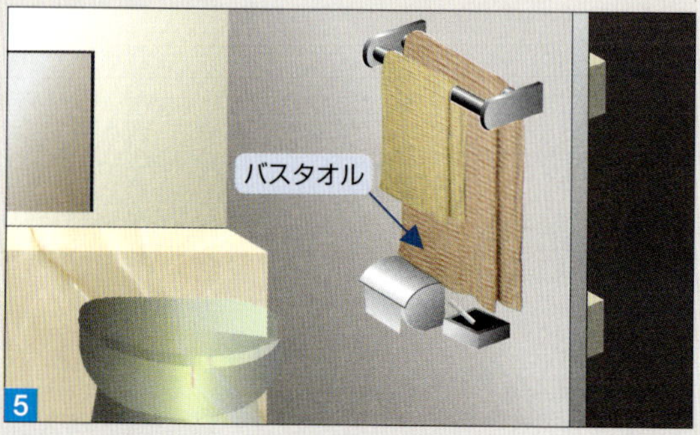

便器・洗面・バスの3点式ユニットバスでは、壁面に取り付ける設備類のためのスペースはかなり限られたものになる。あるホテルの新築工事で、図4のようにタオル掛け・紙巻き・吸殻入れを配置したところ、後にバスタオルを掛けてはじめて図5のように火災の危険があることがわかり、全数付け直しとなった。タオルなどが実装された状態を必ず検証しなければならない。

事例 80

洗面所の設備と納まり

住居の中で洗面所は，施主の要望の多い場所であるため，でき上がってから「思っていたものと違う」というクレームが出やすい。施主は設備類を含めて契約しているのに，つくる側の建築と設備の調整不足が出てしまいがちな部分でもある。平面図・設備図では発見できなかった問題も下図のようなパースを作成して打ち合わせることで解決できる。

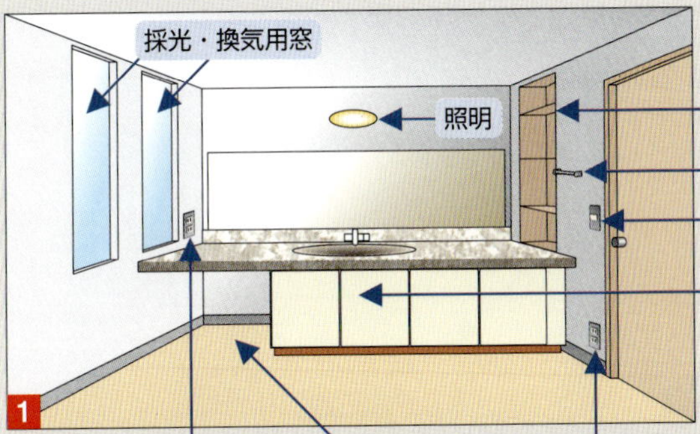
1
採光・換気用窓
照明
物入れ
タオル掛け
照明スイッチ
給水・給湯および排水位置確認を調整して内部の収納スペースを有効に使えるよう配置する。
ドライヤー用コンセント
脱衣かごスペース
掃除機用コンセント

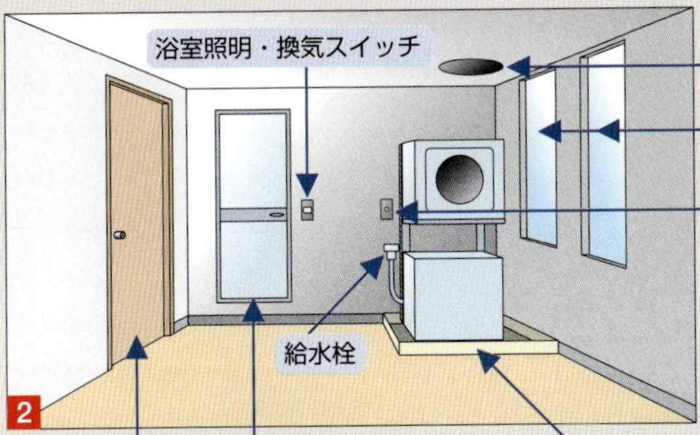
2
浴室照明・換気スイッチ
換気扇
ジャロジーサッシ
容易に換気ができる。
乾燥機・洗濯機用アース付きコンセント
ガス乾燥機は給気と排気が必要になる。
給水栓
浴室出入口
換気計画によりドアに換気ガラリを設けるか検討する。
洗濯機や乾燥機は振動するのでパンを固定し排水をしっかりと接続し、周囲のシールを忘れない。
脱衣所出入口
換気計画によりドアに換気ガラリを設けるかを検討し、施錠が必要かは家族構成を考慮し確認。

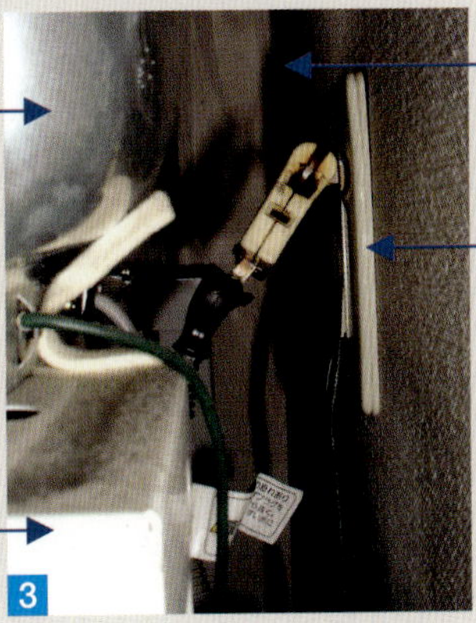
3
乾燥機
洗濯機
浴室の湯気を脱衣所側に引くとカビの発生がある。
また洗濯機と壁の間はカビが発生しやすいのでゆとりをとる。
振動する乾燥機の後ろにコンセントを配置すると火災発生のおそれがある。

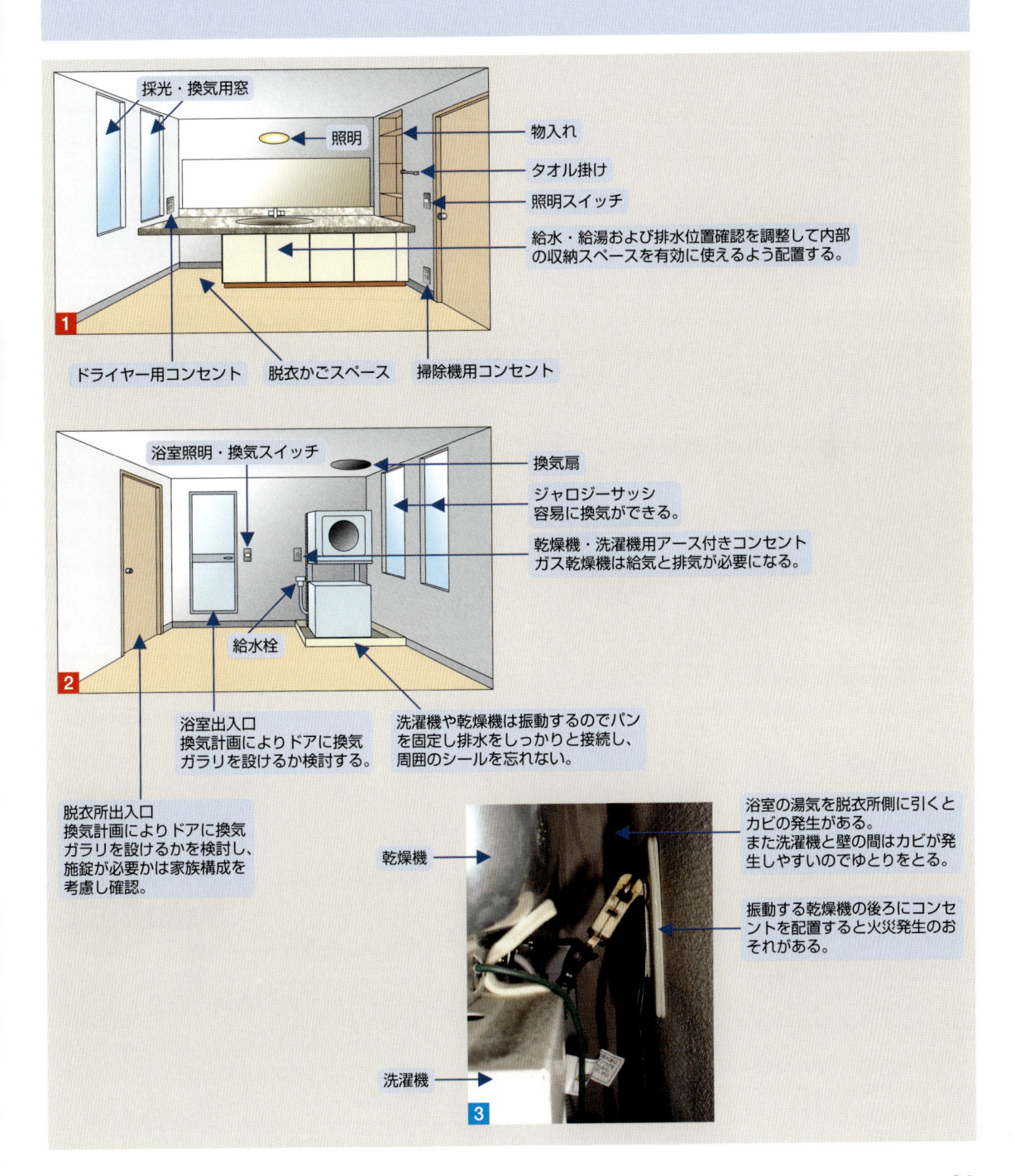

事例 81

カランと流しの検討不足

特注の流しを製作する場合に，下手をすると写真 1 や写真 3 のようになってしまうことがある。また図 5 のように配管を埋設してしまうと，配管に漏水があった場合，復旧に時間がかかり営業できなくなるおそれがある。点検を考えた納まりとしたい。

カラン
ステンレス流し
1

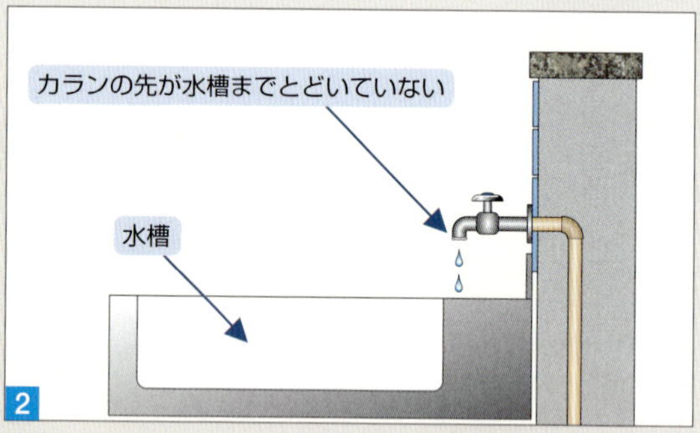
カランの先が水槽までとどいていない
水槽
2

学校や病院などでは、特注でステンレス流しを製作することがあるが、ただシンクの単品図しか書かないために、このようにカランの先がシンクに届かない状態のものを製作してしまうことになる。すべてのものにいえるが、製作図には関連するものを描き入れなければならない。

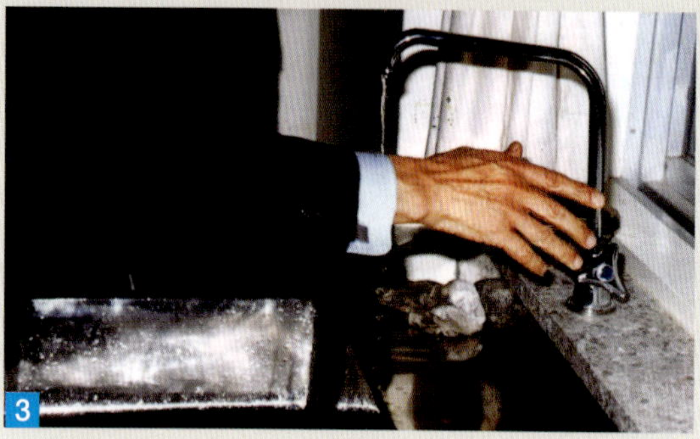
3

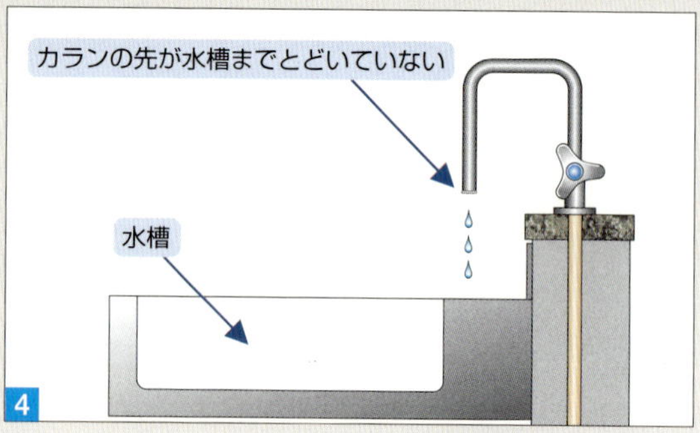
カランの先が水槽までとどいていない
水槽
4

これも写真1・図2と同じ事例である。このようなことが検査まで気が付かないでいる現場があること自体問題である。

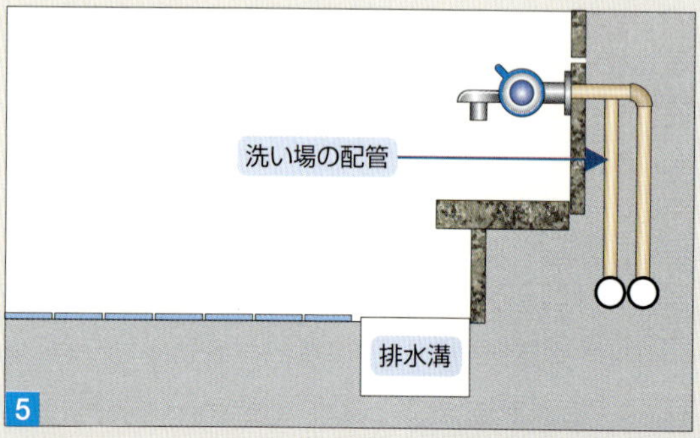
洗い場の配管
排水溝
5

浴室の洗い場の配管に異常があった場合、上図のように埋め込んであると、はつり作業が必要になり復旧に時間がかかる。

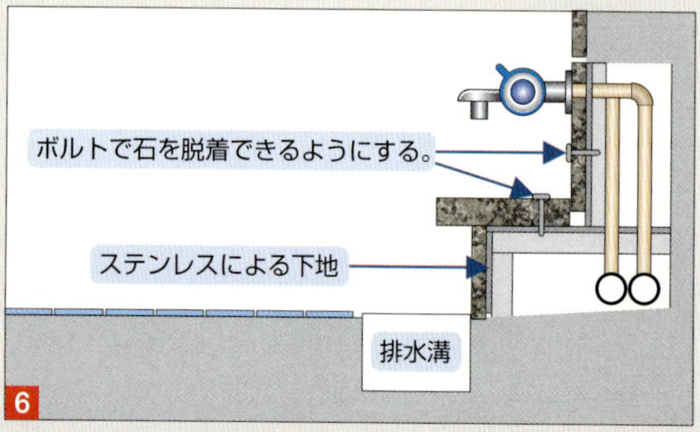
ボルトで石を脱着できるようにする。
ステンレスによる下地
排水溝
6

上図のように乾式の納まりとすることで、不具合が発生しても短時間で容易に直すことができる。

事例 82

引渡し前のキッチンのシンクがさびる

竣工引渡し前の集合住宅で，各住戸のキッチンのステンレスシンクに薄いさびが発生する現象が起き，シンクを取り替えることになった。原因を調べると，排水管の先の浄化槽のある手順を誤ったことがわかった。

ある時期に突然、ステンレスシンクに
薄いさびが発生してしまった。
ここにも封水がなかった。
浄化槽内に水がない状態で塩素滅菌剤を入れたため、
塩素ガスが配管を通って流し台まで上がった。
流入口
浄化槽
塩素滅菌消毒槽
塩素ガスの流れ
1

浄化槽は、最終処理段階で塩素による滅菌を行うシステムになっているが、浄化槽に汚水がない状態で消毒槽に塩素滅菌剤を入れた場合、塩素が上図のように浄化槽内に充満して流入口から配水管を上がり、封水のできていないトラップを上がってステンレス水槽に容易にたどり着いてしまう。塩素剤を入れるタイミングは、浄化槽内の封水が完成してからにすべきである。

事例 83

循環式給湯設備の失敗

ホテルや病院などで多く採用されている循環式給湯設備は，温度を下げないように常時配管内を温水が循環している。温水には気泡を多く含むためエアーが溜まりやすく，最上部に設けた膨張タンクでエアーを抜くようになっているが，各階の給湯栓でもカランを開けたときに抜くことを期待している。ところが，循環ポンプの容量が大きすぎると逆に給湯栓からエアーが入ってしまうことがある。

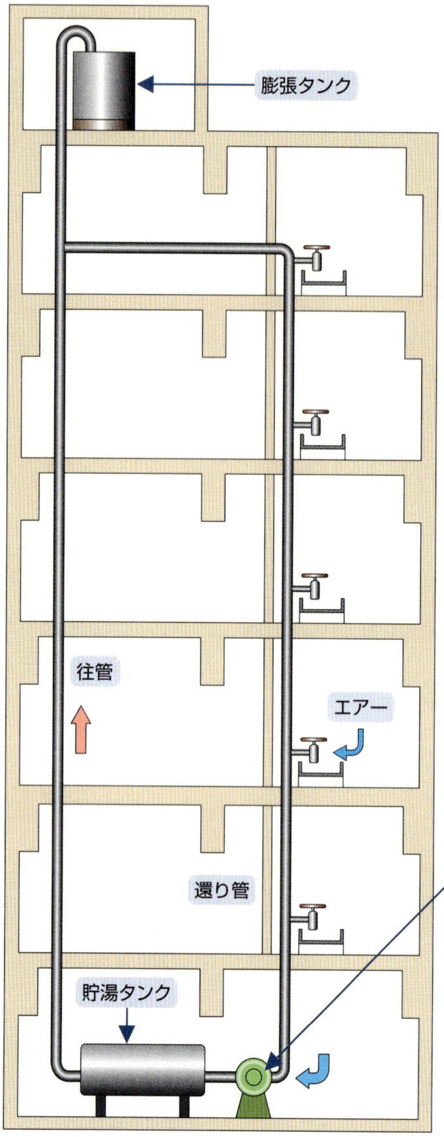
膨張タンク
往管
エアー
還り管
貯湯タンク
循環ポンプの容量が大きい場合バランスが崩れ、
給湯カランを開けたときにエアーを吸ってしまう。

循環ポンプは、図のように還り管側に配置されることになっているが、循環ポンプの容量（揚程）が大きすぎると還り管内部が負圧となり、そのとき給湯栓を開けると、本来エアーを抜くべき給湯栓からエアーを吸う現象となってしまうことがある。見た目にはどちらもエアーが吹いているように見えるが、実際は吸い込んでいることがある。
循環ポンプの容量決定には十分な配慮が必要である。

また、このシステムでは風呂や冷却塔に比べて検出率は少ないが、レジオネラ菌の増殖が発生しやすいので給湯温度の設定には注意が必要となる。レジオネラ菌の増殖を防ぐ対策としては具体的に、
①補給水を多くする（連続ブロー）
②定期的な清掃（水を入れ替える）
③滅菌（薬注）
などが必要である。

1

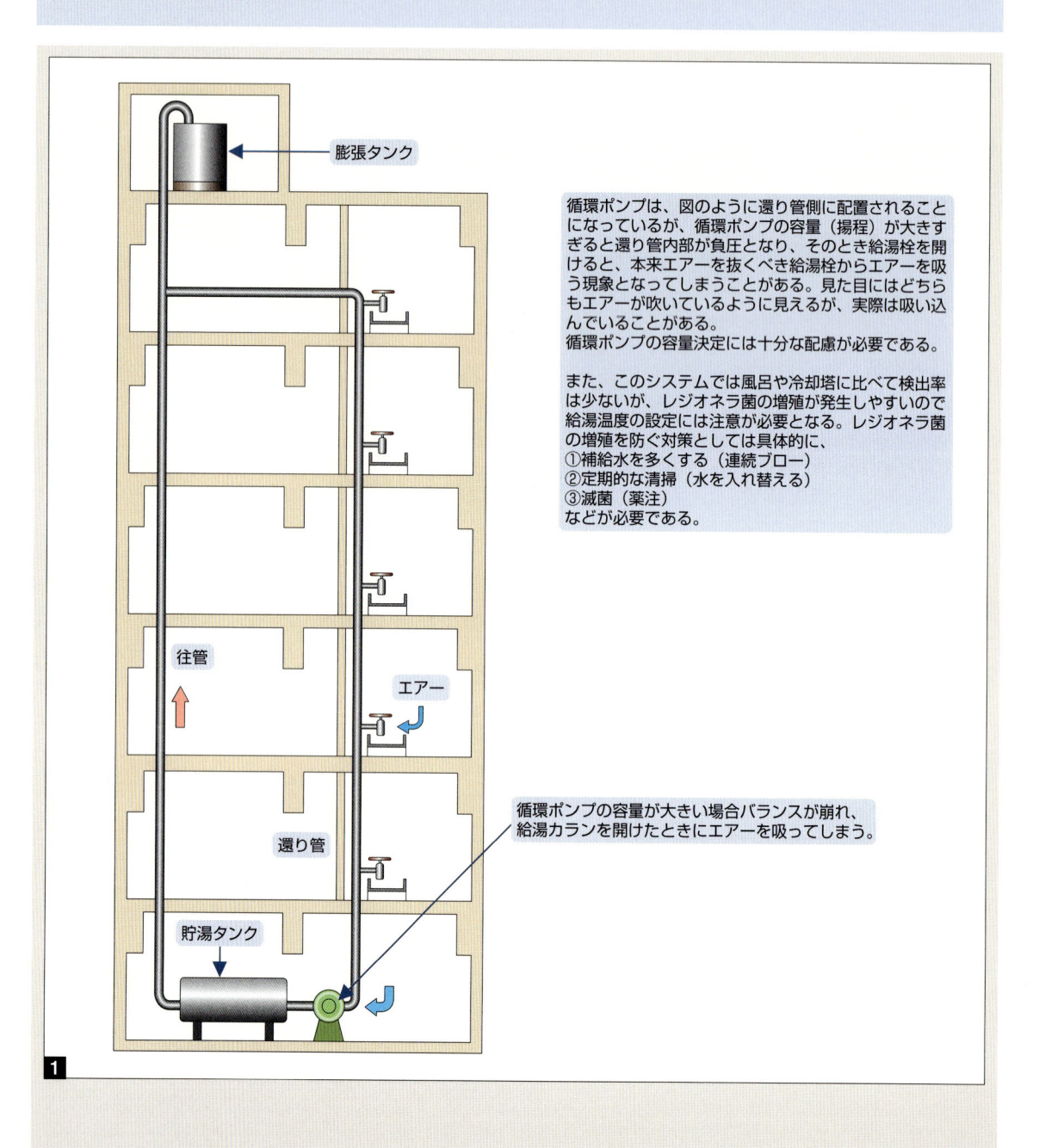

事例 84

通水開始時にカランの閉め忘れが原因で水漏れが発生した

カランが閉まっているのを確認した後，系統別にその元のバルブを開けて給水を開始していくが，キッチンのカランを，たまたま現場を見学に来た人が開けてそのままにしたため，元のバルブを開けたときに水が出てしまった。気が付いたときは、シンクから大量の水があふれ，キッチンの内装をやり直すことになってしまった。たまたまそのシンクは栓をした状態であった。

シンク内に栓がしてあり、オーバーフローがなかった。

通水の手順

1 カランが閉じていることの確認

↓

2 バルブの開放

↓

3 各カランの通水確認

事例84では、
元のバルブを開放した後、すぐに各カランの状況を確認するということを怠ってしまった。

誰かがカランを開けっ放しにしていた。

キッチン内から居間にかけて敷き詰められていた高価なカーペットが濡れてしまい、再発注となり大きな損失となった。

1

人間は何かと物に触れたくなるもので、カランに手を触れないように表示をしておくことが必要である。またバルブを開けたときは必ず、即座に再度各カランが閉まった状態であるかを確認することを忘れてはいけない。

事例 85

洗面台排水トラップ部分から漏水した

下の写真のように，排水管の締付けナットが緩んでおり，洗面台下の収納内を濡らしてしまった。給水の検査に比べて，排水管の検査はおろそかにされがちである。排水管の検査は，洗面ボール内にいっぱいに溜めた水を一気に流し，同時に水漏れを誘発するためにUトラップ部分を軽く叩いてみると，締付け不良やパッキンの不良等の不具合を確認することができる。

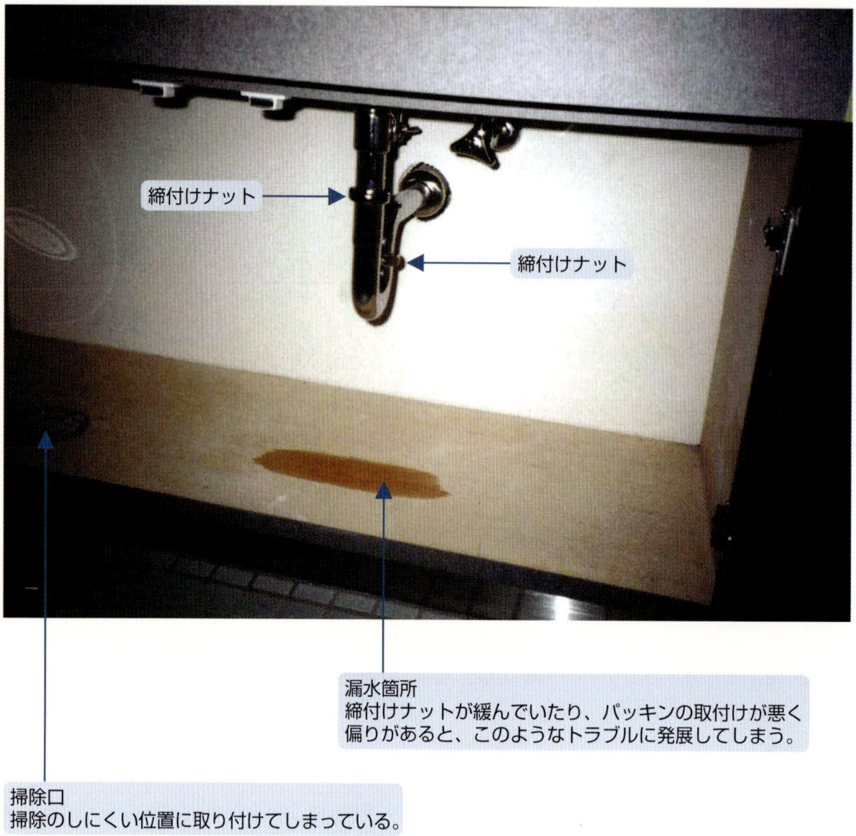
締付けナット
締付けナット
漏水箇所
締付けナットが緩んでいたり、パッキンの取付けが悪く偏りがあると、このようなトラブルに発展してしまう。
掃除口
掃除のしにくい位置に取り付けてしまっている。

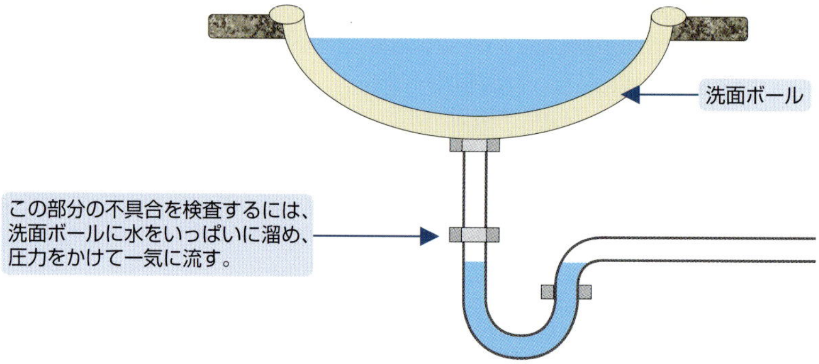
洗面ボール
この部分の不具合を検査するには、洗面ボールに水をいっぱいに溜め、圧力をかけて一気に流す。

1

事例 86

キッチンシンク下部分の納まりの失敗

キッチンの排水管の，スラブからの立上げ位置がうまく納まっていないと，たいへんにむだな作業を行うことになってしまう。集合住宅などのように施工数量が多い場合，特に被害は大きくなる。実際に施工する人を交えて納め方の打合せを行うことにより，間違いなく施工性は向上する。

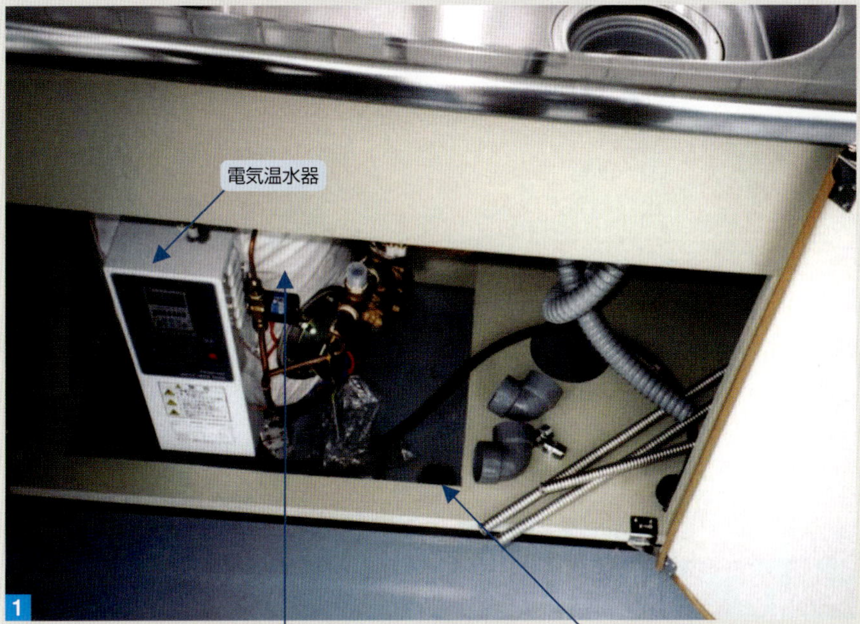

苦しい体勢での作業
例えば、背面にシャフトをつくるスペースがあり、そこに排水をとることで作業性は良くなり、シンク下収納も有効に使うことができる。

排水管立上げの位置
この位置では、キッチンシンク下部収納の障害になってしまう。

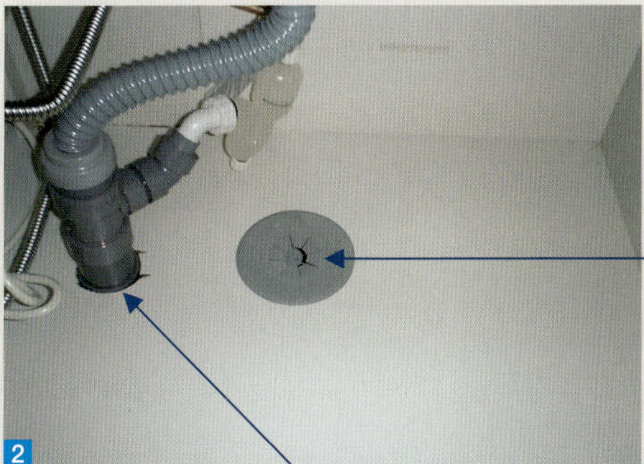

キッチン本来の排水管位置
この開口はふさがなければならない。

排水管を新たに立ち上げた位置
この開口周囲はきれいに処理すること。

事例 87

浴室の排水量が多く円滑に排水できない

写真１は，特別養護老人ホームの浴室の排水の失敗事例である。大勢の人を一気に入浴させるため浴槽から湯があふれ，同時に洗い場は数人まとまって身体を洗うため，湯を流し放しの状態になった。そのため，排水が追いつかず洗い場に湯があふれてしまった。排水溝に既成の溝型タイルを使用し，その底に排水目皿を設置したため，排水目皿へ流れ込む勢いが弱かったことが原因であった。竣工早々に手直しをすることになってしまった。

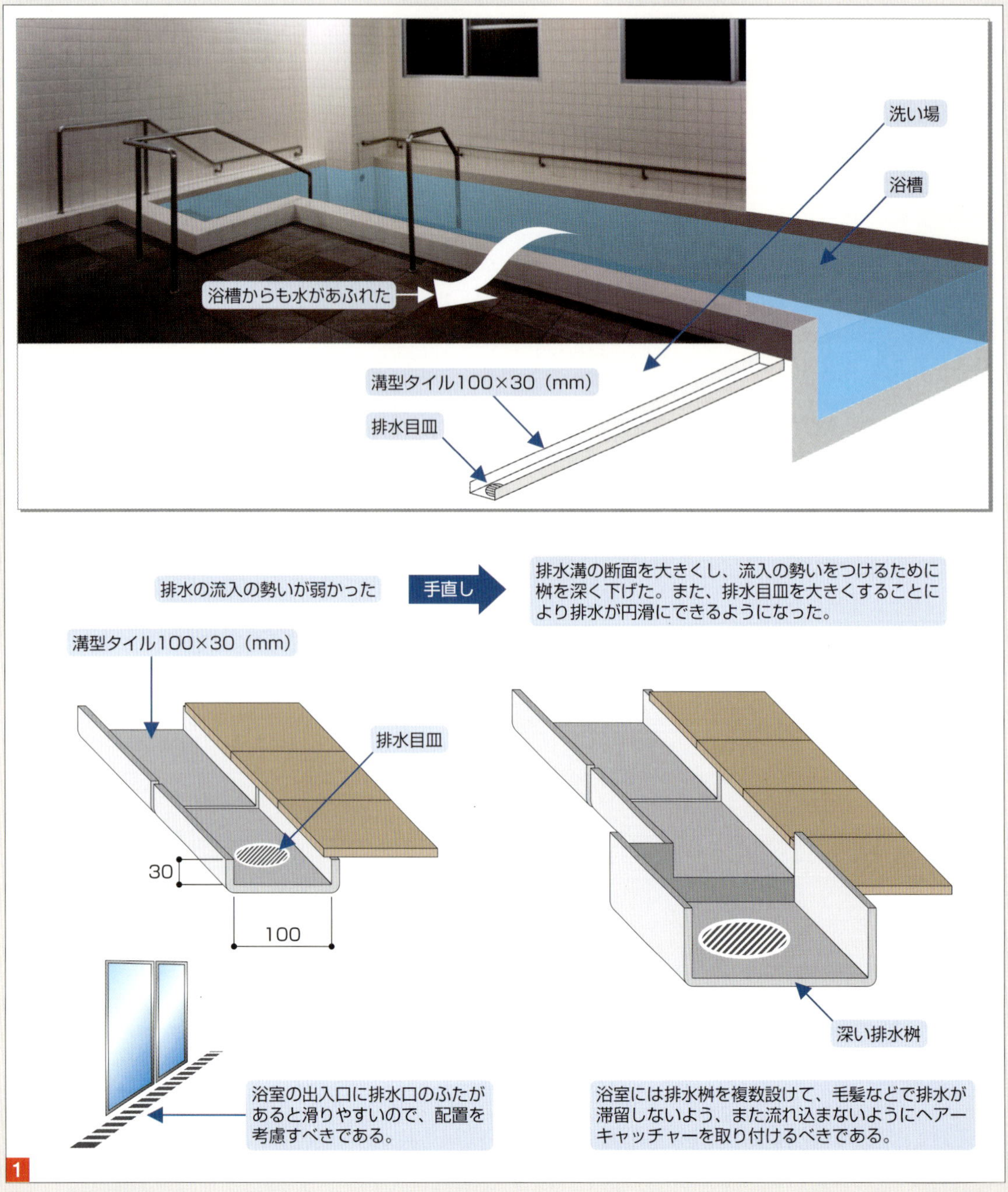
洗い場
浴槽
浴槽からも水があふれた
溝型タイル100×30（mm）
排水目皿
排水の流入の勢いが弱かった
手直し
排水溝の断面を大きくし、流入の勢いをつけるために桝を深く下げた。また、排水目皿を大きくすることにより排水が円滑にできるようになった。
溝型タイル100×30（mm）
排水目皿
30
100
深い排水桝
浴室の出入口に排水口のふたがあると滑りやすいので、配置を考慮すべきである。
浴室には排水桝を複数設けて、毛髪などで排水が滞留しないよう、また流れ込まないようにヘアーキャッチャーを取り付けるべきである。
1

事例 88

雨水排水の失敗

ここでは，雨水排水の樋の失敗について解説する。写真1・2，図3のように点検しにくい雨樋をつくると，問題が発生した場合にその原因の追求だけでも手間がかかってしまう。また写真4，図5で示すように，外壁に雨水があふれないように計画しなければならない。

1

写真1は、庇の排水が漏れてさびを含んだ水で外壁を汚してしまった事例である。

この先に樋
2

屋根面にかなりさびが発生しており、このさびが漏れてしまった。

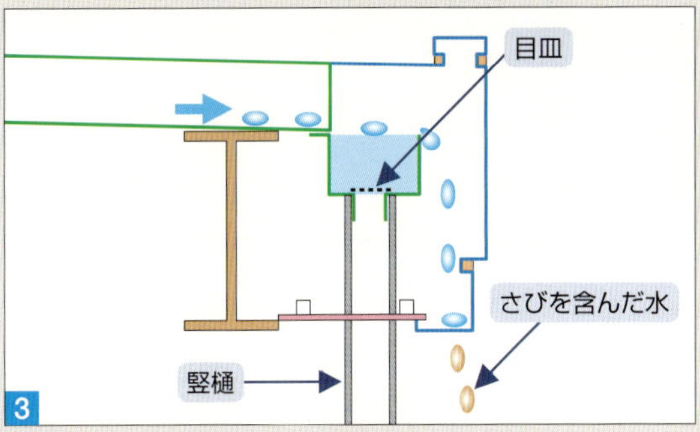
目皿
さびを含んだ水
竪樋
3

原因は上図のように竪樋に目皿をつけたため、さびやごみにより竪樋が詰まり雨水が流れずにあふれてしまった。

飾り桝
この間から雨水があふれる
呼び樋
4

写真4は、横引きドレンの呼び樋と飾り桝であるが、呼び樋の勾配が小さいため、飾り桝と壁面との間に雨水があふれてしまう。

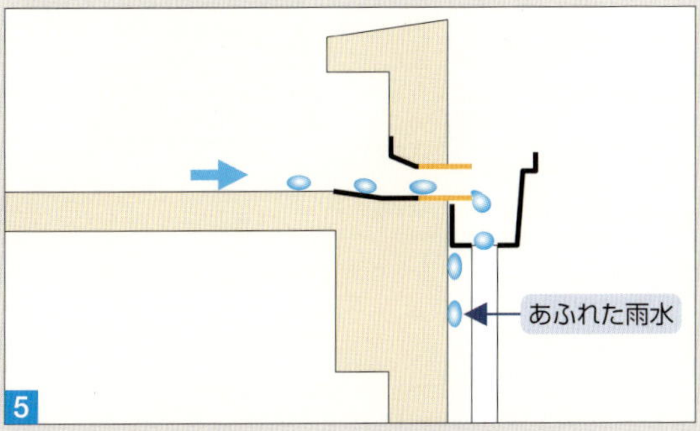
あふれた雨水
5

飾り桝と呼び樋の間は狭く、シーリングができないため排水不良を起こし漏水の原因となる。

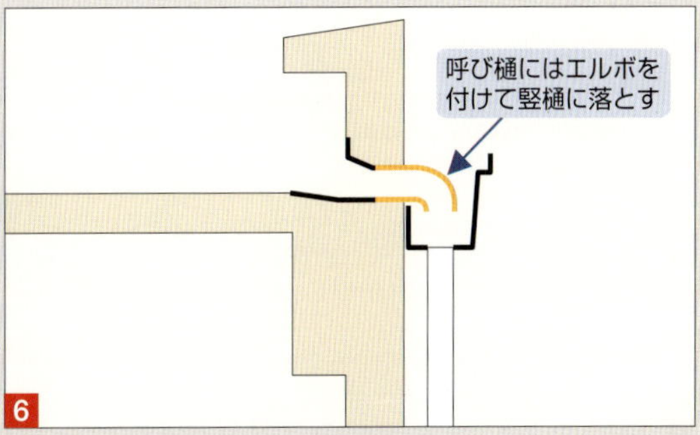
呼び樋にはエルボを付けて竪樋に落とす
6

あらかじめ上のような図を作成し、エルボを取り付けてうまく納まるようにするとよい。あるいは飾り桝をやめて、エルボで直接配管することも検討したい。

事例 89

水道の量水器箱が浸水して検針できない

外構床に取り付けられた量水器箱に雨水が流入し，メーターが読み取れない状態になっている。この量水器箱は，床の水の流れの谷に配置されたため，雨水が浸入しやすくなっていた。外部に量水器箱を配置するときは，水抜きなどの排水対策を講じるべきである。

量水器箱に雨水が
溜まっている。
1

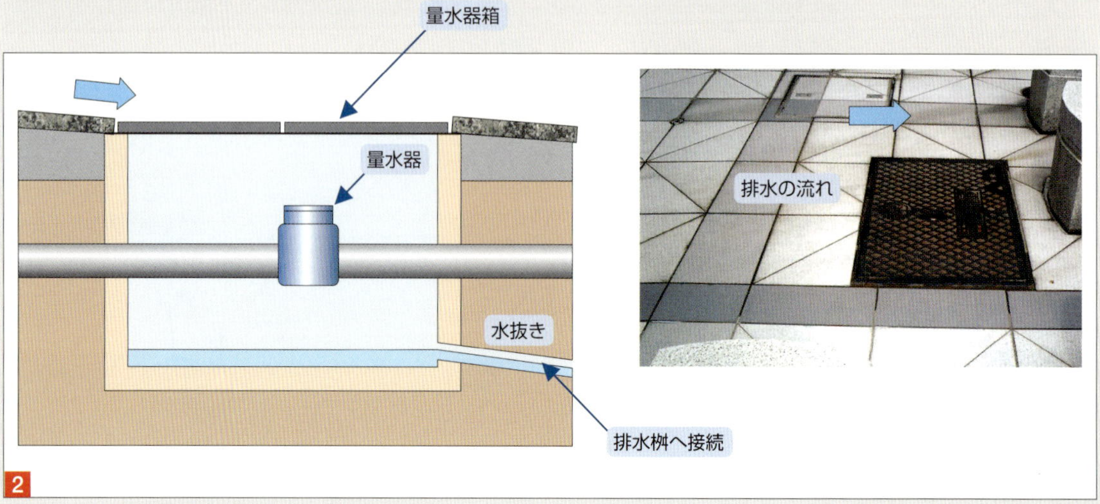
量水器箱
量水器
水抜き
排水桝へ接続
排水の流れ
2

事例 90

配管レイアウトの検討不足が招いた失敗

写真1は，配管類が狭いシャフトの中に押し込められている。この状態で将来，配管からの漏水といったトラブルが発生した場合，別の配管を撤去しながら作業を行わなければならなくなる。配管それぞれにアプローチでき，将来のメンテナンスに対応できるようなゆとりあるスペースが必要である。

電気ラック
電気シャフトとの間の仕切り壁
1

この状態だけではなく、右側の配線ラックとの間にはこれから仕切り壁を軽量鉄骨で立てようとしているが、壁下地取付けからボード貼りの工事がたいへんである。工事の段階では、奥のほうから配管を立ち上げてくるが、将来奥の配管にトラブルが発生した場合緊急な対応ができない。

配管とのすき間が少ない
2

狭いところで配管の溶接作業を行っている。検査もできないようなレイアウトには問題が発生しやすいのは当然である。

事例 91

配管の表示がなくメンテナンスができない

写真1は，あるビルのシャフトの配管である。ビルの改修のために配管をし直すときに表示がなく，接続すべき配管を特定するのにたいへんな手間がかかった。このような建物は，竣工図が残されていないことが多い。

配管に表示がないため、改修工事にたいへんな手間がかかってしまった。

1

シャフト内部の配管にいっさいの表示がされていない。これではメンテナンスや検査のときに一本一本たどっていかなければならない。調査だけで時間を費やして、結局高いメンテナンス費用がかかってしまうことになる。自主検査から竣工検査の指摘をすり抜けてきてしまったものである。

配管の名称と流れの方向が表示されていて整然とされている。

2

このように表示があれば、トラブルがあったときでも対応が容易である。

事例92

「見えない部分は後回し」によって起こる失敗

天井や壁工事など，建築工事との取合いが深いメイン部分の工事に追われ，どうしても奥の部分にあるシャフトは後回しになってしまう傾向がある。しかし，その間にそこへ至るルートの部分が仕上がり，非常に作業しにくい状況になり，もとの何倍もの手間がかかってしまうということがよくある。奥の施工しにくい部分から順次終わらせていくという定石を再度認識してもらいたい。

1 防災センターを仕上げて防災機器の点検を進めようとしたが、奥のシャフトの設備工事が終わっていないため配管で盤を傷つけてしまった。

2 全部の配管工事が完成しないと保温工事が入れない。保温が終わってからも床の防塵塗装や配管経路の書き込みなどがまだ残っている。

3 作業の止まったシャフト内は、残材置き場になってしまう。こうなると加工管を仕分けするのにむだな労力がかかり、作業員も嫌気が差してしまう。

4 狭いダクト内の配管の奥で苦労しながら作業を行っている。このような狭い場所こそ甘く考えずに、作業手順を十分に打ち合わせたい。

事例 93

ガス湯沸かし器の熱風が顔にあたる

集合住宅のガス湯沸かし器は，玄関横の設備シャフトに納められがちだが，配置や高さを考慮しないと，来訪者や前を通行する人の顔や頭に熱風があたることになる。

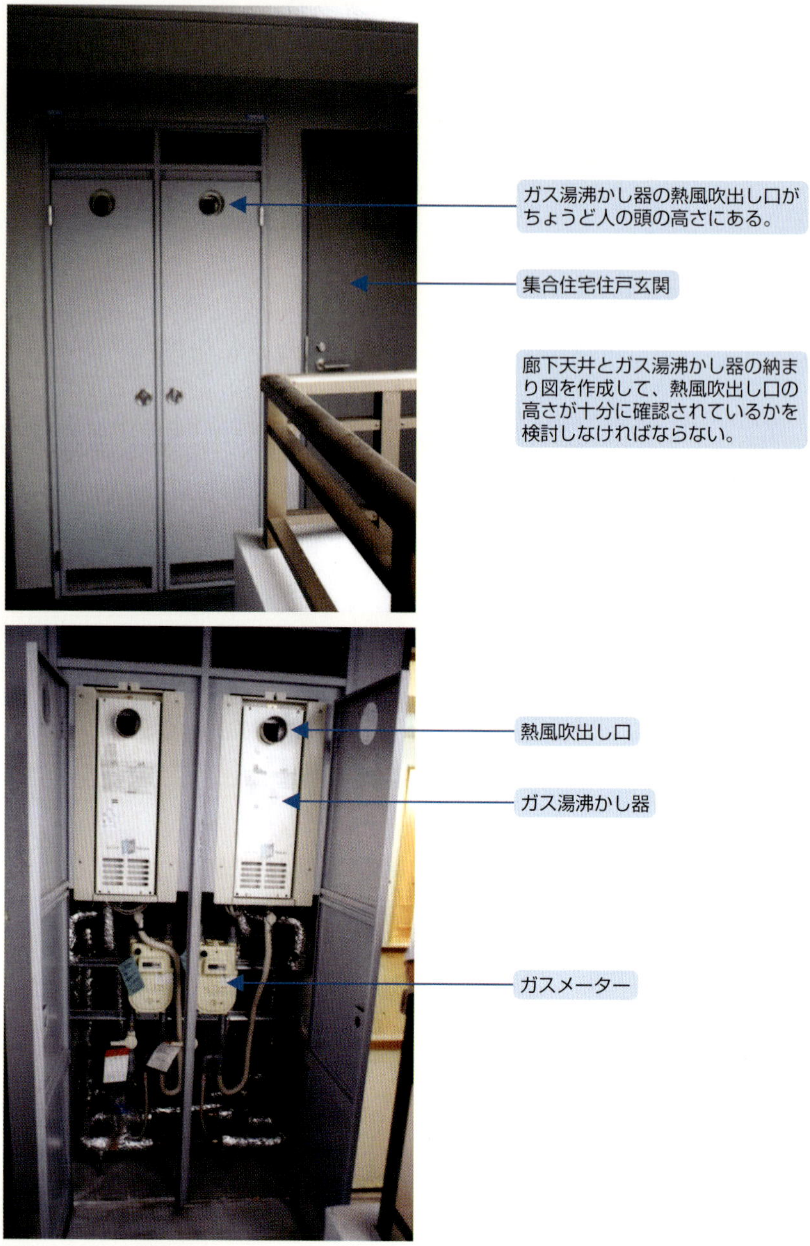
ガス湯沸かし器の熱風吹出し口がちょうど人の頭の高さにある。
集合住宅住戸玄関
廊下天井とガス湯沸かし器の納まり図を作成して，熱風吹出し口の高さが十分に確認されているかを検討しなければならない。
熱風吹出し口
ガス湯沸かし器
ガスメーター

1

事例 94

ガスレンジとレンジフードの必要離隔寸法が不足した

レンジフードファンの場合は，ガスレンジとの離隔は80cm以上あればよいことになっている。写真1のような一般的な納まりであれば，十分に離隔が取れる。しかし，写真2の場合，外部サッシとぎりぎりの寸法で納められているため，施工誤差が生じ予定していた離隔が取れなくなり，キッチンの高さを下げなければならなくなった。

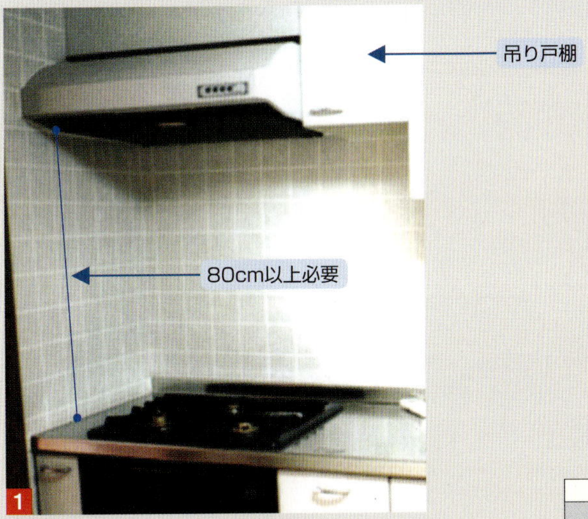
吊り戸棚
80cm以上必要

1

2

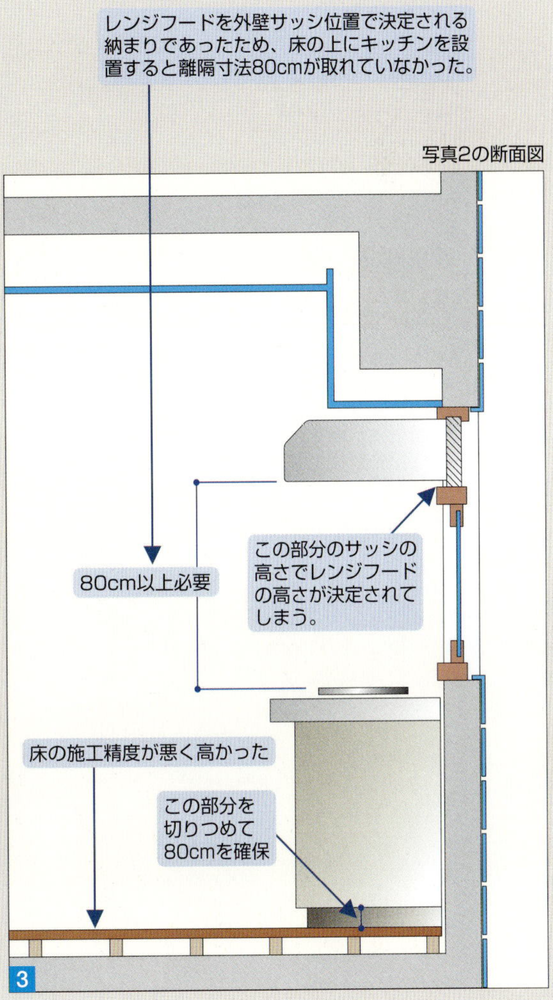
レンジフードを外壁サッシ位置で決定される納まりであったため、床の上にキッチンを設置すると離隔寸法80cmが取れていなかった。
写真2の断面図
80cm以上必要
この部分のサッシの高さでレンジフードの高さが決定されてしまう。
床の施工精度が悪く高かった
この部分を切りつめて80cmを確保

3

事例 95

魚焼き器とレンジフードの必要離隔寸法が不足した

飲食店等の厨房レイアウトの中で裸火の発生するレンジは，レンジフードのグリスフィルターに引火して火災にならないように1m以上離さなければならない。しかし，下図のような台の上に魚焼き器をのせたため，レンジフードとの離隔寸法が不足して検査で指摘を受けてしまった。レンジフードとの必要離隔寸法を確保するために，大掛かりな手直し工事が発生してしまった。

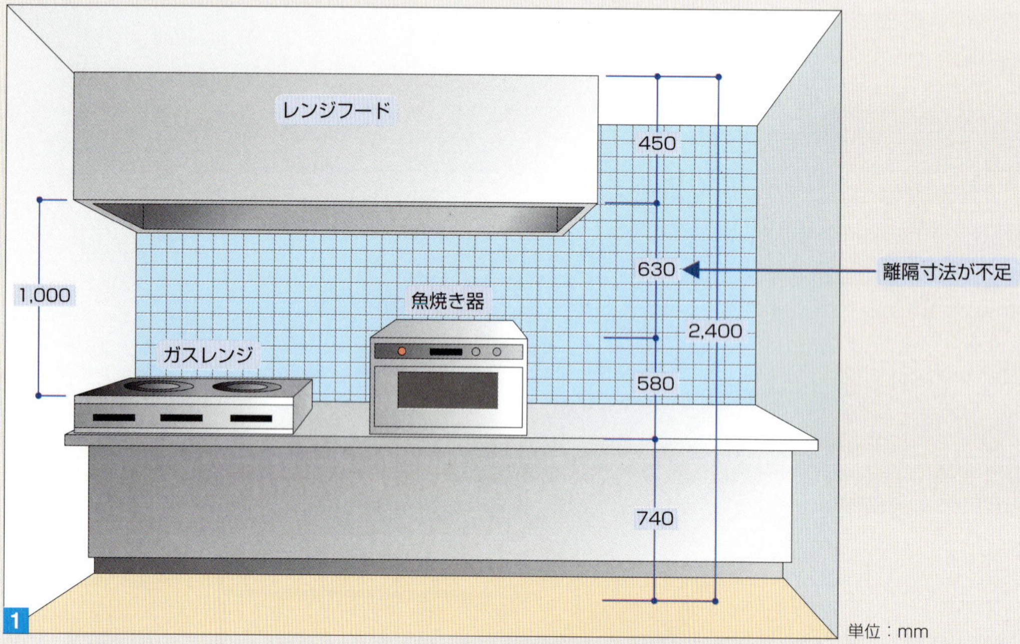

ガスレンジとレンジフードの離隔寸法は1m取れているが、魚焼き器との離隔寸法は630mmしか取れていない。検査で指摘を受け、レンジフード内部のオイルフィルターの位置を上げることとなった。

上図と同じような厨房内の状況

事例 96

レンジフードの高さを決めるときの注意点

写真１もレンジフードの高さを安易に考え失敗した事例である。写真１のような回転釜の場合，半径が大きいとそれだけふたが大きくなり，レンジフードにぶつかって開くことができないことがある。厨房機器のための厨房であることを考えて，どのような配置になるかの決定を急がなくてはならない。また足元の排水がうまく納まっていないことにも注意する。

天井からレンジフードの高さ
回転釜のふたを開けたときにレンジフードとの間のクリアランスがほとんどない。
1
回転釜の洗浄水が床上にあふれ出ないよう，釜を下に回した位置に排水溝を配置することが大切である。

事例 97

ガスレンジ回りの設備と納まりの失敗

写真1は，集合住宅内住戸のガスレンジ回りの状況である。ガスの元栓がレンジの奥にあり，カバーの中にガスホースを通してガス炊飯器の対応をするようになっている。しかし，写真のようにホースがたるんだ場合，それに気付かずに魚焼きバーナーを使ったとしたら、非常に危険であることが見てわかるであろう。

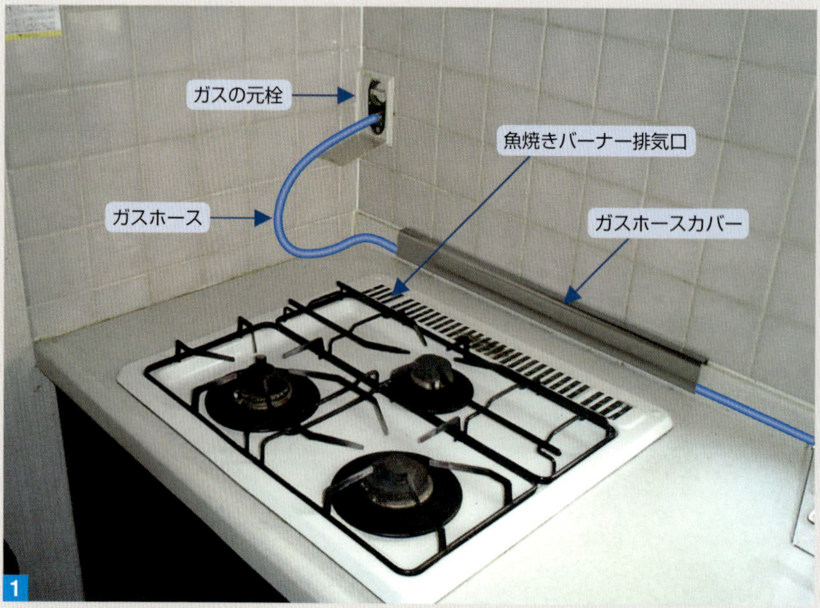
ガスの元栓
魚焼きバーナー排気口
ガスホース
ガスホースカバー
1

設計者や施工者は、最悪の状態を予知した上での配置決定をしなければならない。

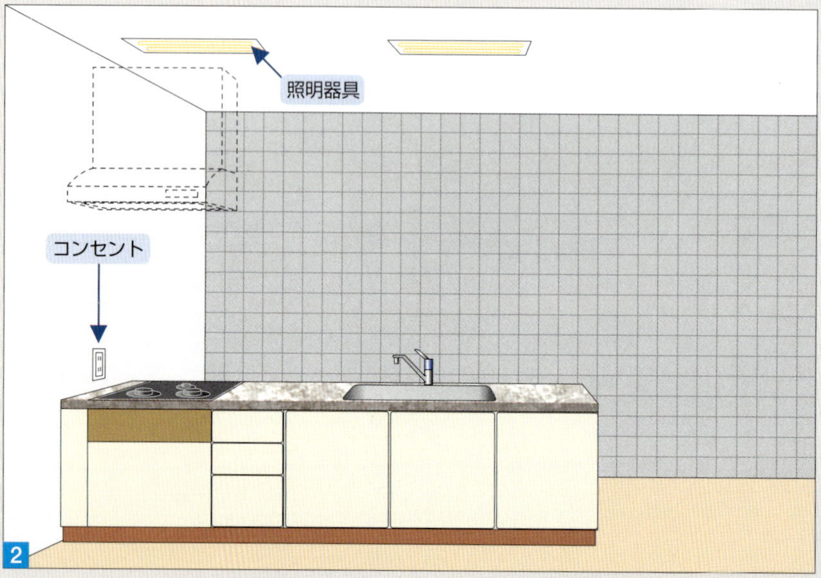
照明器具
コンセント
2

左図のように、ガスレンジの横の壁にコンセントを設けてしまう例もある。また、このようにキッチンがオープンに配置されている場合、ガスレンジの上に照明器具を配置してしまうことがある。
排気のためのレンジフードを忘れてはいけない。

4 防災・防犯設備

事例

事例 98

間仕切り壁位置の変更で排煙面積が不足した

間仕切り壁の位置が決定されないままに見切り発車をしてしまうと，後で間仕切り壁の位置が変更になったときに排煙面積が不足するといった事態を招き，対応のために時間とコストを浪費してしまうことになりかねない。このことをよく理解して，レイアウトの決定を遅れないように施主を説得しなければならない。建設省告示第1436号四ハ(4)(旧告示第33号三ニ）による排煙免除の適用で，申請していた部屋を大部屋に変更した場合，排煙面積が不足することになってしまった例を示す。

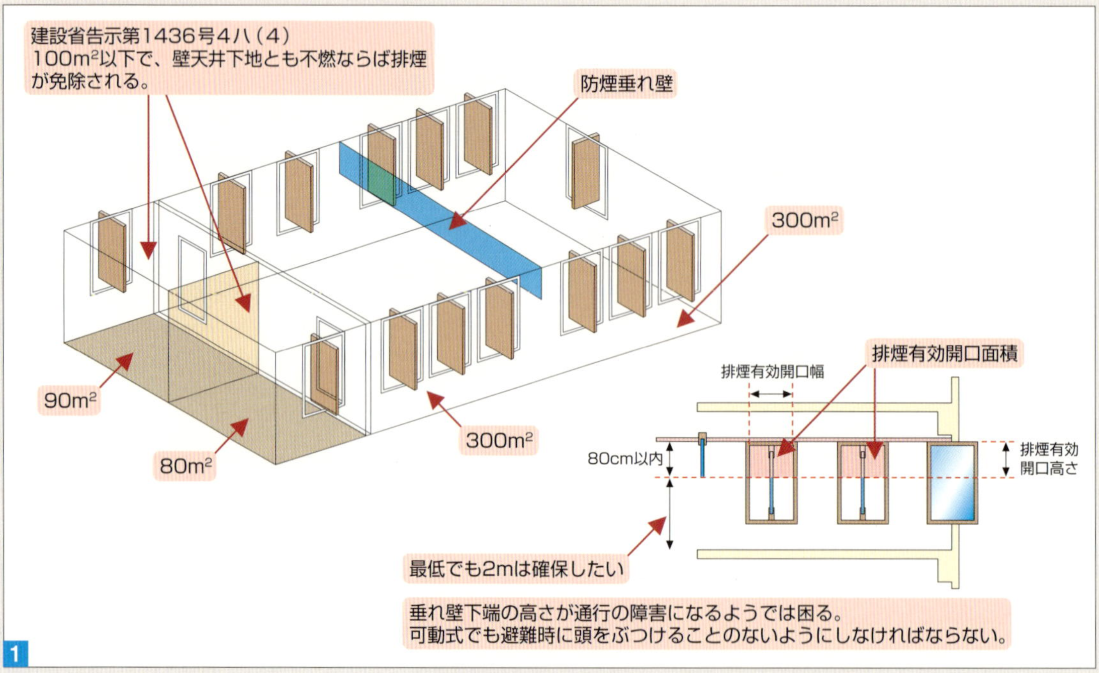
建設省告示第1436号4ハ（4）
100m²以下で、壁天井下地とも不燃ならば排煙が免除される。
防煙垂れ壁
300m²
90m²
80m²
300m²
排煙有効開口面積
排煙有効開口幅
80cm以内
排煙有効開口高さ
最低でも2mは確保したい
垂れ壁下端の高さが通行の障害になるようでは困る。
可動式でも避難時に頭をぶつけることのないようにしなければならない。
1

上左図のような当初計画していた部屋のレイアウトから、90m^2と80m^2の排煙免除の2部屋を取り払い、大部屋として使うよう変更になった。新しく470m^2の防煙区画の排煙面積（470×1/50=9.4m^2）を取ろうとしても、排煙窓の排煙面積が不足していると、外壁をはつり、不足分の排煙面積を確保しなければならないことになった。また、機械排煙にする場合は、排煙ダクトのルートの確保が困難になってくる。このような部屋のレイアウトの場合は、片方のみの機械排煙は認められないので、残りの300m^2も機械排煙にしなければならなくなる。

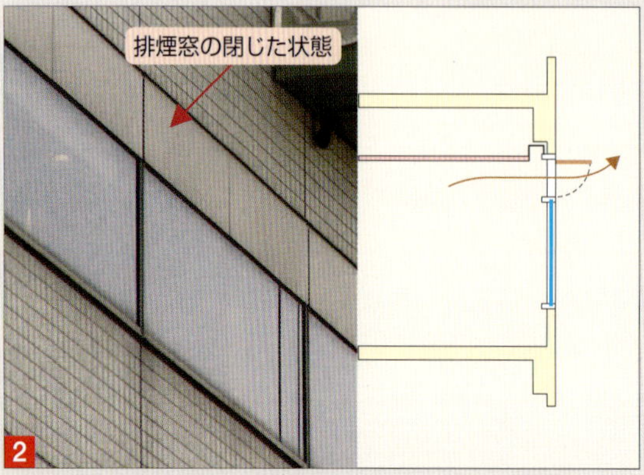
排煙窓の閉じた状態
2

写真2のように、単窓では排煙面積が確保できないような場合には、連窓タイプの排煙窓を計画したほうが効率が良い。

排煙窓の開いた状態
3

写真3は、連窓タイプの排煙窓を開けた状況。有効排煙面積を確保しやすい。

事例99

天井内の排煙風量が不足した

消防検査において，発煙筒を焚いて天井内の排煙設備を確認したときに，煙がなかなか抜けないことがある。事例99では，その原因について解説する。また，天井内排煙口が設置されているところに，天井まで間仕切りをして部屋をつくる場合（下図参照），建設省告示で排煙免除であっても，天井開口をふさいで空調を別に設置しなければならない。

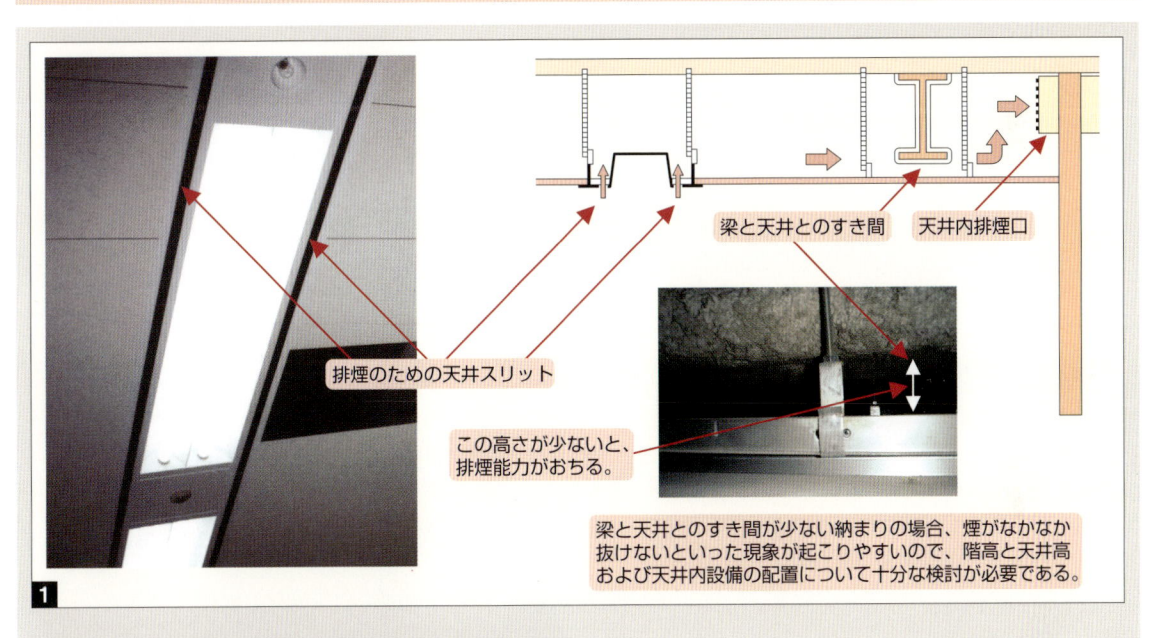

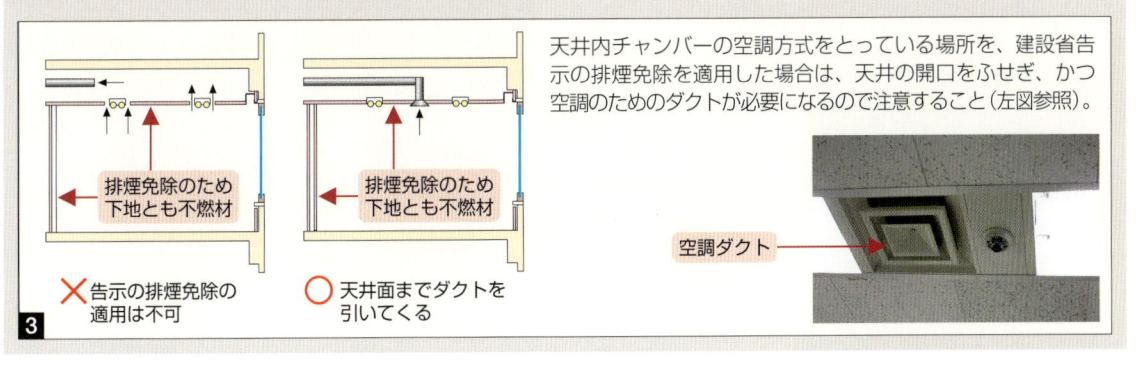

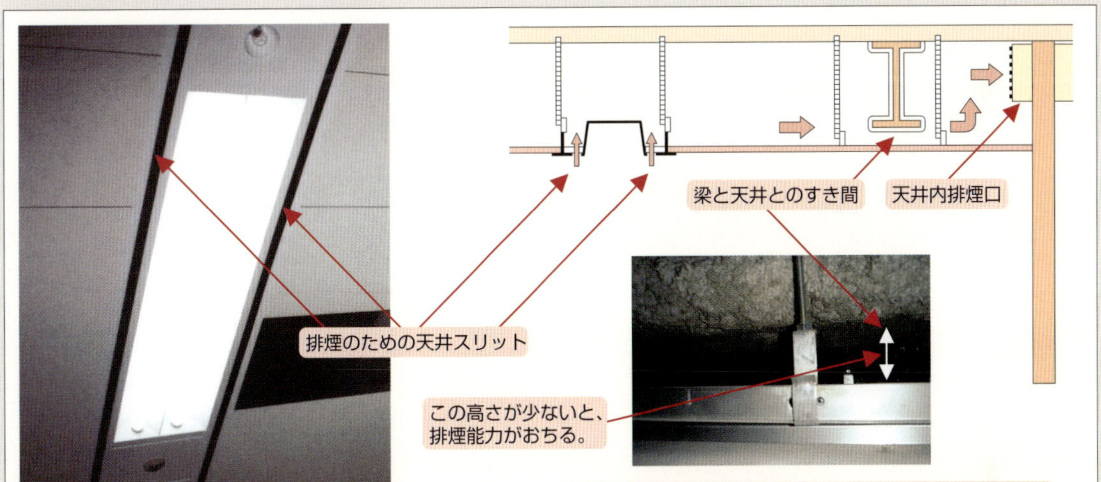
梁と天井とのすき間
天井内排煙口
排煙のための天井スリット
この高さが少ないと、
排煙能力がおちる。
1

梁と天井とのすき間が少ない納まりの場合、煙がなかなか抜けないといった現象が起こりやすいので、階高と天井高および天井内設備の配置について十分な検討が必要である。

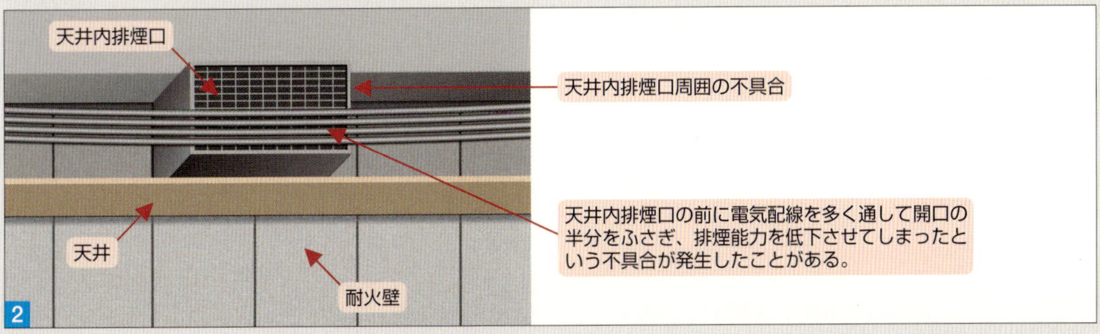
天井内排煙口
天井内排煙口周囲の不具合
天井
耐火壁
2

天井内排煙口の前に電気配線を多く通して開口の半分をふさぎ、排煙能力を低下させてしまったという不具合が発生したことがある。

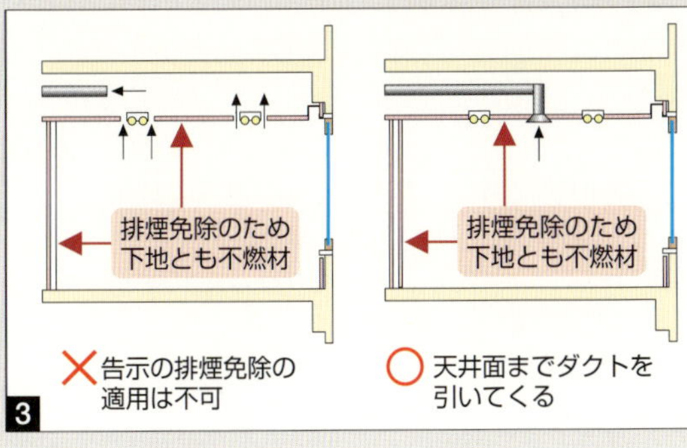
排煙免除のため
下地とも不燃材
排煙免除のため
下地とも不燃材
×告示の排煙免除の
適用は不可
○天井面までダクトを
引いてくる
3

天井内チャンバーの空調方式をとっている場所を、建設省告示の排煙免除を適用した場合は、天井の開口をふせぎ、かつ空調のためのダクトが必要になるので注意すること（左図参照）。

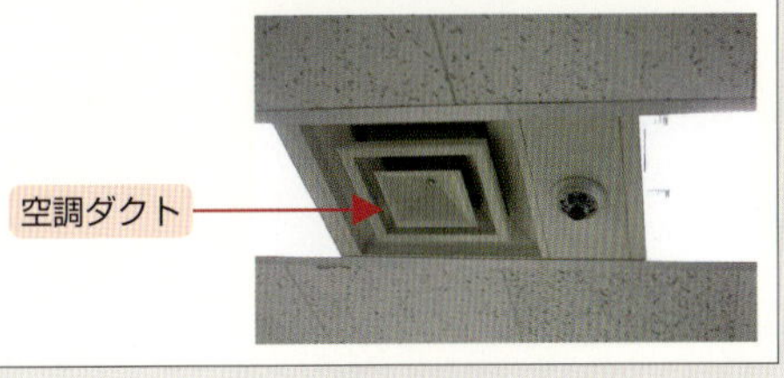
空調ダクト

事例 100

高さ31mを超えるフロアにおけるトイレの排煙免除の失敗

トイレについて排煙がとれない場合は，平成12年建設省告示第1436号四ハ(2)の防煙壁（最低でも防煙垂れ壁）が必要となっている。基準階が高層階まで続いている建物について，50cmの垂れ壁だけで対応していたところ，31mを超える階については防火扉が必要になり，手直しをすることになってしまった。31mを超える階は，排煙免除の規定がより厳しくなるのを忘れてはならない。

今はトイレというだけで排煙を免除することはできない

建築基準法施行令第126条の2

「…は排煙設備を設けなければならない。ただし、次の各号のいずれかに該当する建築物の部分については、この限りでない」

この中にトイレは入っていない

(一～二は省略)

三 階段の部分、昇降機の昇降路の部分（当該昇降機の乗降のための乗降ロビーの部分を含む。）その他これらに類する建築物の部分

トイレの排煙免除の条件

平成12年建設省告示第1436号4ハ

高さ31m以下の建築物の部分（法別表第1（い）欄に掲げる用途に供する特殊建築物の主たる用途に供する部分で、地階に存するものを除く。）で、室（居室を除く。）にあっては(1)又は(2)に、居室にあっては(3)又は(4)に該当するもの

排煙設備のとれないトイレにこれを適用した

平成12年建設省告示第1436号4ハ(2)

床面積が100m²以下で、令第126条の2第1項に掲げる防煙壁により区画されたもの

建築基準法施行令第126条の2 ← この条文に防煙壁の定義が出ている

間仕切壁、天井面から50cm以上下方に突出した垂れ壁その他これらと同等以上に煙の流動を妨げる効力のあるもので不燃材料で造り、又は覆われたもの（以下「防煙壁」という。）

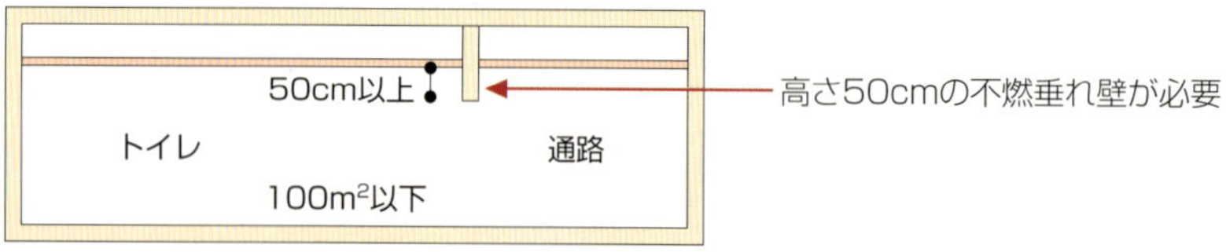
50cm以上
トイレ
通路
100m²以下
高さ50cmの不燃垂れ壁が必要

高さ31mを超えた階での排煙免除の条件

高さ31mを超えるトイレはこれが適用される

平成12年建設省告示第1436号4ニ

高さ31mを超える建築物の床面積が100m²以下の室で、耐火構造の床若しくは壁又は法第2条第九号の二に規定する防火設備で令第112条第14項第一号に規定する構造であるもので区画され、かつ、壁及び天井の室内に面する部分の仕上げを準不燃材料でしたもの

つまり防煙垂れ壁ではなく、防火扉にしなければならない

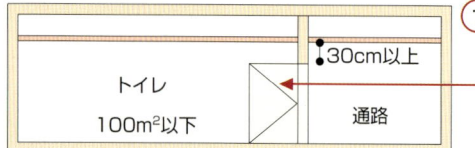

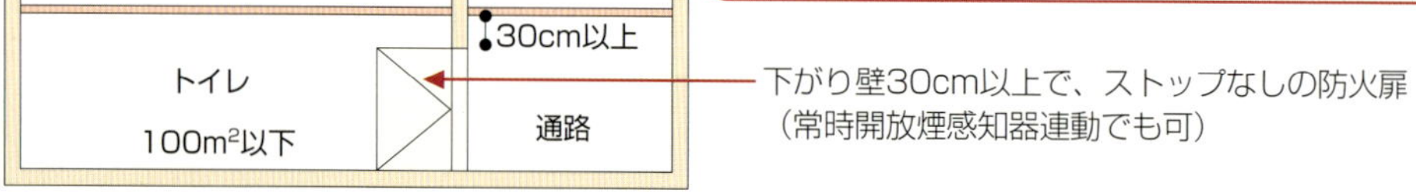
30cm以上
トイレ
100m²以下
通路
下がり壁30cm以上で、ストップなしの防火扉
（常時開放煙感知器連動でも可）

1

事例 101

スプリンクラー設備の概要と計画

スプリンクラー設備を設置しなければならない建物の施工のために，必要な設備の概要を以下に示す。太い主配管は，なるべく整然と垂直に通すよう，シャフトのレイアウトを考え，かつ配管やアラーム弁等も揚重機械を使って取付けできるように計画するべきである。

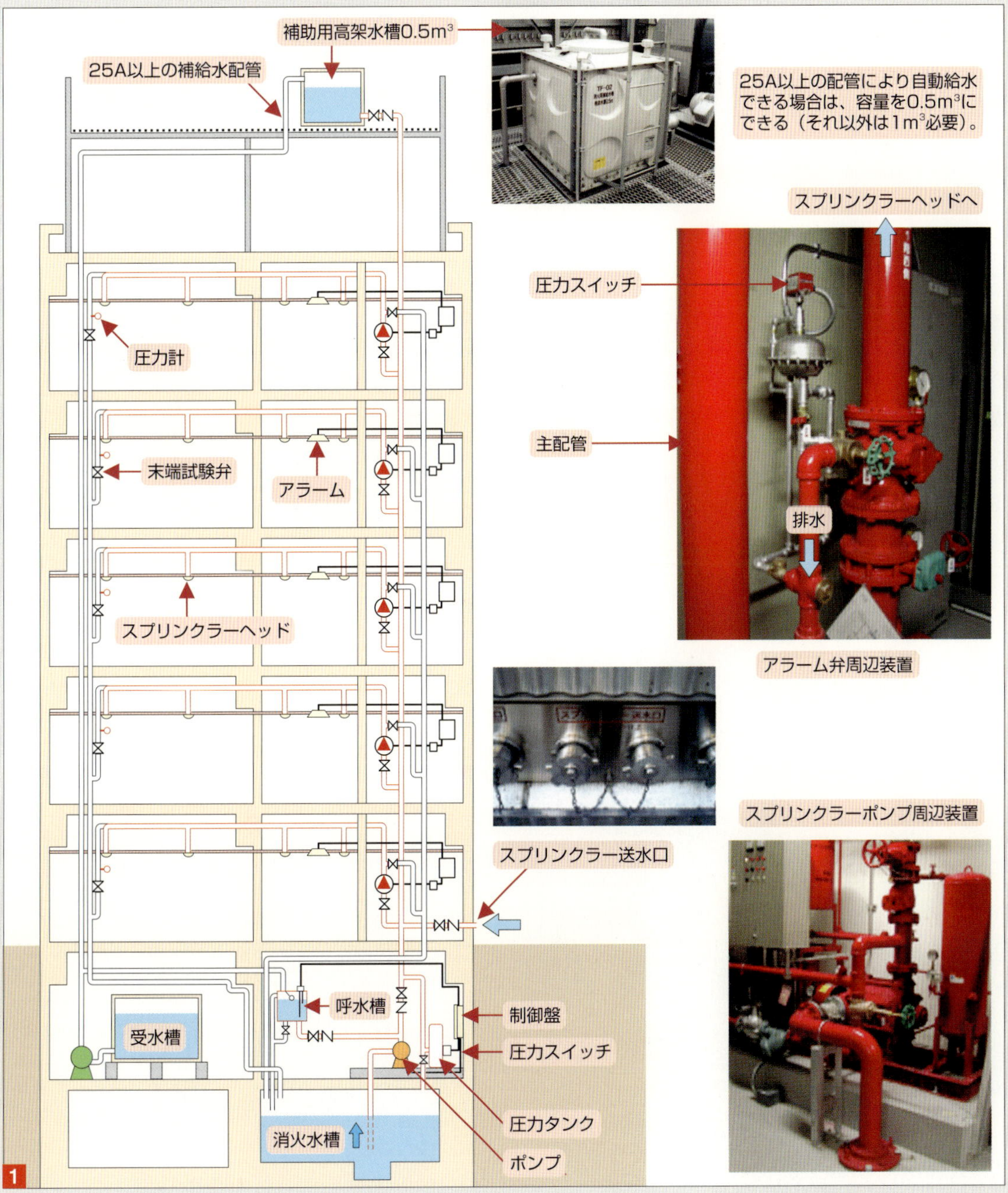
補助用高架水槽0.5m³
25A以上の補給水配管
25A以上の配管により自動給水できる場合は、容量を0.5m³にできる（それ以外は1m³必要）。
スプリンクラーヘッドへ
圧力スイッチ
圧力計
主配管
末端試験弁
アラーム
排水
スプリンクラーヘッド
アラーム弁周辺装置
スプリンクラーポンプ周辺装置
スプリンクラー送水口
呼水槽
制御盤
受水槽
圧力スイッチ
圧力タンク
消火水槽
ポンプ

1

事例 102

改修工事の作業中にスプリンクラーが散水した

改修工事で，天井ボードをはがす作業の前にスプリンクラーのもとの弁を閉め，その後スプリンクラーヘッドを順に外していったとき，水を止めたはずのヘッドから水があふれてきた。この種の失敗は過去にも多く発生しているので十分に認識しておきたい。

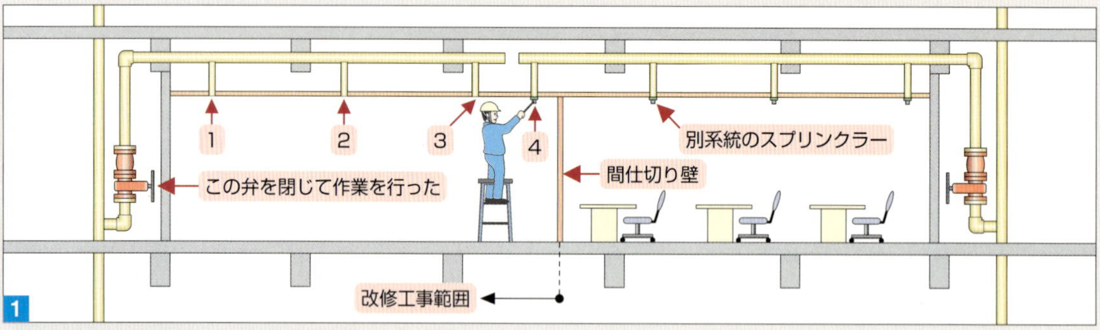
1
2
3
4
別系統のスプリンクラー
この弁を閉じて作業を行った
間仕切り壁
改修工事範囲

天井を解体する前に、上図のようにスプリンクラーの仕切り弁を閉じた上で、1→2→3→4の順にスプリンクラーヘッドを外していった。最初のヘッドは慎重に外すが、慣れてくると一気に回すようになり、4を外したとき、水が勢いよくあふれ出た。4のスプリンクラーは別の系統であった。

仕切り弁

1フロアに2系統のスプリンクラーがある場合、図面を確認して不明な部分は先に天井の一部を解体して、自分の目で配管系統の確認を必ず行うこと。

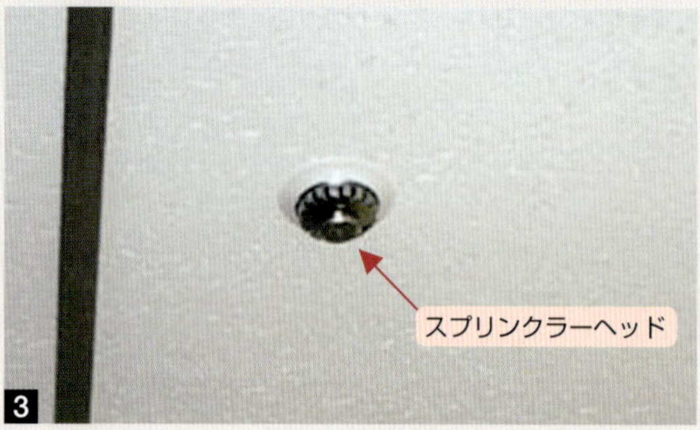
スプリンクラーヘッド

スプリンクラーヘッドを先に外さなければボードの解体ができない。しかし、系統の確認には天井内を確認しなければならない。

失敗防止のポイント14

改修工事では竣工図面がない場合が多く、あってもその後の変更を書き込んでいない場合が多い。怪しい部分は、そのボードを一部解体して、ルートを確認することが最も大切である。特に夜間工事などの際には、設備に詳しい担当者がいないため、被害が大きくなってしまう。このような失敗事例を参考にして、危機管理の能力を身につけておくこと。危機管理能力を高めるためのポイントは、①問題を発生させないよう、事前調査を十分に行い対策を立てておく、②万一問題が発生した場合でも、その対応が迅速に取れるようなシステムを構築しておくこと、である。

事例 103

スプリンクラーと点検口の取合いの失敗

天井点検口の真上にスプリンクラーのフレキシブル配管が通っていることがある。天井内作業のときにこのフレキシブル配管を引っ掛けて外してしまい，水の被害が出ることがある。また，写真2のように点検口のすぐそばにスプリンクラーヘッドが付いているのも危険である。天井割付け図で検討を怠らないようにしなければならない。

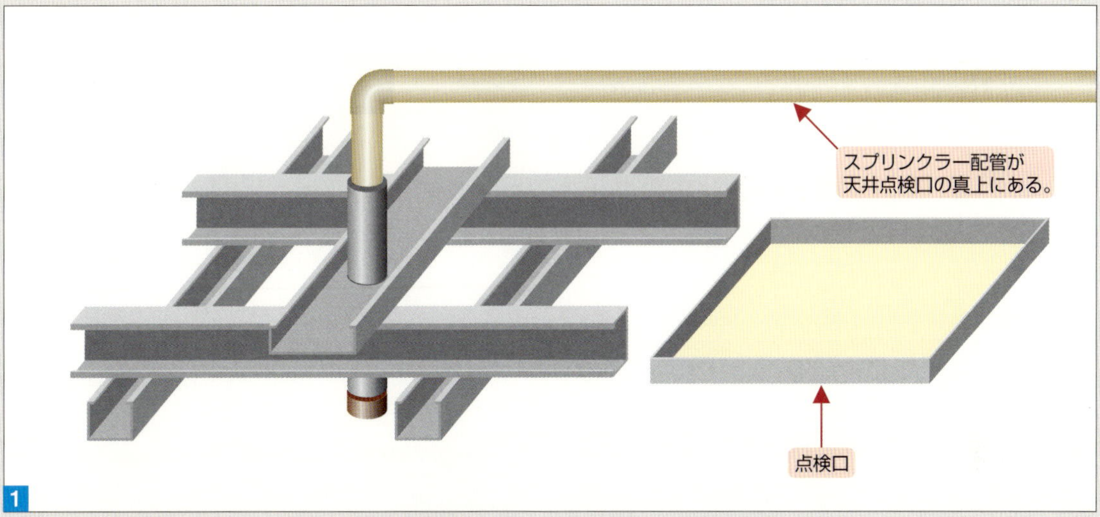

フレキシブル配管を使うようになって、配置の通し方の悪い例が見受けられるようになってきた。将来のメンテナンスにも支障がないように、点検口の位置の真上には配管を通さないようにしなければならない。

この配置では、天井点検口を開けて中で作業するとき、スプリンクラーヘッドに物をぶつけて散水させてしまうおそれがある。

事例 104

スプリンクラーヘッドに物を当ててしまい水が吹き出した

湿式スプリンクラーの場合，ヘッド部分まで水圧がかかった状態になっている。火災のときは温度ヒューズが溶けて散水するが，物をぶつけても先端が破壊され散水を始めることがある。引渡し直前の段階でそのような事故が起こり，その復旧に時間とコストがかかったことがある。あらかじめ危険予知をしたスプリンクラーの配置が必要である。また，散水したときにすばやくバルブが閉められるよう関係者への指導を徹底しておくべきである。

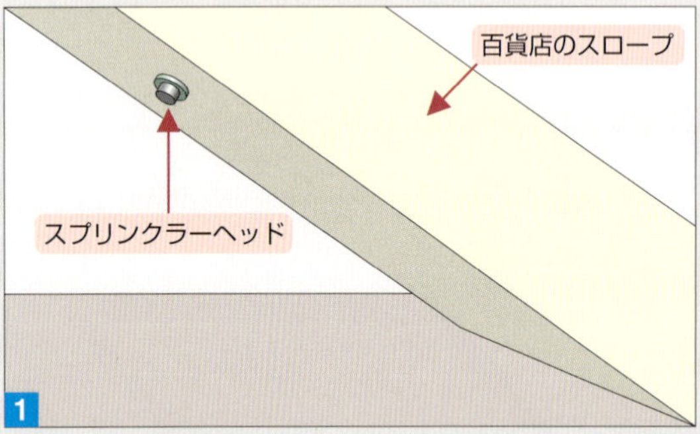

竣工間近のある百貨店で、スロープの下部に取り付けてあったスプリンクラーヘッドに運搬していた工事用資材をぶつけて、衣類などの商品を濡らしてしまう事故があった。

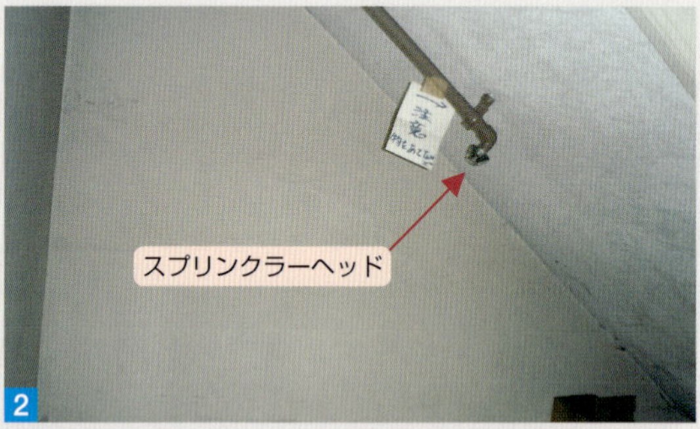

写真2は、階段下にある倉庫の段裏に取り付けられたスプリンクラーである。ヘッドガードがあってもこの高さでは、荷物を詰め込まれるとヘッドを損傷してしまう。

屋上への階段の途中に取り付けられたスプリンクラー。高さが低いために、改修工事のときに屋上への配管等の運搬時に管材をスプリンクラーヘッドにぶつけるおそれがある。

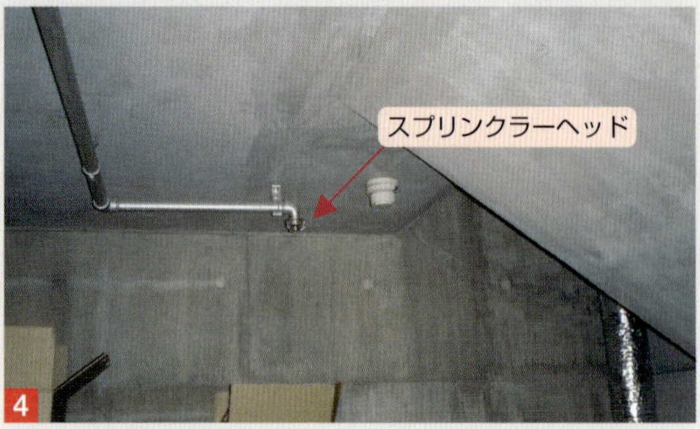

写真4は、階段の踊り場下に設置されたスプリンクラーである。警戒範囲を考慮の上、なるべく物が当てられないような配置をするべきである。

スプリンクラーから水が誤って吹き出した場合、バルブを急いで閉めないと内部の被害が広がってしまう。非常時の対応を訓練しておく必要がある。

事例 105

地震の振動でスプリンクラーが作動してしまった

地震時の振動により，天井に取り付けられたスプリンクラーヘッドが壊れて水があふれたことがある。地震の被害に加えて水による被害があったのでは，何のための防災設備かわからなくなる。また，その後地震の影響で別な場所で火災が発生しても，そのときにはもう消火水槽が空になり，初期消火の用をなさないおそれがある。

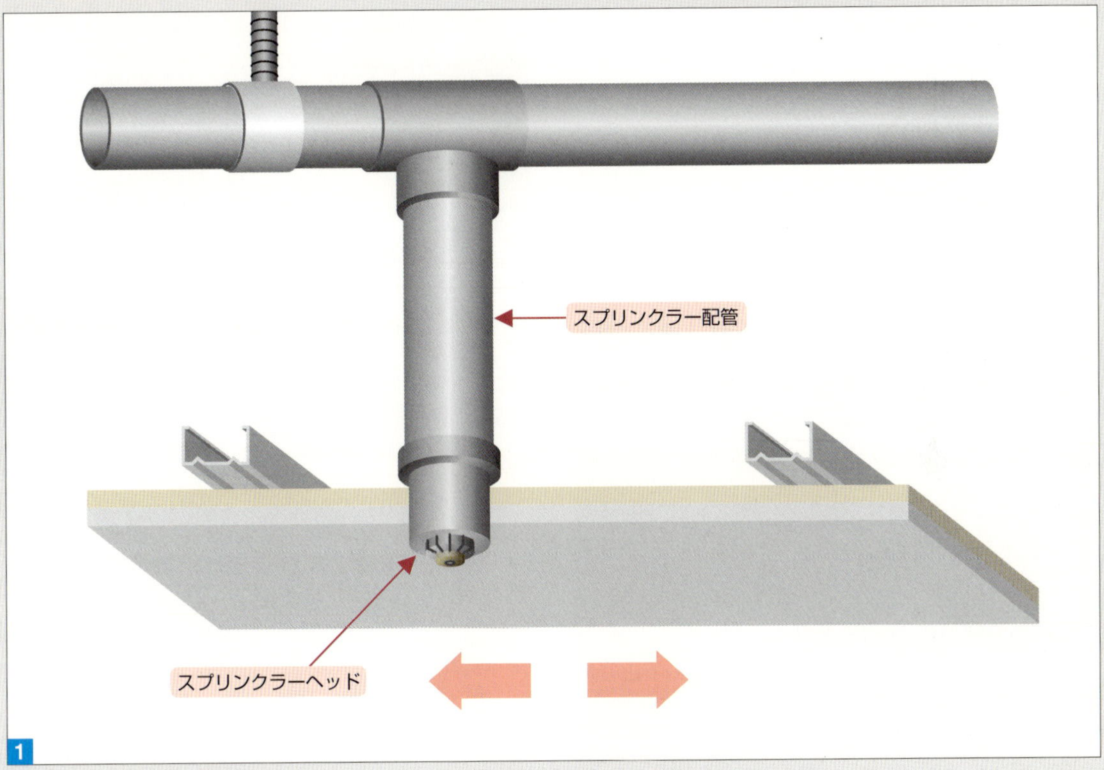

スプリンクラー配管に固定されたスプリンクラーヘッドと、天井ボードの動きの違いにより、ヘッドに大きな力が加わり、感熱ヒューズが壊され放水してしまった。

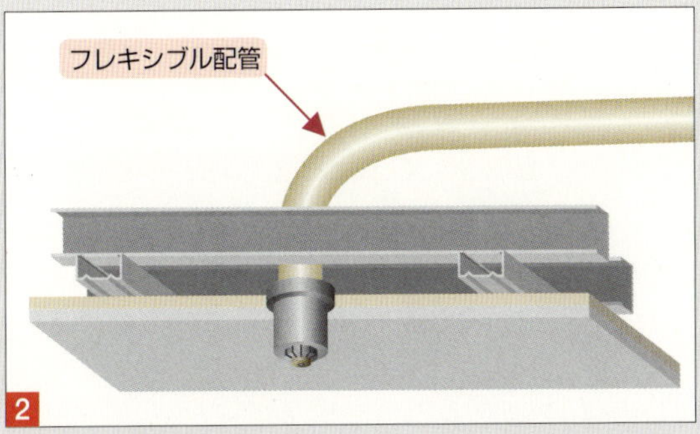

地震時に図2のようなフレキシブル配管を使用した部分については、図1のような被害はなかった。

失敗防止のポイント15

スプリンクラーの取付けが容易にできるよう開発された、図2のようなフレキシブル配管は、最近ほとんどの物件で使われるようになってきた。これは、天井下地にヘッドの根元を固定し、配管との間に動きを吸収する可とう部分があるため、地震の影響を受けにくいものである。古い建物のスプリンクラーについての地震対策が必要になってくる。

事例 106

設置されたスプリンクラーの通り位置がずれてしまった

写真1は，寒冷紗パテしごき下地塗装仕上げの天井ができ上がったところである。しかし，スプリンクラーヘッド1箇所だけが通りからずれてしまい，不具合箇所のボードをはがしてやり直しをすることになった。このために床仕上げの工事に遅れがでて，工程的に苦しい状況になってしまった。

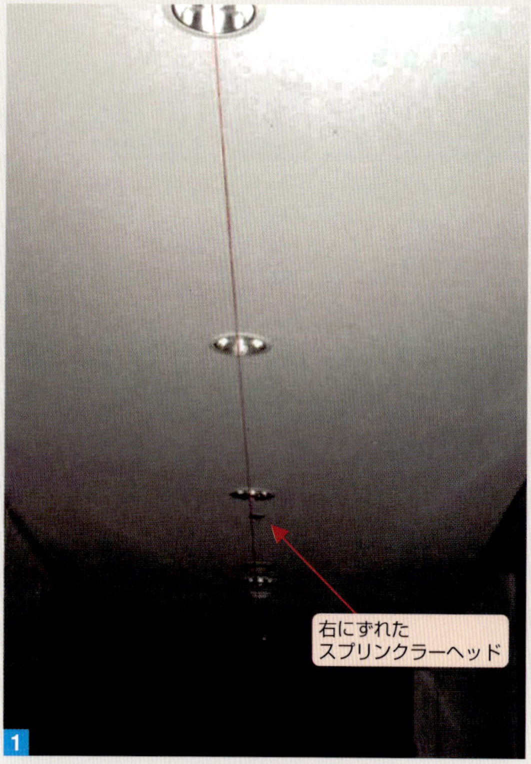
右にずれた
スプリンクラーヘッド
1

時間をかけてていねいに施工した塗り天井が、スプリンクラーのヘッドの位置がずれていたためにやり直しになった。

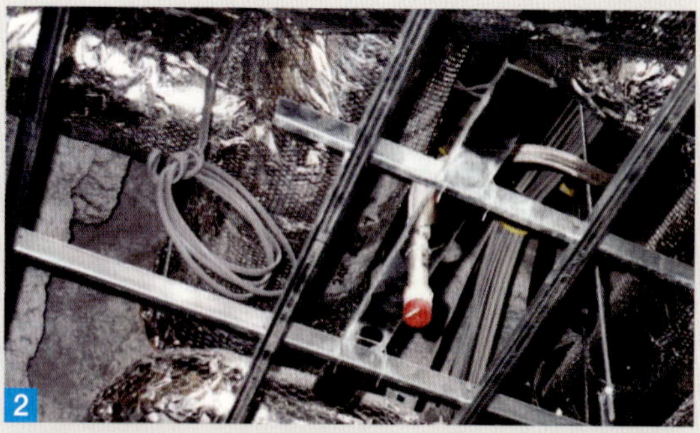
2

スプリンクラーのフレキシブル配管は、天井下地に位置決めをしてから金物で固定するが、この後に天井作業を行うと下地を動かしてしまい、ずれが生じやすい。

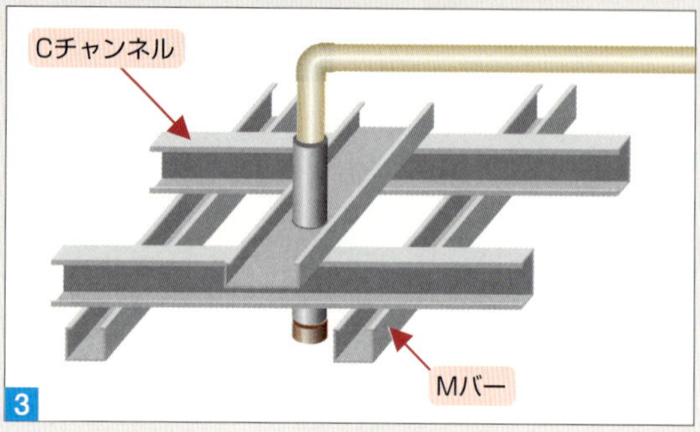
Cチャンネル
Mバー
3

上図のような状況でMバーに力を加えると、ヘッドの位置がずれてしまう。

4

写真4は、フレキシブルの配管ではないが、跳ね出し固定しているためにずれやすい。

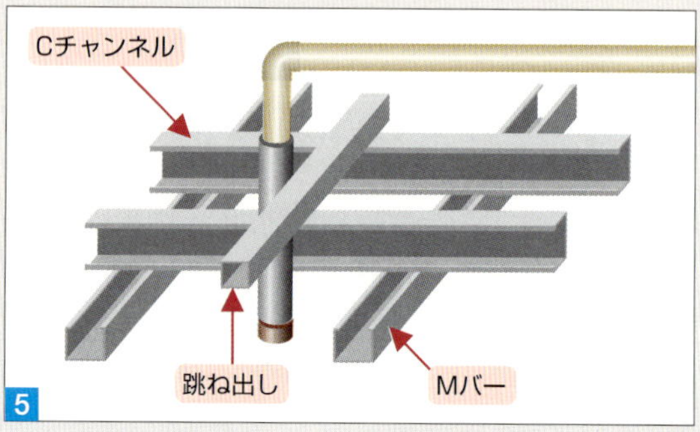
Cチャンネル
跳ね出し
Mバー
5

上図のような取付け方もずれやすいので注意しなければならない。下地ボード貼りの時点で確認を行う慎重さが望まれる。

事例 107

スプリンクラーの警戒範囲が満たされていない

図1は，有効散水半径が2.6mのスプリンクラーヘッドを基準にして最も効率的な構造体のスパンを決めたものである。X-Y方向とも3.6mピッチにヘッドを配置すれば未警戒部分がなくなる。しかし，図1のように，外壁が柱より出ている場合，柱の外部側の警戒ができていないため，やり直しになることがあるので注意したい。

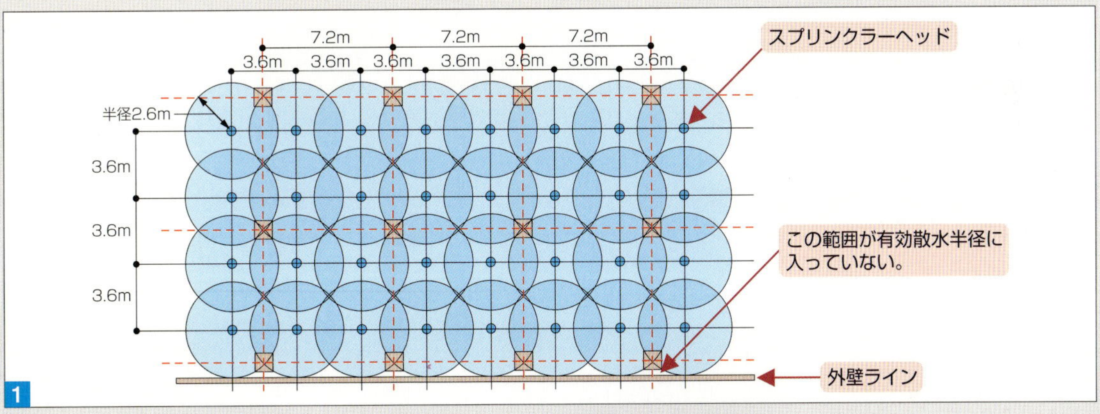

1

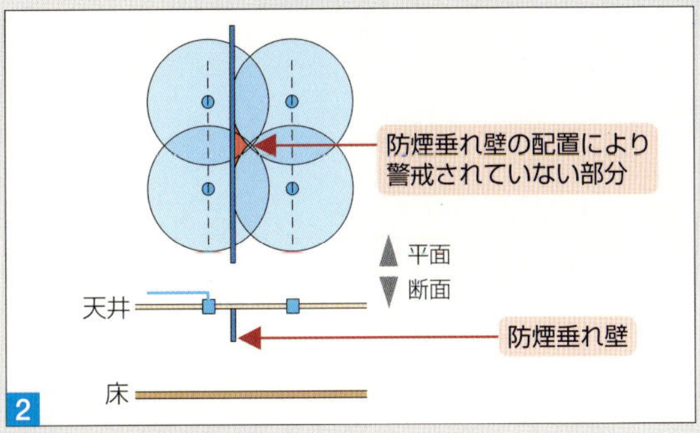

2

これは、防煙垂れ壁の配置が悪く散水障害となり、上図の赤の範囲が警戒されなくなったため、スプリンクラーを増設することになった例である。

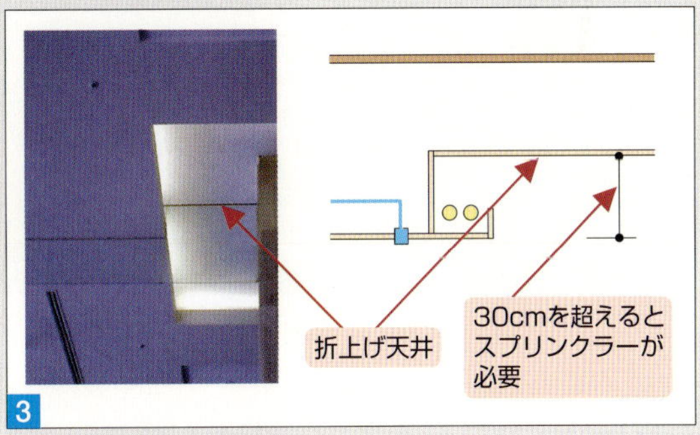

3

すべての範囲が有効散水半径内に入っていても、折上げ天井の深さが30cmを超えた部分は、高い天井部分にヘッドを増設するよう検査で指摘を受けたことがある。

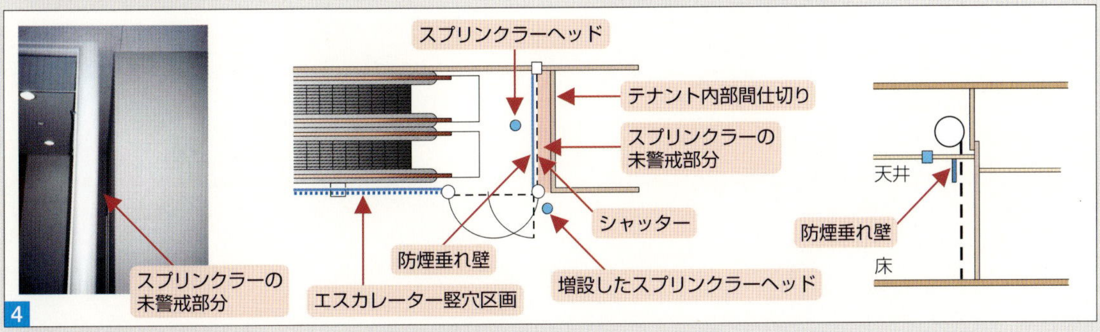

4

エスカレーター竪穴区画のシャッターの近くにテナント工事として間仕切りをつくったが、シャッターを降下した際にできるすき間に散水できない未警戒部分ができるため、新規にスプリンクラーヘッドを増設することになった。

事例 108

スプリンクラー配管と他の設備との取合いの失敗

実際のスプリンクラーの配管の状態を他の設備との取合いで見てみると，工事の施工性を考えるのに役に立つ。写真は，天井面のスプリンクラーヘッドの位置の真上に中間ファンが配置されているため，スプリンクラー配管を迂回させて機械の下にもってきている。これでは将来，空調機に不具合が出たときにスプリンクラー配管が障害になり，その修理に手間がかかることになってしまう。

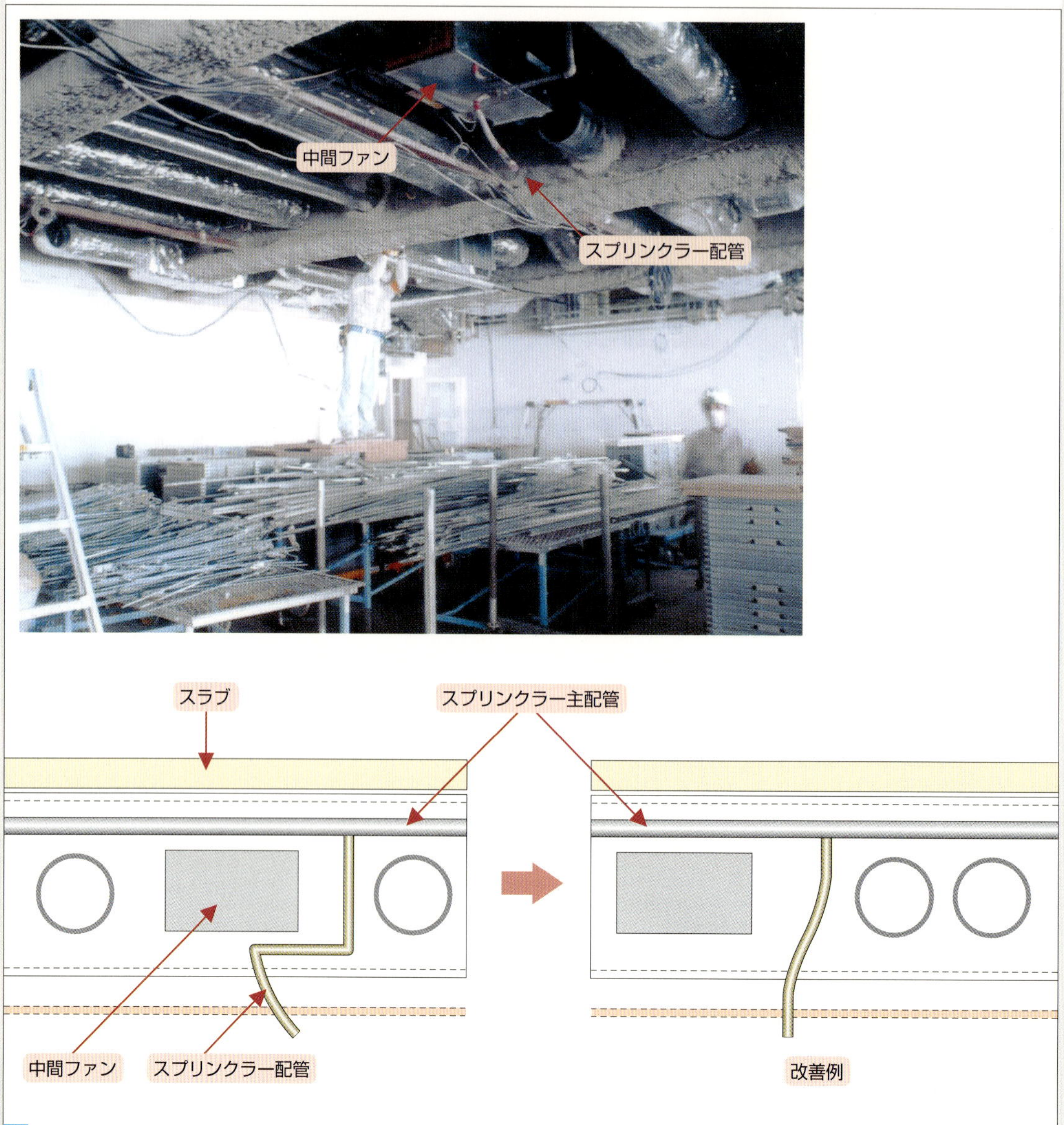

1

天井伏図では、まず初めにスプリンクラーヘッドの配置を決め、その後に空調機器などを配置してスリーブ貫通位置を決定すれば、問題を解決することができる。天井伏図検討のときに、その上の天井懐《ふところ》内の機器の配置を考えるのがコツである。

事例 109

スプリンクラーの散水障害がもたらした追加工事

最終の消防検査でスプリンクラーについての指摘を受けると，天井内で管径の余裕のある部分から配管をもってくるような手直しが発生するため，いろいろな障害が生じてくる。したがって，このような不具合を発生させないよう，十分な調整が必要である。

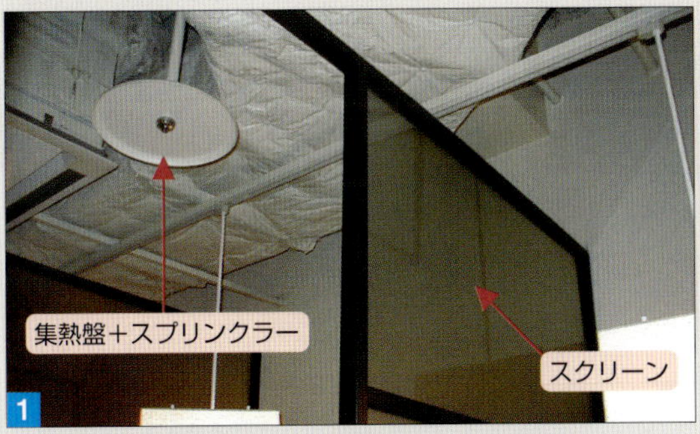

集熱盤＋スプリンクラー
スクリーン

1

テナント工事のスクリーンが事前の打合せや図面で表示されていなかったため、散水障害となってしまいスプリンクラーを追加することになった。

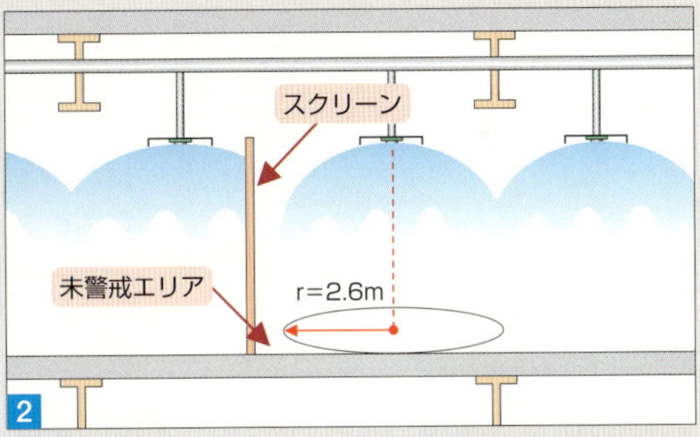

スクリーン
未警戒エリア
r=2.6m

2

上図は写真1の状況図である。上部が開いている簡易なスクリーンでも、このような状況では散水障害となるので油断はできない。

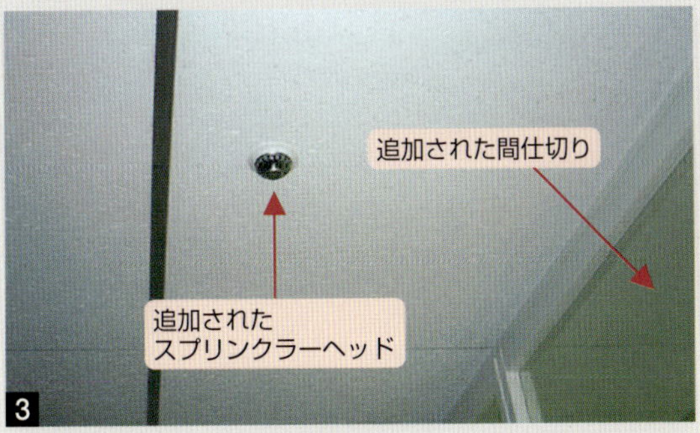

追加された間仕切り
追加された
スプリンクラーヘッド

3

写真3は、スプリンクラー想定位置から外れた位置に、欄門嵌殺し付き間仕切りが配置されたため、スプリンクラーヘッドを増設している状況である。

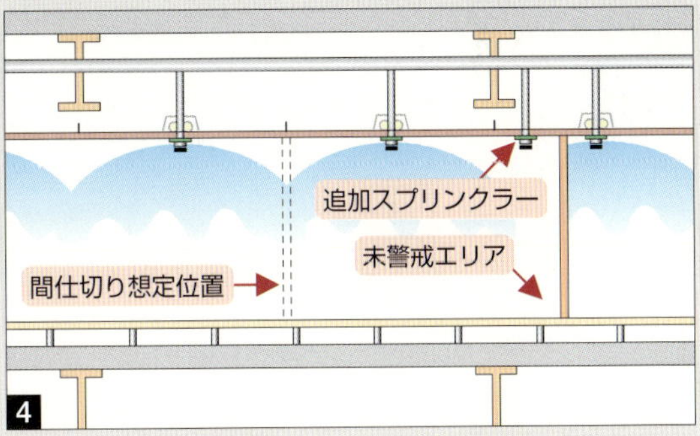

追加スプリンクラー
未警戒エリア
間仕切り想定位置

4

図4は、写真3の状況図である。散水障害にならないように間仕切りの欄間部分（上部）をオープンにする方法もある（しかし、音が部屋の外に漏れるおそれはある）。

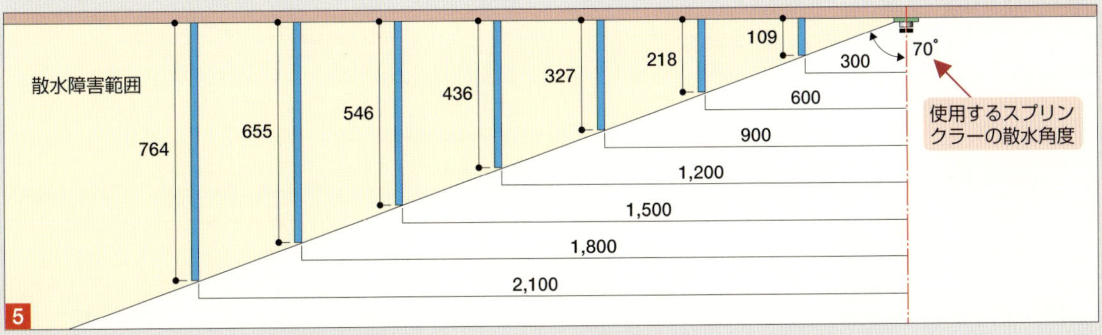

散水障害範囲
764
655
546
436
327
218
109
300
600
900
1,200
1,500
1,800
2,100
70°
使用するスプリンクラーの散水角度

5

使用するスプリンクラーの散水軌跡を作成して、あらかじめ消防署の指導を受け、その範囲を守るように綿密な指導・調整を行うことにより、手直し工事はなくなる。

事例 110

厨房内の防災設備の配置

防火区画の必要な厨房は，ダクト類に防火ダンパーが付けられ，その点検のための天井点検口が必要になる。また面積の大きな排気フードが取り付けられると，天井面には設備を取り付けるゆとりが少なくなる。特に，スプリンクラーは周囲に散水を妨害するようなものがあってはならないため，十分な検討を行わなければならない。

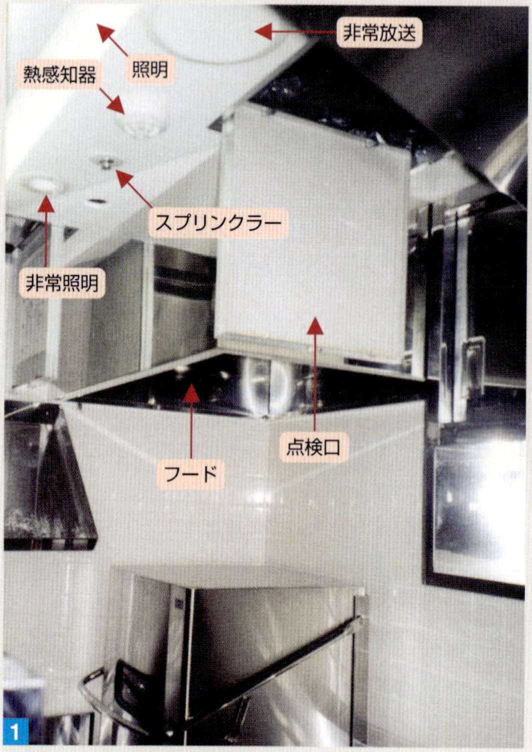

写真1は、厨房内の天井の状況である。多くの設備類があって、配置に苦労しているのがわかる。

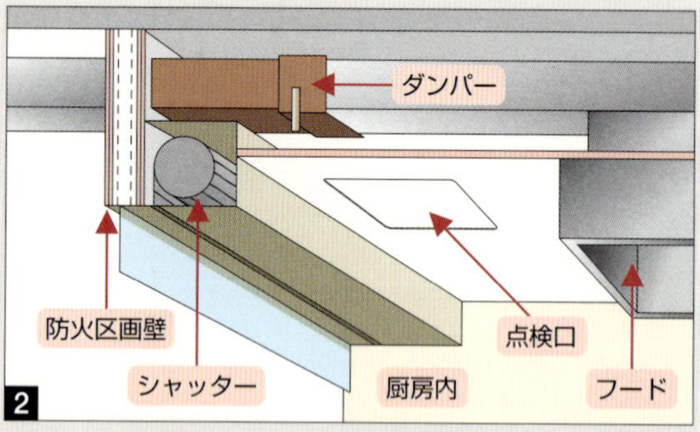

上図は防火区画とシャッター、およびフードの状況を示したものである。ここに散水障害が起こらないようにスプリンクラーヘッドを配置しなければならない。

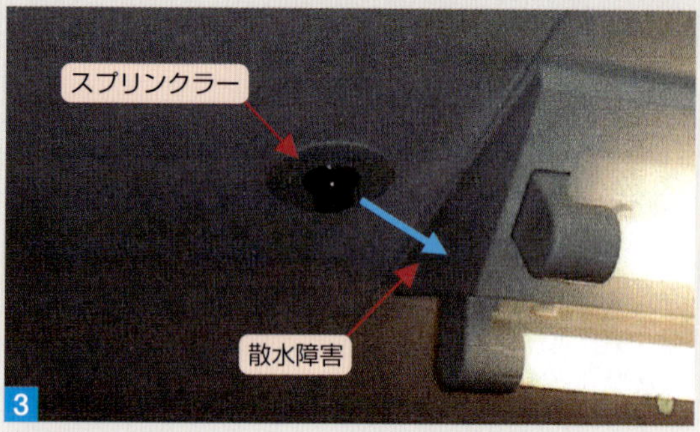

写真3は、スプリンクラーと照明器具の関係を示したものである。これも散水障害となり、照明器具を移設することになった事例である。

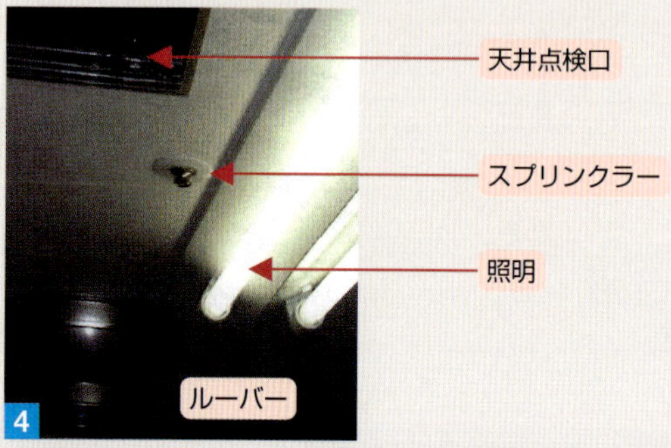

写真4でも、スプリンクラーが照明器具に近づいているため消防検査で指摘を受け、移動した事例である。

失敗防止のポイント16

飲食店が入るようなテナントビルの場合、内装はスケルトン渡しでも防災工事は甲工事に入ることが多く、消防検査は建物全体として受検する。各テナントの設計内容を見きわめ法的に問題がないようにスプリンクラー、非常照明、非常放送などを配置しなければならない。しかし、変更されたり、スプリンクラーの横に照明器具を配置して散水障害になったりと、なかなか円滑にいかないのが現実である。一般的には内装管理室を設けて管理を行うことになるが、別途工事であってもグランドオープンに間に合わせるようしっかりとした管理をしていかなければならない。

事例 11

展示用移動パネルの設置位置による散水障害

ある建物の一部にギャラリーをつくることになり，内部には絵画のレイアウトを自由に変えられるよう，展示用移動パネルを3枚取り付けることになった。ところが，消防検査でパネルの位置によっては散水障害が起こるとの指摘を受け，決まった位置に固定することになってしまった。

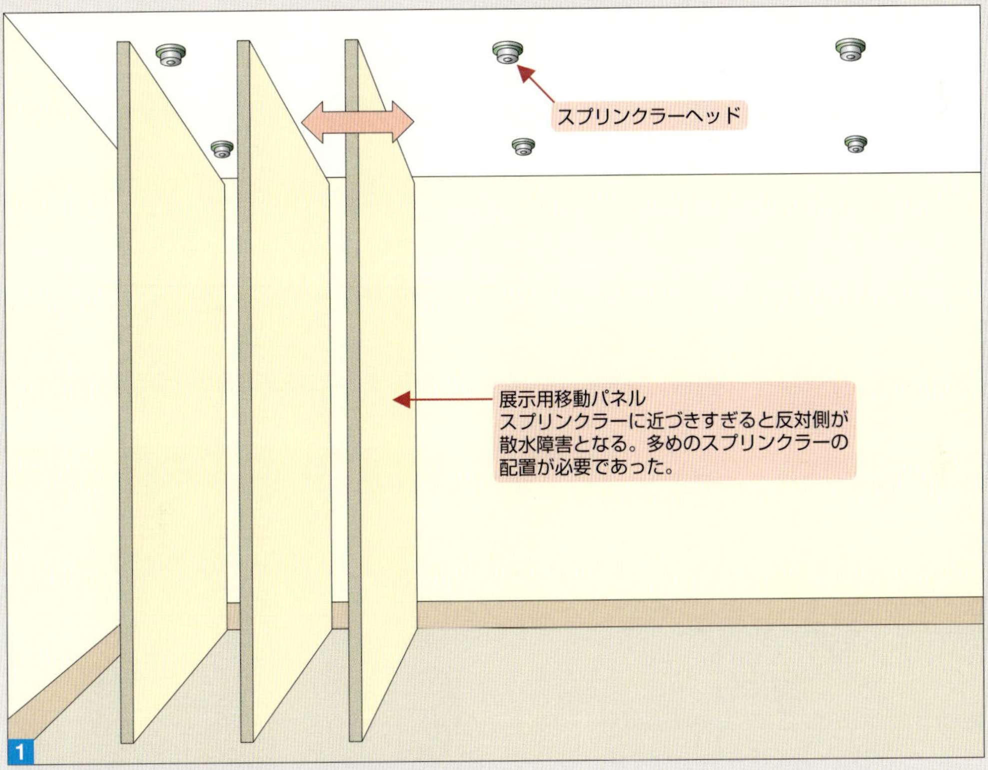
スプリンクラーヘッド
展示用移動パネル
スプリンクラーに近づきすぎると反対側が
散水障害となる。多めのスプリンクラーの
配置が必要であった。

1

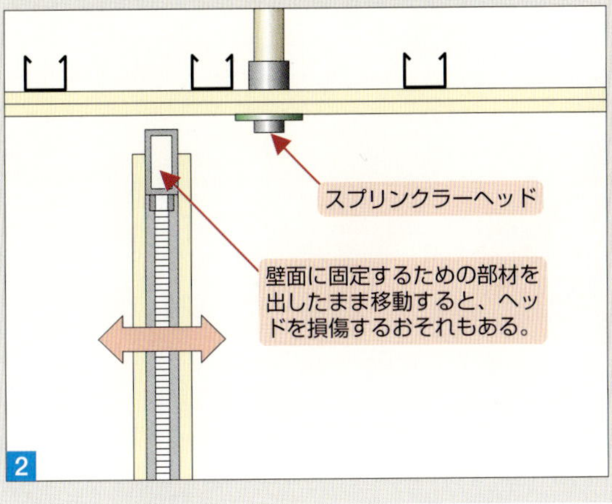
スプリンクラーヘッド
壁面に固定するための部材を
出したまま移動すると、ヘッ
ドを損傷するおそれもある。

2

失敗防止のポイント17

レール方向に移動する可動間仕切りの場合、天井伏図で表現するためミスはチェックしやすいが、図1のようにレールと直交方向に移動する壁の場合、散水障害を起こすような問題が発生しやすい。施主のニーズに合わせたものをつくろうとしても、防災設備の認識が甘いとこのような失敗に至ってしまう。

事例112

ショーウィンドー部分の防災・防犯

店舗などの窓面は，ショーウィンドーの形にすることがよくある。このとき，天井部分には照明器具を取り付けるスペースを設けるため，折上げが必要になる。そこへスプリンクラーを設置しようとすると，図1に示すような問題が発生する。特殊な部分については納まり図を作成し，早めに打合せを行わなければならない。スプリンクラーは床面を警戒し，また煙感知器は高いところへ上った煙を感知することが基本である。

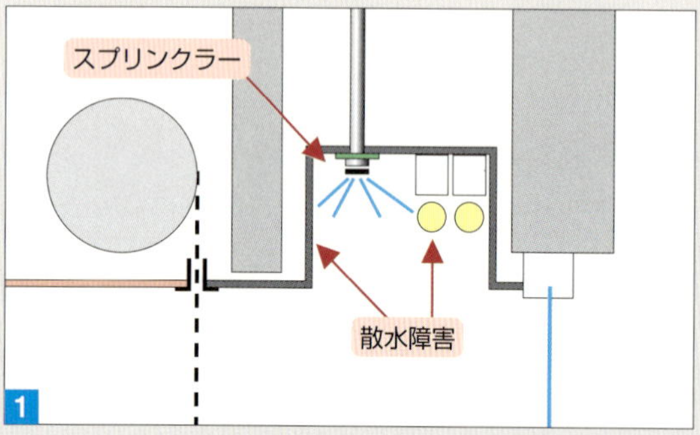

1

スプリンクラーを上図のように取り付けたところ、ボックスの壁面や照明器具に当たって散水障害を起こしたため、設置し直すよう消防検査で指示を受けた。

2

図1に示した納まりは、写真2のように配置しなければならなかった。また、煙感知器は煙が上昇するため高い部分に配置しなければならない。

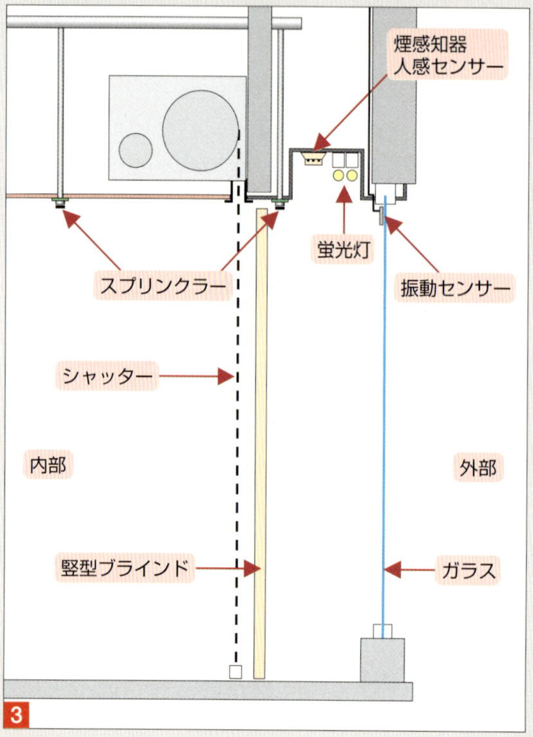

3

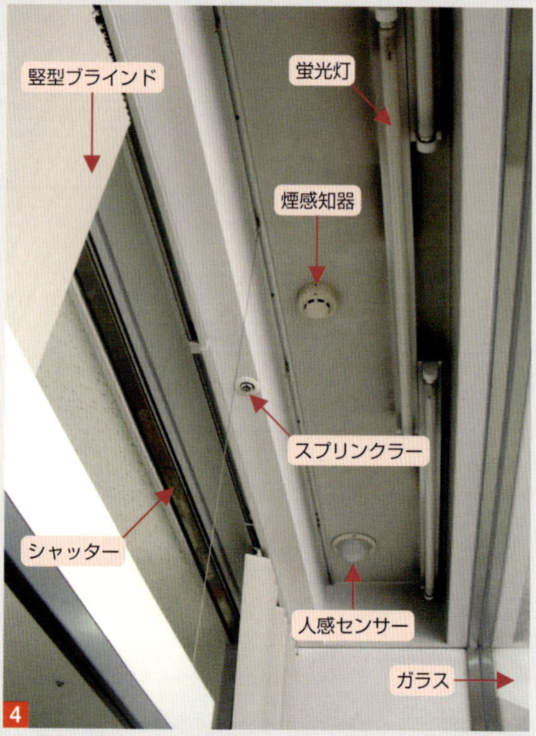

4

参考に、図3・写真4である建物のショーウィンドーの例を示す。ガラス面が、敷地境界線からの距離が不足していると網入りガラスとしなければならないが、内部のシャッターを防火シャッターとすることで透明なガラスを使用できる（リンクシャッターの場合は不可）。また、防犯のために振動センサーをガラス面に設置したり、シャッターとガラスの間に人感センサーを組み合わせて設置しておきたい。

事例 113

充満したたばこの煙により煙感知器が作動した

ある建物で，火災放送の後に火災断定放送となり，それにともなって空調機械が停止し，エレベーターが避難階に停止するという事態が発生した。火災報知器発報場所である地下1階に設置された清掃員控え室に向かったところ，火災ではなかった。原因を確かめてみると，休憩時間になって作業員がいっせいに喫煙し始め，休憩終了時にエアコンと換気扇を止めて退出したため，充満した煙によって煙感知器が発報したということがわかった。予作動式スプリンクラーを使っていたため弁が開放し，配管内に水が送られてしまい，復旧するのにたいへんな手間がかかった。

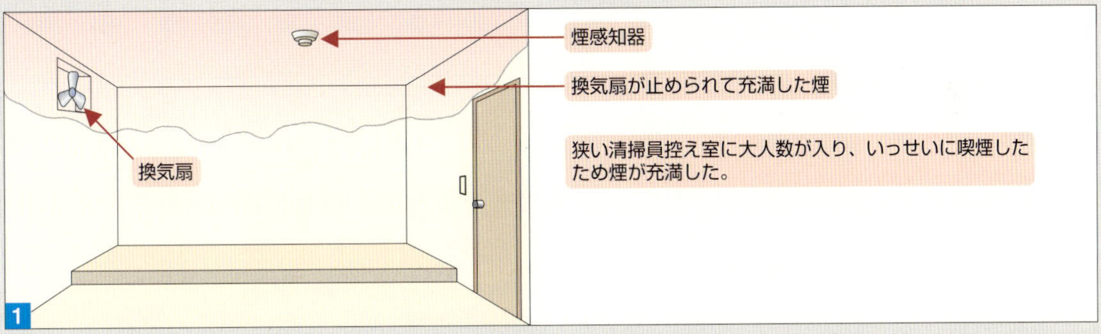
煙感知器
換気扇が止められて充満した煙
狭い清掃員控え室に大人数が入り、いっせいに喫煙したため煙が充満した。
換気扇
1

このような部屋は、当初のレイアウトでは見過ごされがちで、機械室などに無理にスペースをとっていることが多い。このような場所では、本事例のような問題が発生し得るということを設計段階で予測しておくと同時に、喫煙場所についての対策を講じておくべきである。

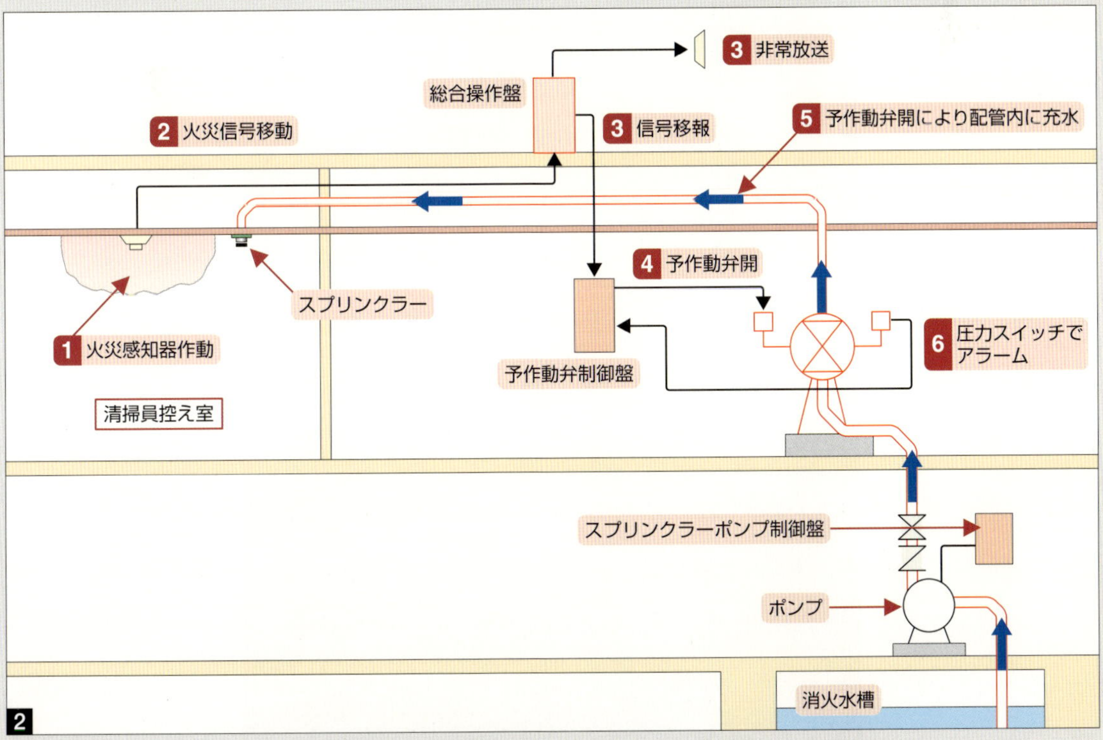
3 非常放送
総合操作盤
2 火災信号移動
3 信号移報
5 予作動弁開により配管内に充水
4 予作動弁開
スプリンクラー
1 火災感知器作動
予作動弁制御盤
6 圧力スイッチでアラーム
清掃員控え室
スプリンクラーポンプ制御盤
ポンプ
消火水槽
2

予作動式スプリンクラーの配管内に水が送られたら！ 予作動式スプリンクラー設備は、スプリンクラーヘッドが誤作動しても水による被害を防ぐため、火災感知器が作動しなければ水は放出されない仕組みになっている。しかし、そのエリアの火災感知器の作動により、予作動弁を開放するためヘッドまでの配管内に水が流れてしまう。火災感知器の誤作動があると、そのたびに二次側のスプリンクラー配管内の水を抜かなければならない。

事例 114

予作動式スプリンクラー装置（1）

各階に設置されている予作動弁とその周囲の仕組みをある建物の例で示す。逆止弁からスプリンクラーヘッドまでは0.15MPaの圧力の空気が入っているが，火災感知器の作動により弁が開き，ヘッドまでの配管内に1.0MPaの圧力の水が送られる。火災感知器の誤動作によってもこの動作がなされてしまうため，そのたびに水抜きをしなければならない。

手動起動ボタン
リセットボタン

▲予作動ボタンの詳細

3 エアー供給弁
エアー配管
空気圧 0.15MPa
アラームスイッチ
水圧がかかると盤に警報

▲エアー配管類の詳細

空気圧 0.15MPa
試験用弁
逆止弁
予作動式
プライミングウォーター給水弁
プライミングウォーター確認弁
2 排水弁
予作動弁
火災感知器の作動により弁が開きヘッドまでの配管内に水が送られる。
オートドリップ
2 排水弁
排水弁
1 制御弁
鎮火後に止水のため弁を閉じる。
プライミングウォーター給水元弁
排水用逆止弁
スプリンクラー配管
水圧 1.0MPa
ドレン配管
1

鎮火後には水による損害を防ぐため、①制御弁を閉じる→②2箇所の排水弁を開放する→③エアー供給弁を閉じる、の作業を行う。

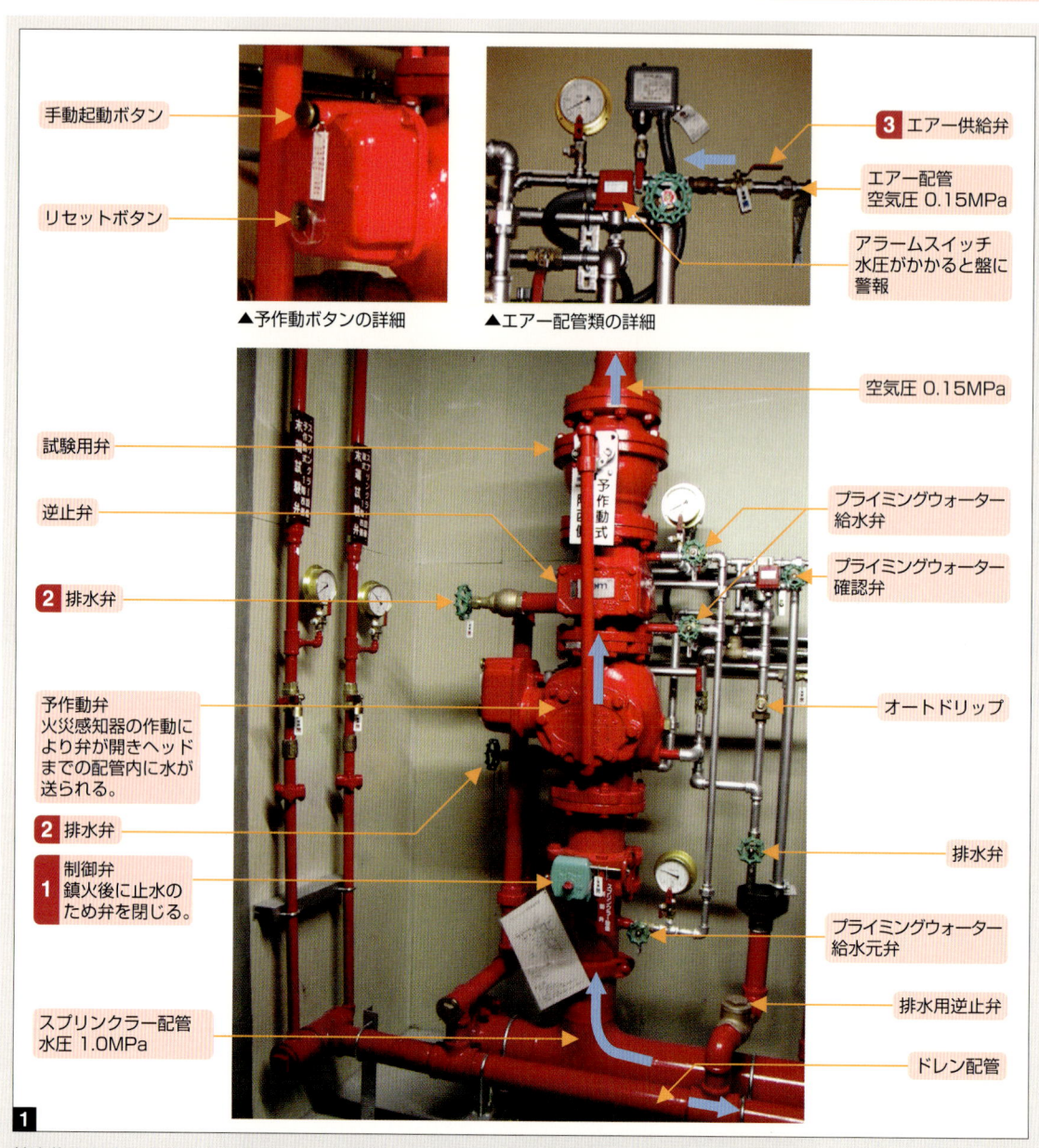

事例 115

予作動式スプリンクラー装置（2）

写真1は，各階の予作動弁の横に配置されている予作動弁制御盤である。総合操作盤からの信号により126ページの予作動弁を開く。写真2は，各階の予作動弁につながっているスプリンクラーポンプである。配管内の圧力が下がるとスイッチが入り，ポンプが起動し消火水槽の水をくみ上げて圧送する。

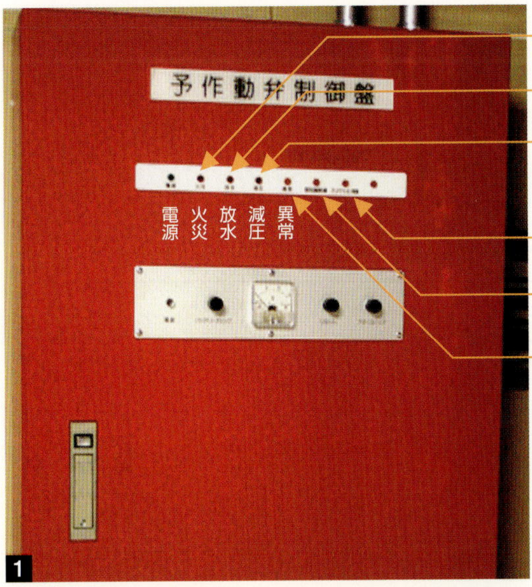
予作動弁制御盤
電源
火災
放水
減圧
異常
1
火災感知器の作動により点灯
予作動弁開放による流水で、アラームスイッチが作動して点灯
スプリンクラーヘッドまでの配管内空気圧が0.05MPaに減圧時点灯
予作動弁までの断線時点灯
火災感知器までの断線時点灯
主電源遮断時バッテリーが22.5±0.5Vに下降時点灯

2
可とう継手 ＊132ページ参照
仕切り弁
呼水槽 100ℓ（減水警報付き）
逆止弁
スプリンクラーポンプ制御盤
圧力計
圧力スイッチ
圧力タンク
ポンプ ：125φ 揚程89m
モーター：400V 37kW
可とう継手
サクションユニット この下に消火水槽 56m³

事例 116

屋内消火栓設備

屋内消火栓設備は，消火栓にある起動ボタンを押すことにより屋内消火栓ポンプが起動し，ホースまで消火水が充水され消火活動を行う装置である。しかし，火災場所までホースを引いた後で消火栓バルブを開くようにしないと，水圧がかかり操作の自由が利かないので注意が必要である。また，鎮火後は必ずポンプの制御盤のところで停止ボタンを押さなければポンプが故障してしまうことになる。訓練時によくそのままにしておいて故障することがあるので注意すること。

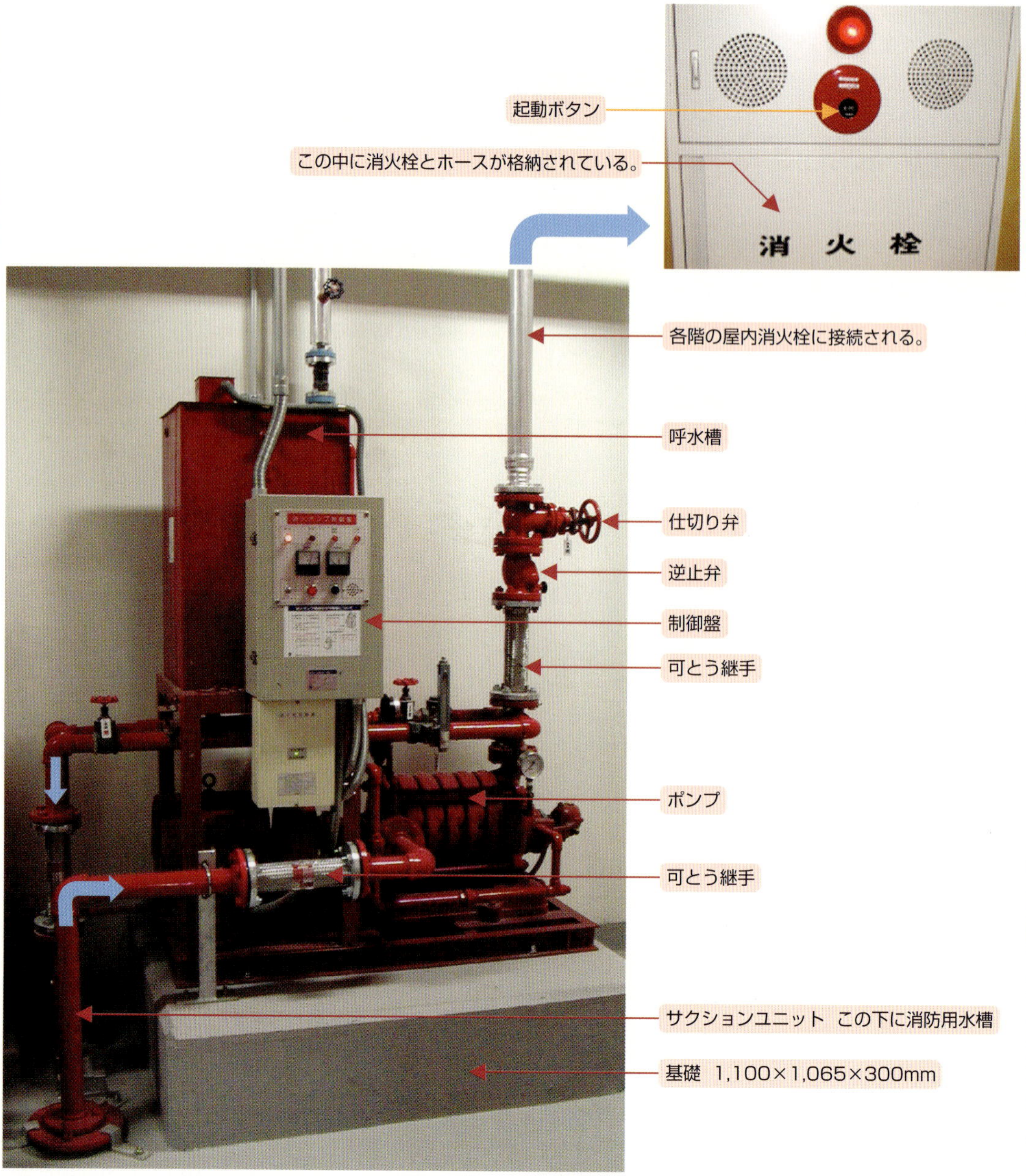
起動ボタン
この中に消火栓とホースが格納されている。
消 火 栓
各階の屋内消火栓に接続される。
呼水槽
仕切り弁
逆止弁
制御盤
可とう継手
ポンプ
可とう継手
サクションユニット この下に消防用水槽
基礎 1,100×1,065×300mm

1

事例 117

泡消火設備の起動弁に工事車両が接触し泡を放出した

地下などにある機械式駐車場や一般駐車場は，泡消火設備を取り付けることが多いが，柱に取り付けてある泡消火装置の手動起動弁に工事車両をぶつけてしまい，その系統のフォームヘッドからいっせいに泡が吹き出たことがある。火災でもないのに放出された泡の処理はたいへんな手間がかかるので，十分配慮したい。このような事故を起こさないよう，ある建物を例に泡消火設備の仕組みを解説する。

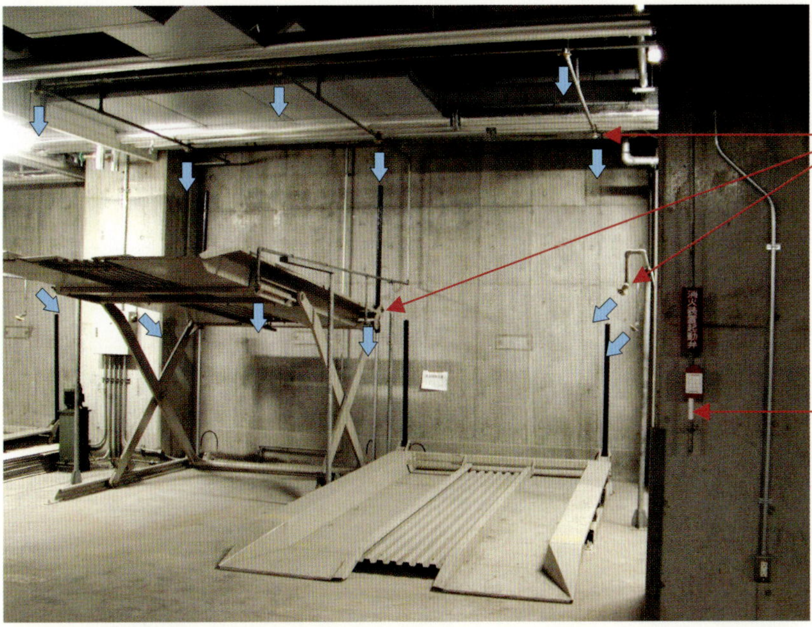
フォームヘッド
泡消火装置手動起動弁

2段式機械駐車の周りには泡消火設備のフォームヘッドが配置されており、この設備は自動車火災を想定しているため、感知ヘッドのヒューズや起動弁の作動によりその同一系統のヘッドからいっせいに泡が放出される仕組みとなっている。

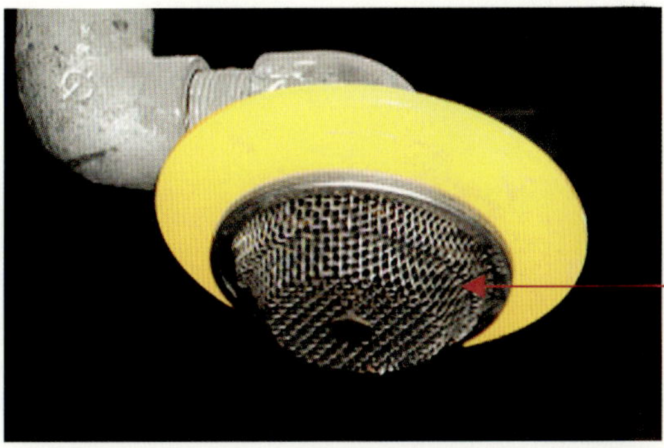
フォームヘッド
0.25MPaで35ℓ／分
泡を放出する。

消火装置起動弁

当時現場は資材等によって車路がふさがれていて、無理な状態で工事車両を動かさざるを得なかったため、誤って泡消火設備の起動弁に接触してしまい泡を放出してしまった。

1

事例 118

泡消火設備の仕組み（1）

駐車場の天井部分に系統ごとに設置されている一斉開放弁と，その働きについて述べる。泡消火設備はガソリンなどの可燃性液体に対して，泡をいっきに吹き出して空気遮断と冷却を行う感知ヘッドのヒューズが火災の熱で溶けて液が漏れ，管内部の圧力低下になった時点で一斉開放弁が開き，同時にポンプが起動して各フォームヘッドへ瞬時に混合液を送る仕組みになっている。

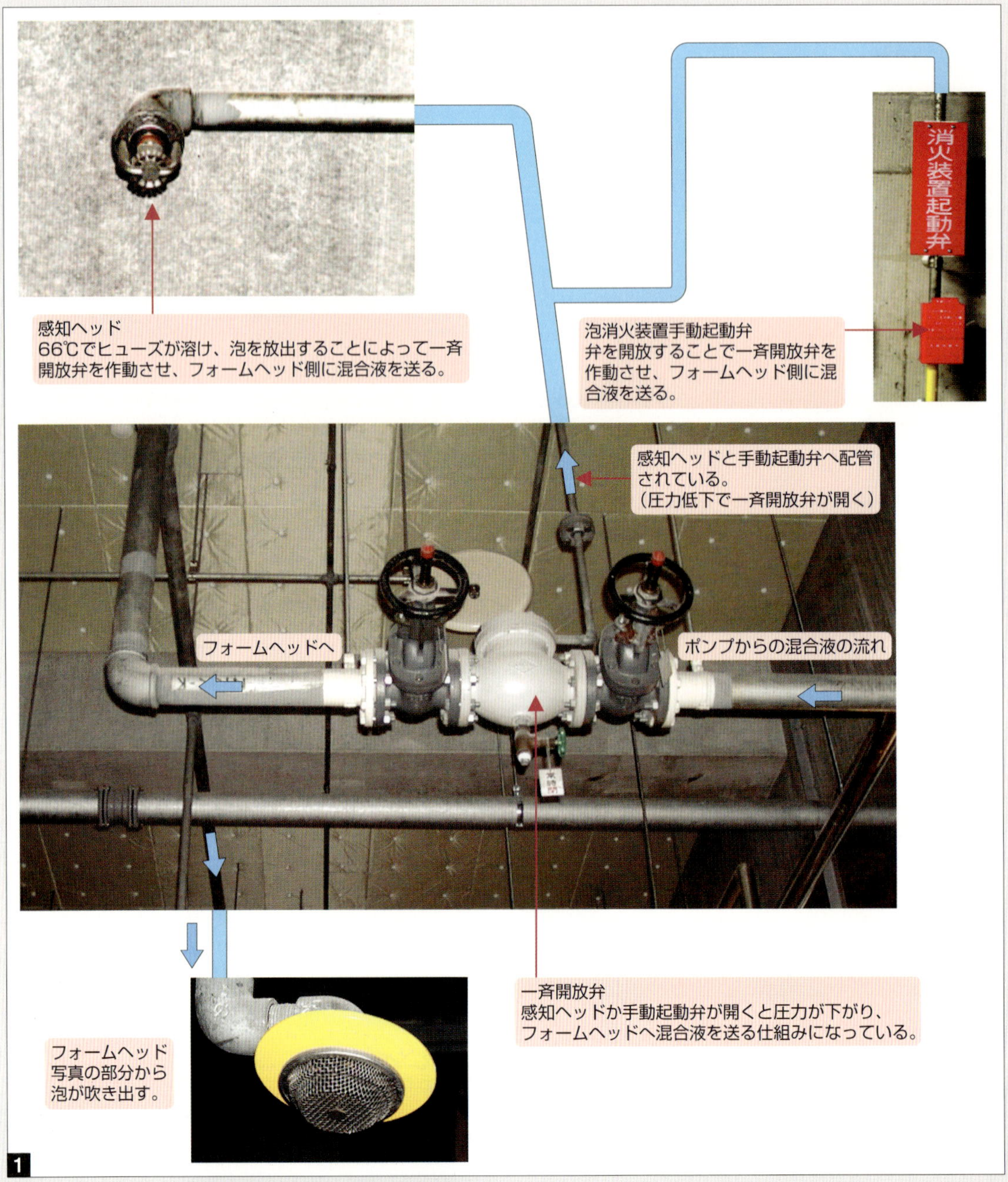
消火装置起動弁
感知ヘッド
66℃でヒューズが溶け、泡を放出することによって一斉開放弁を作動させ、フォームヘッド側に混合液を送る。
泡消火装置手動起動弁
弁を開放することで一斉開放弁を作動させ、フォームヘッド側に混合液を送る。
感知ヘッドと手動起動弁へ配管されている。
（圧力低下で一斉開放弁が開く）
フォームヘッドへ
ポンプからの混合液の流れ
一斉開放弁
感知ヘッドか手動起動弁が開くと圧力が下がり、フォームヘッドへ混合液を送る仕組みになっている。
フォームヘッド
写真の部分から泡が吹き出す。
1

事例 119

泡消火設備の仕組み（2）

写真1は，ある建物の泡消火設備における泡消火の原液を送る側の設備である。配管内の圧力が0.32MPaに下がると圧力スイッチが入り，フォームヘッドに泡混合液が送られるシステムである。ダイアフラム型泡原液槽に消火水の圧力がかかると，その内部容器に入っている泡原液が押し出されて混合器に入り，水と混合する仕組みになっている。

圧力スイッチ
0.32MPaで起動する。
泡原液槽（ダイアフラム型）
ライトウォーター　600 ℓ
内部圧力　0.1MPa
圧力タンク
0.9MPaに保たれている。
制御盤
混合器
泡原液を3%の溶液に
混合する。
呼水槽
ポンプへ自動給水する。
ポンプ　：150φ 揚程79m
モーター：400V　37kW
この下に水槽
基礎：2,480×1,100×300mm
基礎：1,100×1,100×300mm
3%混合液
水
泡原液
3%混合液
混合液
アラーム弁
制御弁
1

事例 120

消火ポンプの可とう継手の位置不良

写真1·2を比較して，消火ポンプ回りの配管の取付け順序が少し違っているのに気が付いただろうか。上の写真は，上から仕切り弁・逆止弁・可とう継手となっているが，下の写真は上から可とう継手・仕切り弁・逆止弁の順序になっている。

各階への配管
この部分に配管の固定は必要である。
仕切り弁
逆止弁
可とう継手
ポンプ
1

各階への配管
可とう継手
仕切り弁
逆止弁
ポンプ
2

可とう継手は振動を吸収するため、他の弁と比べて寿命が短い。そのため、取替えを考えると上に仕切り弁があれば上階の配管内部の水を抜かなくてすむ。写真1の接続方法のほうがが正しいといえる。しかし、上の写真でも仕切り弁のすぐ上の位置に配管の固定は必要である。可とう継手が逆止弁の下にあるということは、配管内の水圧が直接かからないので可とう継手の寿命も長くなる。
ポンプ側から順に可とう継手、逆止弁、仕切り弁の位置関係はすべてのポンプに共通である。

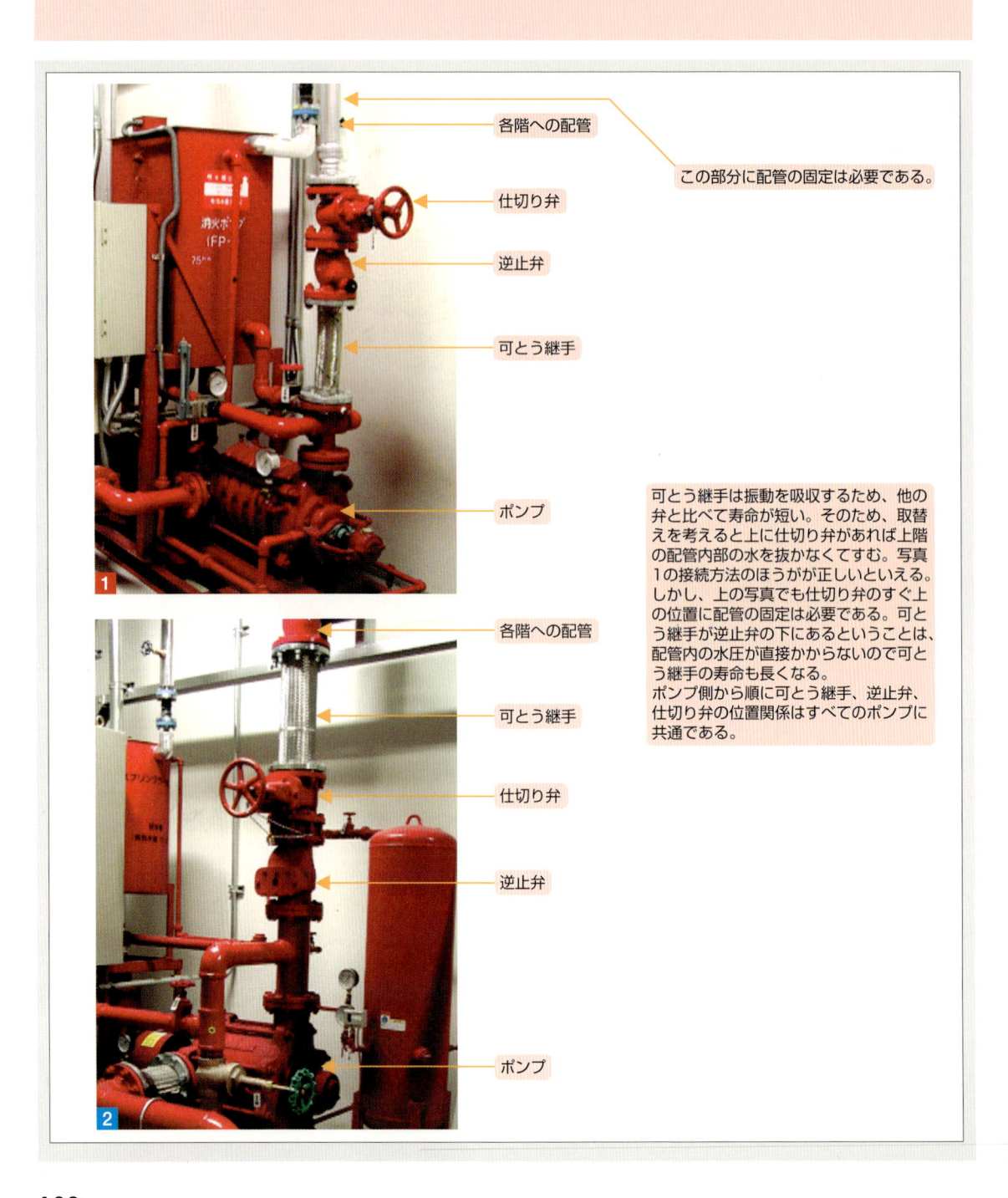

事例 121

屋内消火栓配管の施工の失敗

消火栓の配管は，なるべくまっすぐに立ち上げたいものである。設備配管図には梁の表示がない場合が多く，十分な検討がないまま消火栓ボックスの位置が決定されると，写真１のような施工が行われ，たいへんな手間をかけたわりに欠陥が出やすいので注意が必要である。

1

写真1は、屋内消火栓の配管が廊下に露出しているが、配管の足元が消火栓箱より飛び出しているためつまずきやすくなっている。

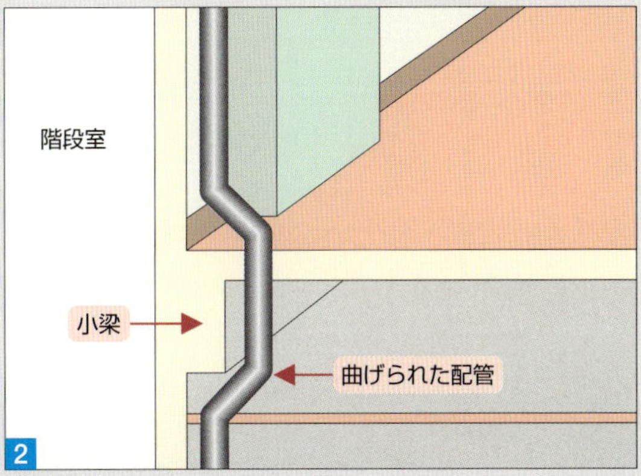
階段室
小梁
曲げられた配管

2

写真1は、下階の小梁が廊下側に出ていたため、配管を曲げなければ納まらなかった事例である。配管のルートは、構造体を確認して行わなければならない。

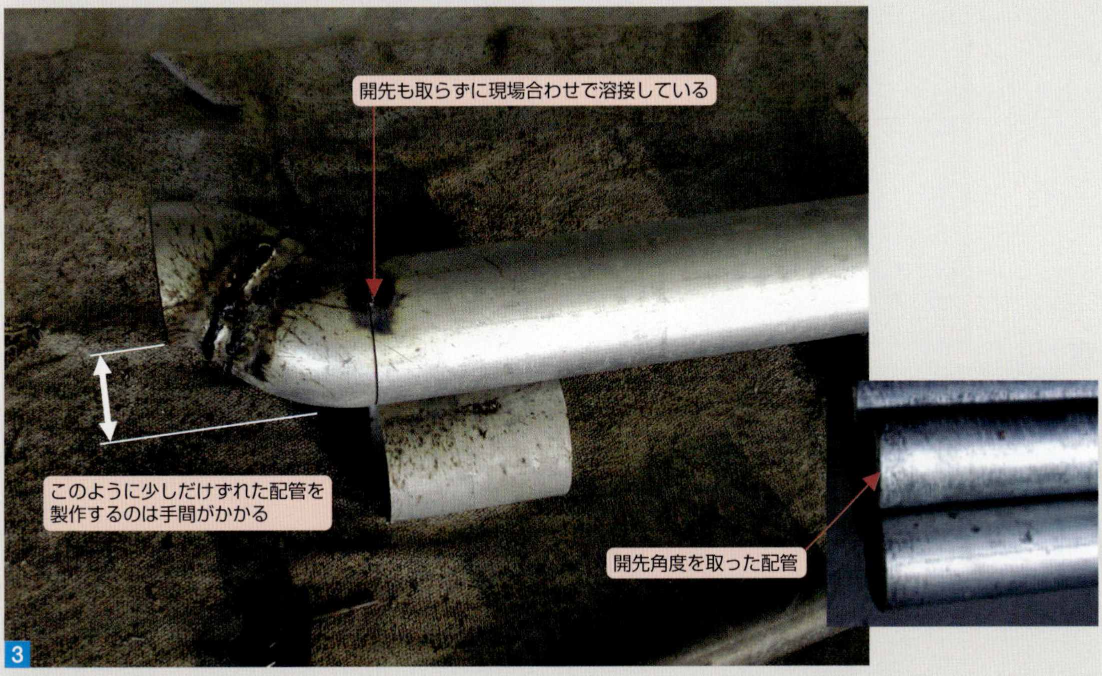
開先も取らずに現場合わせで溶接している
このように少しだけずれた配管を
製作するのは手間がかかる
開先角度を取った配管

3

写真3では、現場で採寸して配管を溶接しているが開先が取られていない。各階でこのような作業がなされており、たいへんな手間がかかり欠陥となりやすい状況を生んでいる。事前に少しの検討がなされていればと思う。また、このような亜鉛メッキ鋼管の溶接作業は、有毒ガスが発生するので狭い場所では行わないように計画しなければならない。

事例 122

消火栓ボックスの区画処理

耐火壁部分に消火栓ボックスを取り付ける場合，部屋側の納まりを優先させると消火栓ボックスが耐火壁を貫通してしまうことがある。消火栓ボックスの鉄板だけでは耐火に不十分なため，耐火シートなどで裏側をカバーすることになるが，狭いところでの作業だときれいに納まらず，検査で指摘を受けることが多いので注意すること。

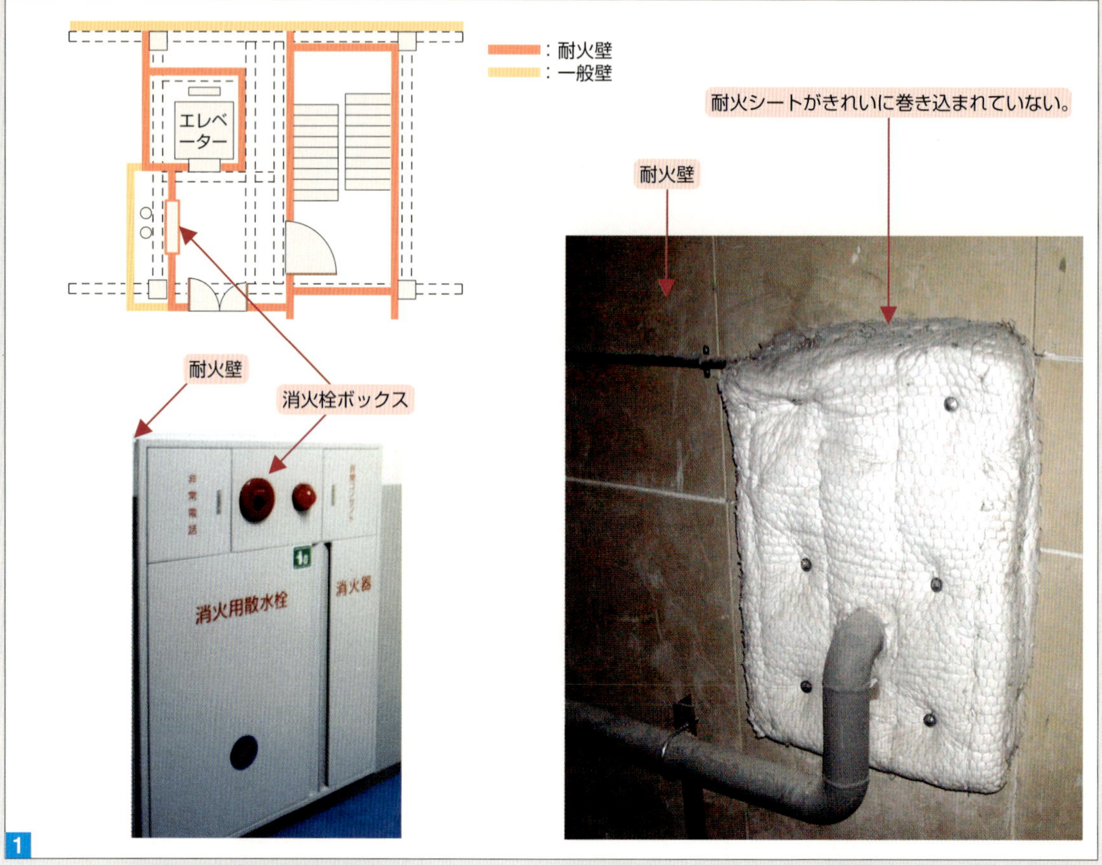
エレベーター
：耐火壁
：一般壁
耐火シートがきれいに巻き込まれていない。
耐火壁
耐火壁
消火栓ボックス
消火用散水栓
消火器

1

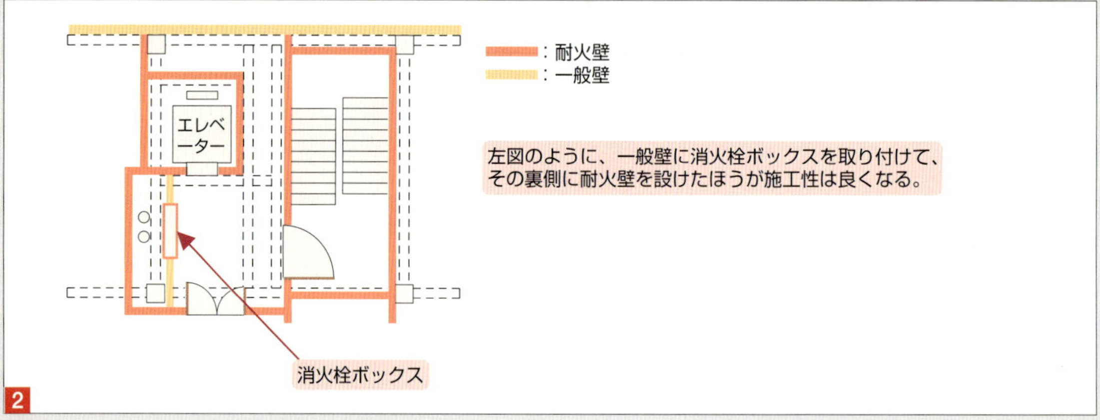
エレベーター
：耐火壁
：一般壁
左図のように、一般壁に消火栓ボックスを取り付けて、
その裏側に耐火壁を設けたほうが施工性は良くなる。
消火栓ボックス

2

事例 123

厨房排気ダクトの火災事故

コンロにかけたてんぷら油が発火して，グリスフィルターに付着した油に燃え移り，それがダクト内に付着した油に延焼して，ダクトの出口まで炎が到達する火災事故が非常に多い。ダクトの入口には防火ダンパーを設置することになっているが，それが油の付着により閉じなかったり，閉じても炎の伝播のほうが早いため，火災に至るという例がある。

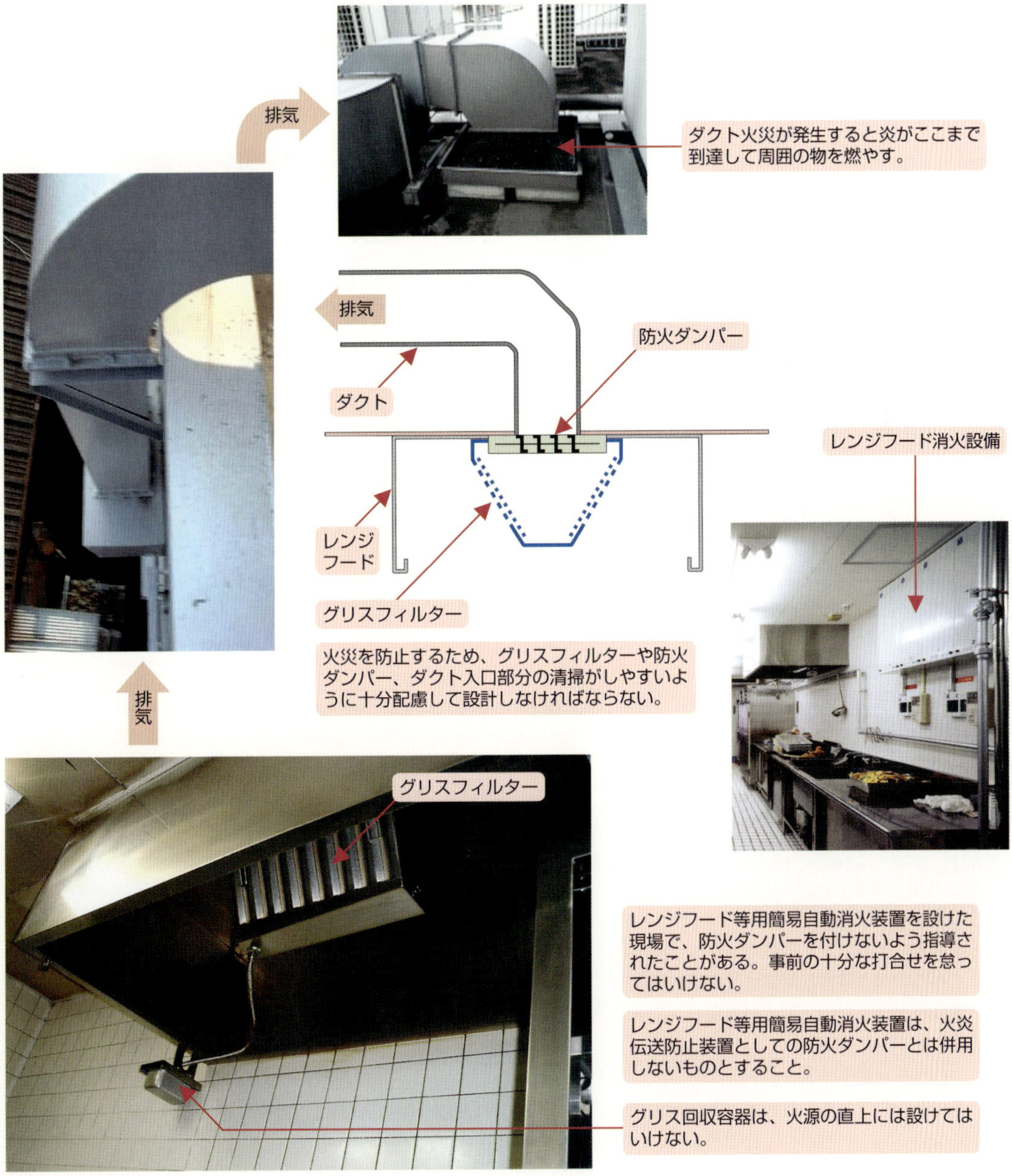
排気
ダクト火災が発生すると炎がここまで到達して周囲の物を燃やす。
排気
防火ダンパー
ダクト
レンジフード消火設備
レンジフード
グリスフィルター
火災を防止するため、グリスフィルターや防火ダンパー、ダクト入口部分の清掃がしやすいように十分配慮して設計しなければならない。
排気
グリスフィルター
レンジフード等用簡易自動消火装置を設けた現場で、防火ダンパーを付けないよう指導されたことがある。事前の十分な打合せを怠ってはいけない。
レンジフード等用簡易自動消火装置は、火災伝送防止装置としての防火ダンパーとは併用しないものとすること。
グリス回収容器は、火源の直上には設けてはいけない。

1

事例 124

防災監視盤検査のポイント

防災監視盤は火災感知器からの信号受信により，その内容を表示して非常放送を起動させたり，エレベーターに避難階着床のための信号や防火ダンパー閉鎖ファンの停止等の信号をそれぞれの機器に送り，災害の拡大を防ぐ仕組みとなっている。しかし，この連動がうまくいかない場合が多い。概念図をもとにその原因と対策を解説する。

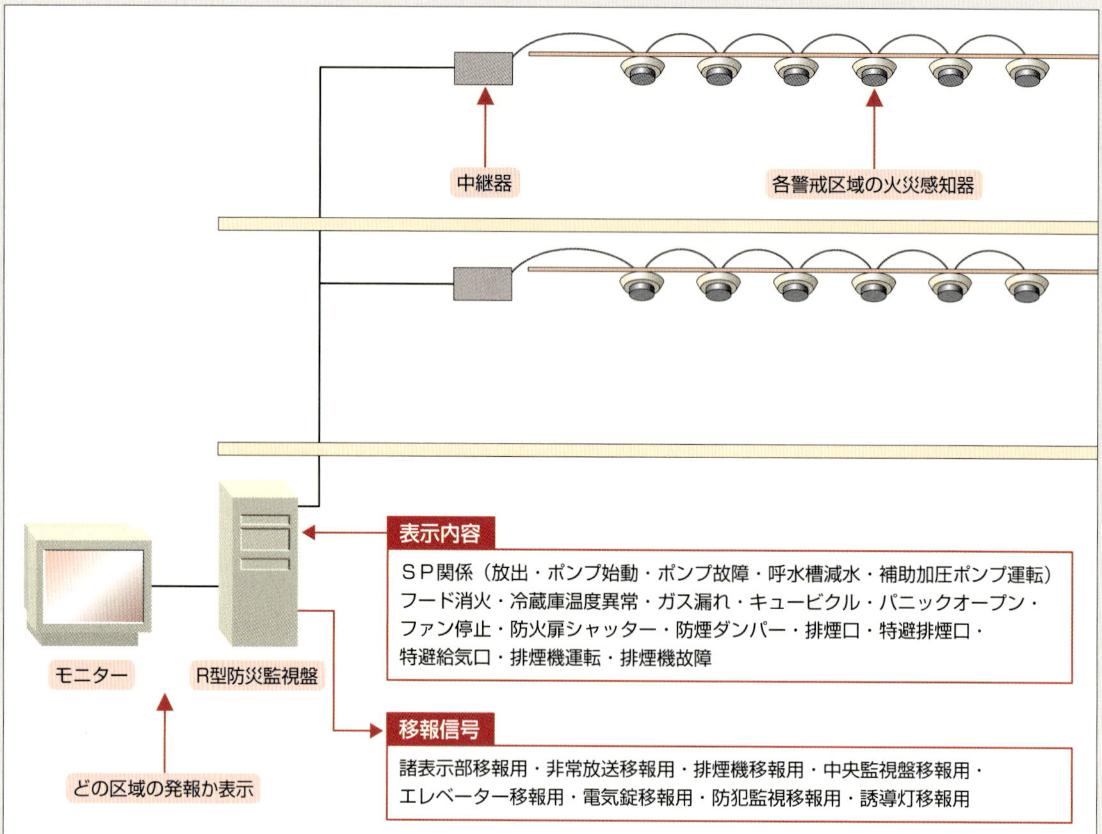
中継器
各警戒区域の火災感知器
モニター
R型防災監視盤
どの区域の発報か表示
表示内容
ＳＰ関係（放出・ポンプ始動・ポンプ故障・呼水槽減水・補助加圧ポンプ運転）
フード消火・冷蔵庫温度異常・ガス漏れ・キュービクル・パニックオープン・
ファン停止・防火扉シャッター・防煙ダンパー・排煙口・特避排煙口・
特避給気口・排煙機運転・排煙機故障
移報信号
諸表示部移報用・非常放送移報用・排煙機移報用・中央監視盤移報用・
エレベーター移報用・電気錠移報用・防犯監視移報用・誘導灯移報用

防火扉やシャッターは、現場の専用感知器の発報によって閉鎖することが一般的であるが、ひとつのの警戒区域に多くの防火扉やシャッター、ダンパー、稼動防煙垂れ壁などがある場合、すべてを連動させるよう指導を受けることが多い。また、実際の検査のときに各機器の連動がうまく働かないことがある。これは、系統の間違い等のプログラム作成ミスが原因で招いた動作不良であることが多い。この動作不良を防止のためには以下の点をタイミングよく進める必要がある。

1）早目のレイアウトと室名の決定

2）すべての関連職種が集まっての連動確認

3）連動表を作成し消防署と再度確認・打合せを行う。

4）プログラムの作成

5）プログラムのチェック

6）モニターでプログラムが合っているかを確認（つまり、ひとつの警戒区域の火災感知器をモニター上で発報させた場合、防火扉などの連動がうまくいっているかを確認することである。）

1

事例 125

消防検査の準備（1）

建築工事を進める上で最も重要なのは，完成までの工程を把握して，その途中に合理的なマイルストーンを配置していくことである。下の表は現場の進捗状況を考慮して，天井隠ぺい部分について消防中間検査をタイムリーに受検するために作成したものである。あらかじめ消防署と打合せを行い，検査日程についての承認を得てから工事関係者全員に周知させることによって，円滑な現場運営が行えた事例である。

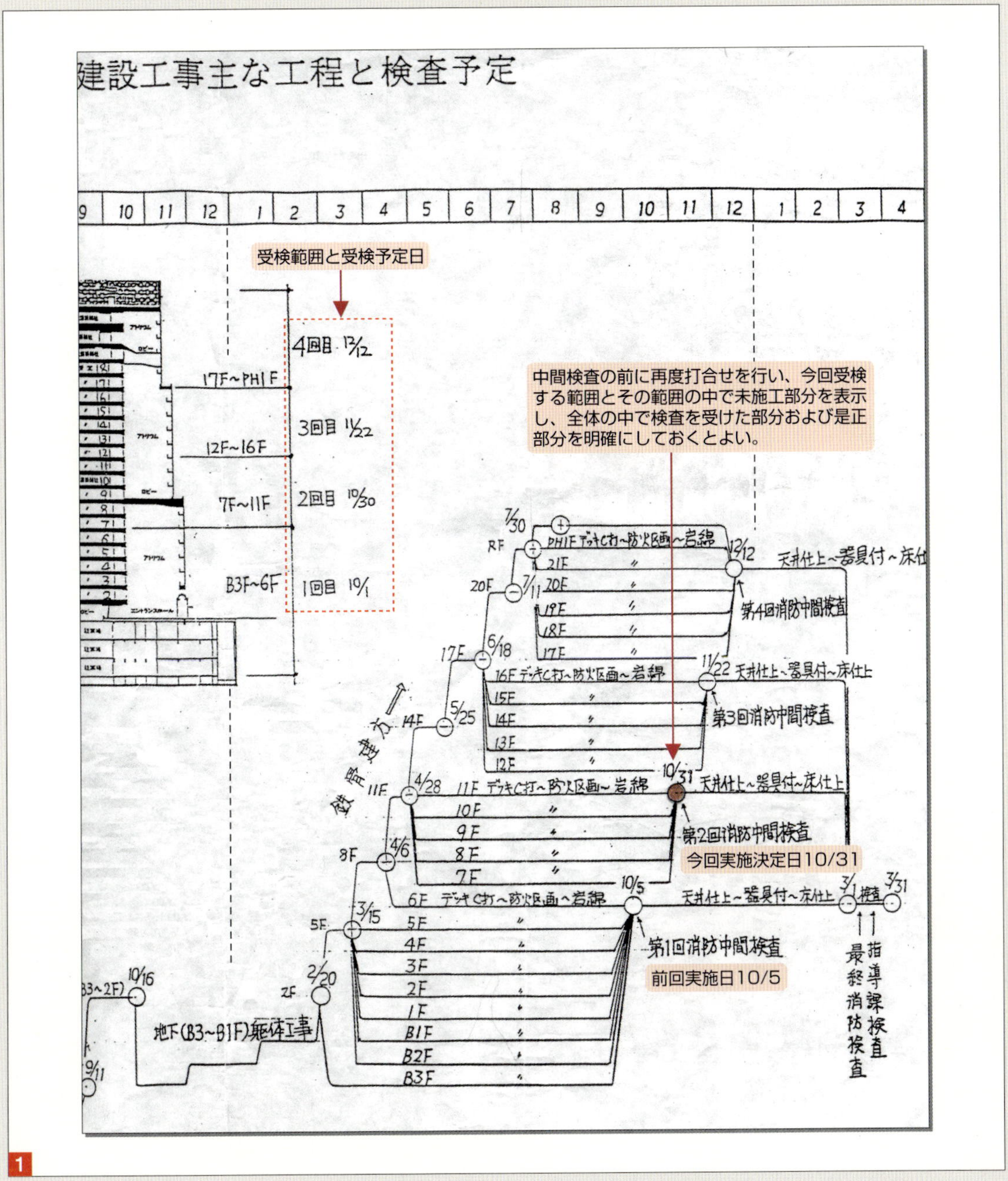

1

事例 126

消防検査の準備（2）

消防検査を受けるにあたって，下図のような図面を作成し準備しておくことは，現場運営を円滑に行うための方法としてたいへん重要である。この図面をもとに，消防署に天井内に隠ぺいされるスプリンクラー配管などの消防設備や防火区画の設備貫通部分の処理状況を検査してもらうとよい。検査指摘事項も是正前と是正後との写真を撮影して，この図面に場所を明記しておく。最終の消防検査にこの資料をまとめたものを提出して確認をとることで，万一検査官が移動などにより担当者が変わっても円滑に受検することができる。

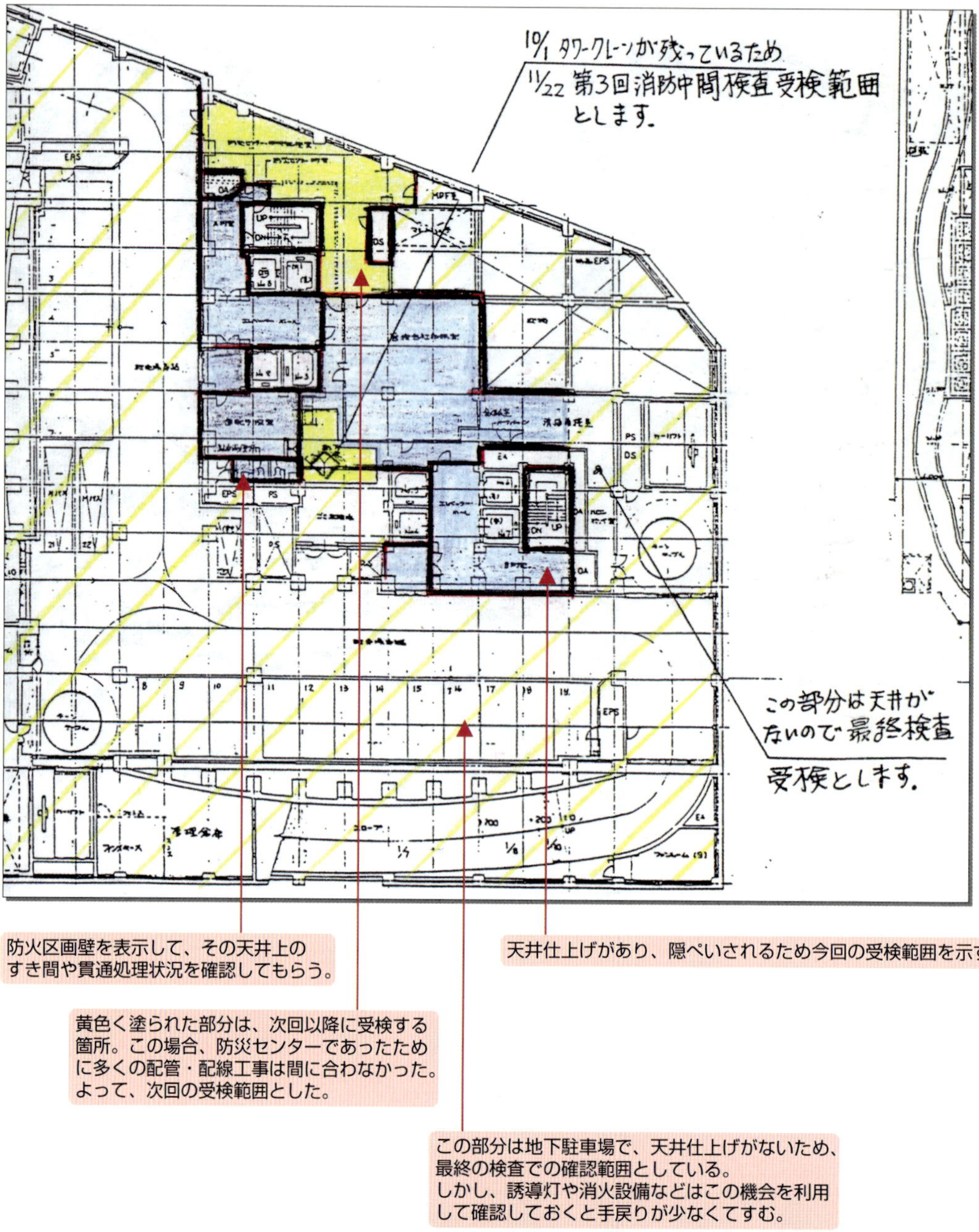
10/1 タワークレーンが残っているため
11/22 第3回消防中間検査受検範囲
とします。
この部分は天井がないので最終検査
受検とします。

防火区画壁を表示して、その天井上のすき間や貫通処理状況を確認してもらう。

天井仕上げがあり、隠ぺいされるため今回の受検範囲を示す。

黄色く塗られた部分は、次回以降に受検する箇所。この場合、防災センターであったために多くの配管・配線工事は間に合わなかった。よって、次回の受検範囲とした。

この部分は地下駐車場で、天井仕上げがないため、最終の検査での確認範囲としている。
しかし、誘導灯や消火設備などはこの機会を利用して確認しておくと手戻りが少なくてすむ。

1

事例 127

消防関係提出書類一覧

消防関係の書類申請に漏れが出ると，完成引渡しに支障が出ることがある。漏れのないように確認するため，消防関係提出書類と適用対象物，提出時期等を一覧にまとめたものが以下のリストである。書類の提出にあたっては，必ず諸官庁で詳細を確認すること。

	申請書類名		適用対象物	提出時期	提出先	申請者
1	防火対象物使用届出書			使用開始前		
2	消防用設備等着工届出書	1)	（自火報設備）	工事着工10日前	消防署予防課	甲種消防設備士
	同上	2)	（ガス漏れ火災報知設備）	〃	〃	〃
	同上	3)	（屋内消火栓設備）	〃	〃	〃
	同上	4)	（スプリンクラー設備）	〃	〃	〃
	同上	5)	（水噴霧消火設備）	〃	〃	〃
	同上	6)	（泡消火設備）	〃	〃	〃
	同上	7)	（二酸化炭素消火設備）	〃	〃	〃
	同上	8)	（ハロゲン化物消火設備）	〃	〃	〃
	同上	9)	（粉末消火設備）	〃	〃	〃
	同上	10)	（屋外消火栓設備）	〃	〃	〃
	同上	11)	避難器具（避難はしご・救助袋・緩降機）	〃	〃	〃
3	消防用設備等設置届出書		1）～11）	工事完了後4日以内	消防署予防課	施主代表者
	同上		（漏電火災警報器）	〃	〃	〃
	同上		（非常警報設備）	〃	〃	〃
	同上		（誘導灯設備および誘導標識）	〃	〃	〃
	同上		（非常コンセント設備）	〃	〃	〃
	同上		（消防用水）	〃	〃	〃
	同上		（連結送水管設備）	〃	〃	〃
	同上		（連結散水設備）	〃	〃	〃
	同上		（排煙設備）	〃	〃	〃
	同上		（消火器）	〃	〃	〃
	同上		（動力消防ポンプ）	〃	〃	〃
	同上		（ダクト消火設備）	〃	〃	〃
	同上		（自家発電設備）コ・ジェネ発電機設備	〃	〃	〃
4	有線電気通信設備設置届		（無線通信補助設備）	工事着工2週間前	総務省総合通信局	施主代表者
5	常用防災兼用機の特認申請書		（自家発電設備）コ・ジェネガスエンジン発電機設備	着工前	消防署予防課	〃
6	電気設備設置届出書		全出力20kW以上の高圧又は特別高圧受変電設備	工事着工3日前	〃	〃
	同上		内燃機関付発電機設備（または燃料電池）	〃	〃	〃
	同上		4,800AHセル以上の蓄電池設備	〃	〃	〃
	同上		2kVA以上のネオン管灯設備	〃	〃	〃
7	火を使用する設備等の設置届出書		（炉・かまど）　ガス焚温水器	工事着工7日前	消防署予防課	施主代表者
	東京都火災予防条例第2·13·57条		電気ヒーター組込パッケージ	〃	〃	〃
	同上		乾燥設備	〃	〃	〃
	同上		サウナ設備	〃	〃	〃
	同上		最大消費熱量70kW以上の給湯設備	〃	〃	〃
	同上		火花を生ずる設備	〃	〃	〃
	同上		ボイラー	〃	〃	〃
	同上		厨房設備（120kW以上）	〃	〃	〃

1

事例 128

総合試験

消防検査の総合試験では停電状態をつくり，非常用発電機を起動させ，その電源により各種防災負荷を起動させる試験を行うものである。この試験を行う時間帯には，他の検査を行うことができない。そのため，短時間で段取りよく受検するため，十分な下打合せを行い，各機器の事前の動作試験を要領書にまとめて作成しておき，実施しなければならない。ここに，ある建物の消防検査時の総合試験手順を紹介する。

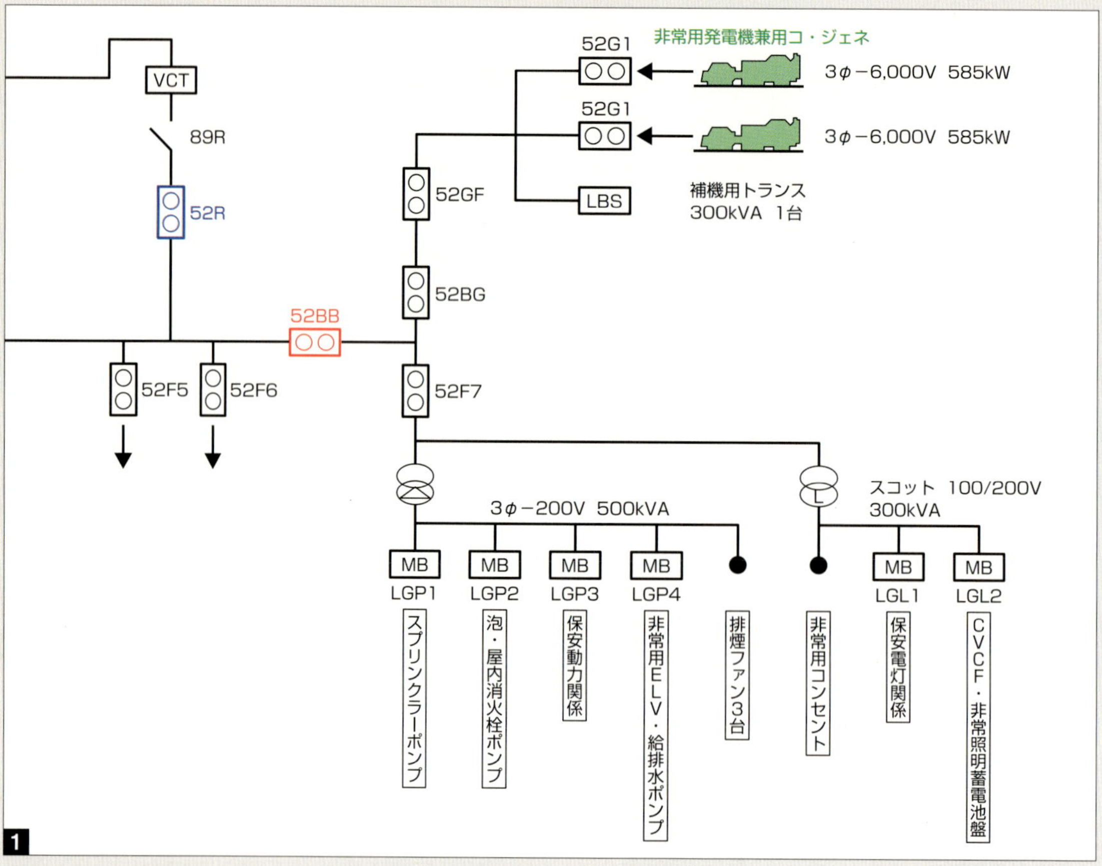

1

①発電機を自動運転モード状態とし、発電機停止状態とする。
②防災負荷を起動させる。
- 排煙機を手動排煙操作スイッチにて2台運転。
- スプリンクラーポンプ、泡消火ポンプを制御盤で手動にて起動。
- 屋内消火栓ポンプを消火栓箱の発信機にて起動。

③受変電設備の母線連絡用の遮断機（52BB）を強制的に手動開放させ発電機を稼動させる。
④発電機2台が稼動し、先発機により防災負荷が順次投入されることを確認（発電機電圧確立は40秒以内）。
⑤後発機が同期投入し、保安動力が順次投入されることを確認。
⑥防災センターより3F AHUを起動。
⑦発電機運転中に3Fで発炎筒による排煙機起動の確認。
⑧AHUの火災連動停止の確認。
⑨排煙試験と同時期に非常用エレベーターの運転確認。
⑩非常照明の点灯状況確認。
※一般的には52RをOFFにして停電状態とし、発電機が起動してから防災負荷を入れる場合の検査が多い。
⑪商用電源に復帰させ、火災負荷を停止させて通常状態への復帰状況確認。

事例 129

吹抜け部の防火扉とシャッターが閉鎖しない

消防検査直前の煙感知器の発報による作動検査で，9層吹抜けにある総数50台の防火扉およびシャッターの中で閉鎖しない状態のものがでた。シャッターについては，不具合箇所を調整し再度試験を行ったところ，今度は別のシャッターが閉鎖しない事態となった。原因を特定するのにたいへんな苦労をしてしまった事例である。

閉鎖したシャッター
閉鎖したシャッター
閉鎖しないシャッター
閉鎖したシャッター
1

検査のたびに閉鎖しないシャッターが移り変わる現象が起こり、原因の特定に時間がかかった。

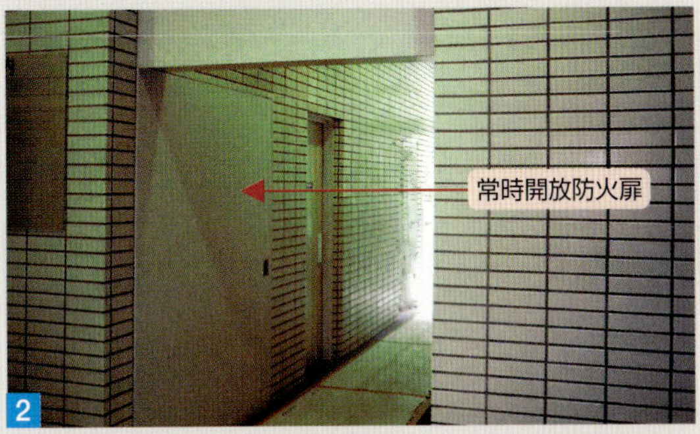
常時開放防火扉
2

シャッターだけではなく、閉鎖しない防火扉もあった。

煙感知器の発報で防火扉・シャッターが降りない原因

この場所の特殊な条件は、9層吹抜けがひとつの防火区画になっていたため、警戒区域内の火災報知器が発報して作動させる防火扉とシャッターの総数が50台と多いことであった。そのため電圧降下が起こってしまっていた。遅延リレーをかけて下の階から順に防火扉およびシャッターを降ろしていく方法を試したところ、すべてが問題なく作動した。

失敗防止のポイント18

問題の発見を遅らせてしまった原因は、発生した不具合を自己や自社の責任から遠ざけようとする本能に似たものであったと思われる。その自己防衛本能が「原因の追究」の妨げになってしまっていた。
しかし、そのような企業姿勢がその会社の信用を大きく失墜させることに気が付いていないのは残念なことである。技術を生業とするものは、自己防衛本能を働かす前に謙虚に発生した事象と向き合い、そこから真摯に原因を追究して、その後の企業活動に生かすべきである。技術者は「真理の追究」をバックボーンとするよう心がけてほしいものである。

事例 130

防犯計画が遅れ最終手直しにむだが発生した

防犯（セキュリティ）の考え方が設計に盛り込まれていなかったため，最終段階にきて警備会社が決まった時点で，これまでの設計では対応できないことがわかり，設計変更となってむだな出費となることがある。防犯は営業や防災の考え方と正反対になることが多いので，いろいろな角度から検討の上，施主の姿勢を聞き出し早期に決定を促すよう，施主を説得しなければならない。その手順として，次のステップをたどっていくと理解が早い。

①営業時間中の防犯体制

営業時間中に、悪意のある人物が侵入しないように管理する。来客に不快な印象を与えずに、どのように選別していくかを考えなければならない。社員は社員証で判別できるが、不意の来客に対して、どのような確認を行うのか各企業によってさまざまである。受付表に所属会社名と訪問部署および名前を記入すれば、仮の入館証を受け取り、入れてしまうところが多いが、これでは悪意のある人物が架空の名前を記入すれば入られてしまう。受付で訪問する先に照会をして、確認が取れて初めて入館できるようにするシステムもある。後者のほうが手間はかかるが、安全性は高い。また車両の管理も重要である。爆弾を積んだ車が敷地内に入場してくることに対しても、想定するかしないかを決めておく必要がある。

②残業時間中の防犯体制

通常の勤務時間が終了した段階での不意の来客に対しては、誰がどのように対応するのかを決定する。この時間帯の警備方法の違いで、警備に要する人数が大きく変わってくる。毎日のことなので、一人違っても将来にわたりそのコストが経費としてかかってくることになる。なるべく少人数で効率の良い警備を行うために、無人となった部署の警戒は、人感センサーとテレビカメラをうまく使えるようなレイアウトにしなければならない。

③残業者が帰った後の防犯体制

最近多発している、短時間で金庫ごと持ち去る強盗団が狙うのはこの時間帯である。このような悪意のあるグループは、十分な下調べをしてスキを見つけて襲ってくる。企業名を報道されることにより、社会的信用を失うおそれがある。設計段階で対策をとっておくことはたいへん重要である。今後犯罪の抑止のためには犯人の検挙が最重要という観点から考えると、犯意をもって侵入してきた者を、トラップをつくり、閉じ込めてしまうような施設が必要になってくると思われる。

④休日における防犯体制

休日出勤して作業する社員のみではなく、設備機器のメンテナンス・清掃などかなり多くの作業が休みの日に行われることを認識しなくてはならない。悪意のある人物がその中に混じっていた場合でも、企業の安全が守られるかを考えなくてはならない。

⑤セキュリティ度の高さに応じた対応

企業内でも機密性の高い場所とそうでない場所がある。社員に対してのセキュリティ度の階層をどのように区別していくかを考えなければならない。これは、方法を間違えると社内に不信感を生んだり、意欲をそいでしまうことにもなりかねないので、施主にスケジュールに合わせ、十分検討してもらうよう依頼する。

⑥侵入者の立場でセキュリティ計画を見直す

以上のようなステップにのって、セキュリティ計画ができ上がった段階で再度見直してみる。その見直し方は、侵入者の立場でそれぞれのステップの時に、いろいろな状況を考えてどのように侵入できるか、の検証を行う。この見直しをしてみると、完璧と思っていたところに抜け道があったりすることがある。

事例 131

防災・防犯の管理室の配置

建物の防災や防犯は非常に重要な業務であり，それにかかる費用は建物がある限り継続されていく。つまり，その建物の常駐監理者が何人必要かでその費用に大きな差が出てしまうのである。通用口が1階，防災センターが地下にある場合，それぞれの場所に人員の配置が必要になる。テレビカメラやパッシブセンサー，電気錠などの機械警備装置があるが，それらをうまく少人数で使いこなすレイアウトが最も重要である。

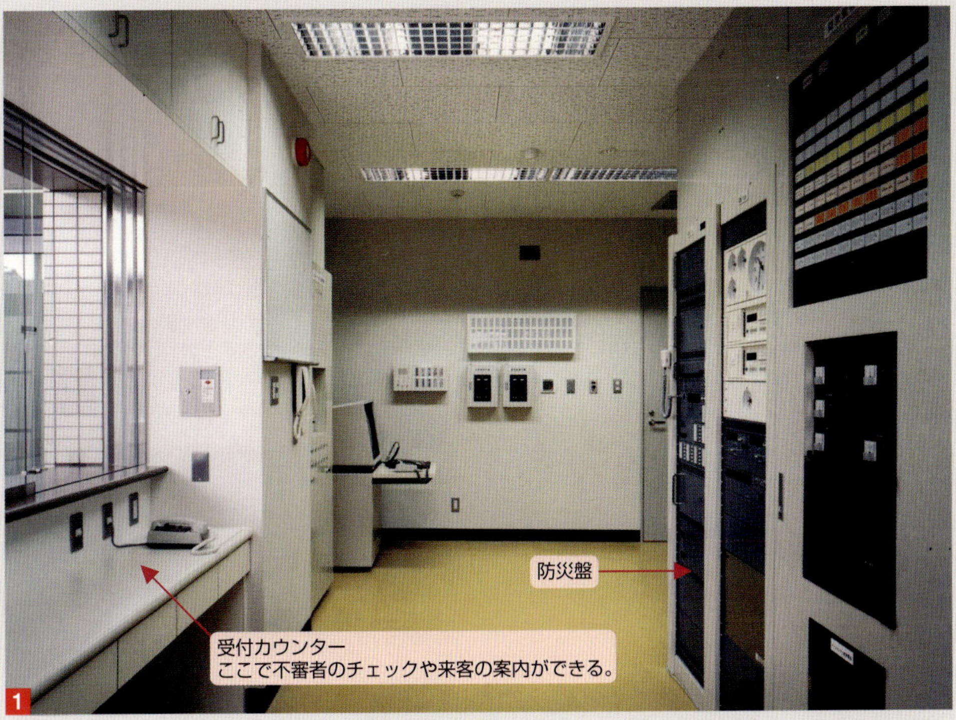
防災盤
受付カウンター
ここで不審者のチェックや来客の案内ができる。
1

これは竣工後14年になる約2万m²の建物の管理室であるが、その後の維持費用の少なさが群を抜いている。設備を熟知した設計者が熱意をもってつくり上げた建物は、時間を経て評価されるものである。

また写真1は、通用口と受付、防災センター、そして簡単な管理業務ができる部屋になっている。来客の動線をうまく考え、良い環境のもとで少人数で管理ができるような工夫が大切である。

地下に映画に登場するような豪華な防災センターが設置されている建物を見ることがある。機械が装備されていれば十分な管理ができるというわけではない。受付の前を通る人を現実に見て挨拶を交わしたりすることで防犯効果は上がるものである。

事例 132

防犯カメラとセンサー

建物の防犯を考えるときに，大切なことはどのような犯罪を想定するかである。最近多発している，人のいない朝方に建物へ侵入し金庫を盗み出す事件では，警備会社からの連絡で警察が到着したときにはすでに手遅れになっている。このような侵入者には警備会社を配備しても，彼らを取り押さえるのは難しい。早く察知して警察へ連絡しその到着を待つしかないのである。彼らは犯行前に十分な調査を行っていることから，つけ入るスキを見せないような建物のつくり方が必要になる。最近では防犯カメラの映像が手がかりになり犯人逮捕に結びついた例が増えている。

防犯回転灯
防犯カメラ
1

写真1は、外部に設けた防犯カメラと防犯回転灯である。この配置だとかなりの犯罪抑止効果がある。カメラの映す範囲の夜間照明を忘れがちなので注意したい。

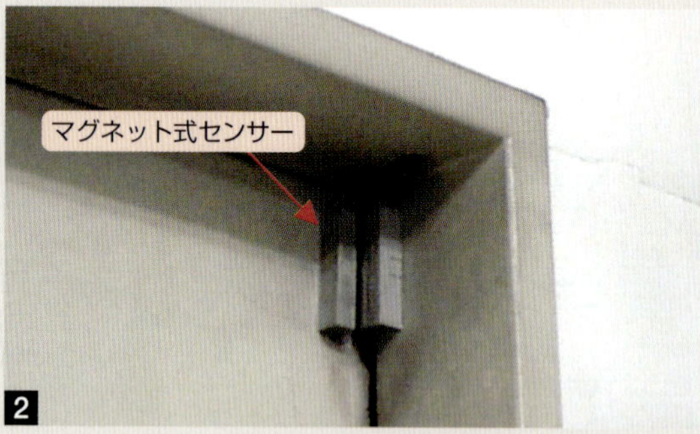
マグネット式センサー
2

写真2は、出入口の扉の開放により、信号が警備室へ送られる仕組みを示したもので、最近は電気錠の中にいろいろな情報を送れるシステムがある。

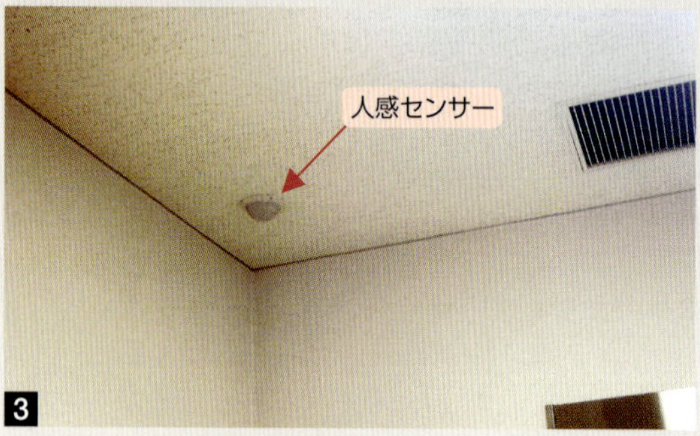
人感センサー
3

写真3は、天井に取り付けられた人感センサーである。窓ガラスに加えられた振動を感知するセンサーもある（124ページ、事例112参照）。

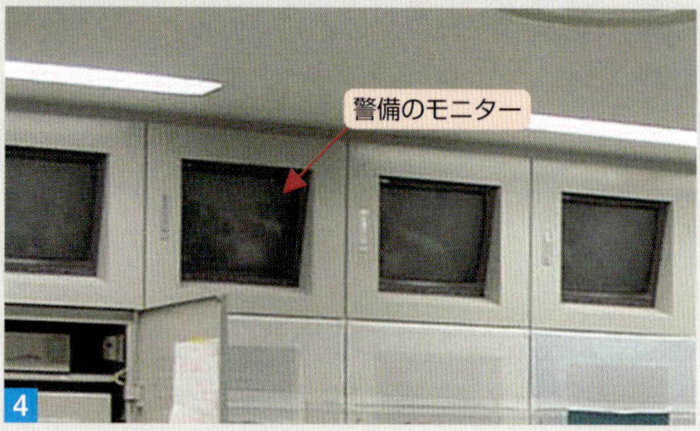
警備のモニター
4

写真4は、警備室に配置されたモニターである。いつ来るかわからない犯罪に対して、モニターを集中して見続けるのはたいへんな作業である。

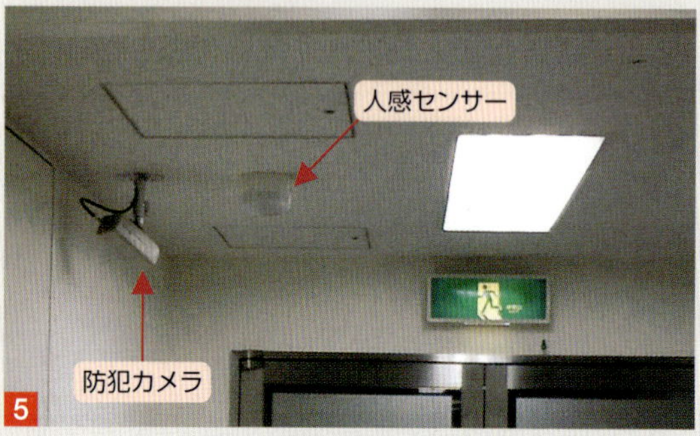
人感センサー
防犯カメラ
5

写真5は、人感センサーと防犯カメラを設置している状況。

失敗防止のポイント19

センサーだけの設置の場合、警報が出ても現場を確認してからでないとなかなか警察に通報できないため、それで時間をむだにしてしまうことがある。テレビカメラの場合、単調にコマ送りされるモニターをじっと見続けて不審者を継続的に見張るというのは不可能である。人感センサーを配置し、それが反応したときにモニターを見るようにする仕組みが必要である。犯行をテレビカメラで確認した時点で威嚇の放送を流し、犯行を阻止することも考えなければならない。設計時点で徹底的に防犯を考えたレイアウトをつくり上げることが最も大切である。

5 昇降機設備

事例

エレベーター三方枠が他の取合いと納まらない

エレベーターシャフトと階段室が図1のように並ぶレイアウトの建物で，エレベーターの三方枠と階段室扉の出入りがずれていまい，取付け直しをすることになった。階段室扉は下の階からの鉄骨階段の配置によって決定され，またエレベーターの三方枠も下の階からの垂直な位置で決まるため，反対方向に誤差が発生した場合にはこのような不具合となってしまう。

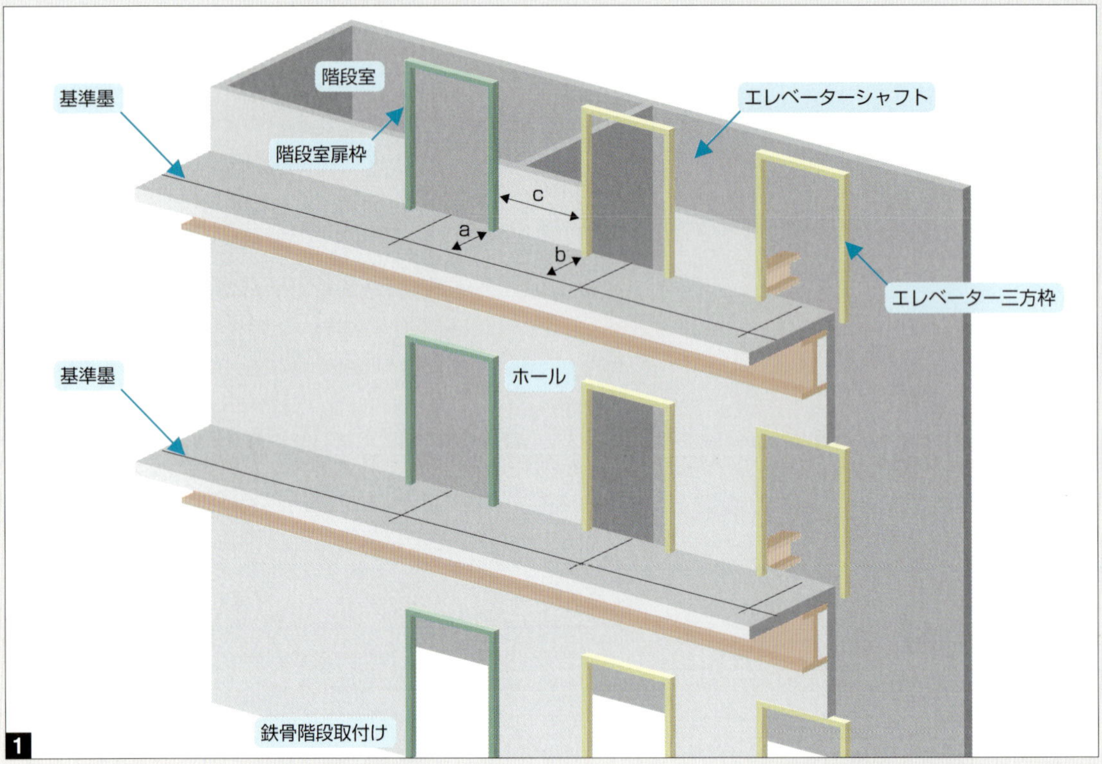

上図のようにエレベーターと階段室が並んでいるレイアウトの場合、床・壁が石貼り仕上げの納まりがある。寸法aとbに大きな差が出て、その壁面の石仕上げが斜めになり見苦しくなってやり直しになる場合がある。寸法a、寸法bは下階から必然的に決まってくる寸法であることを認識して、石の図面作成の段階でその誤差を把握しておかなければならない。

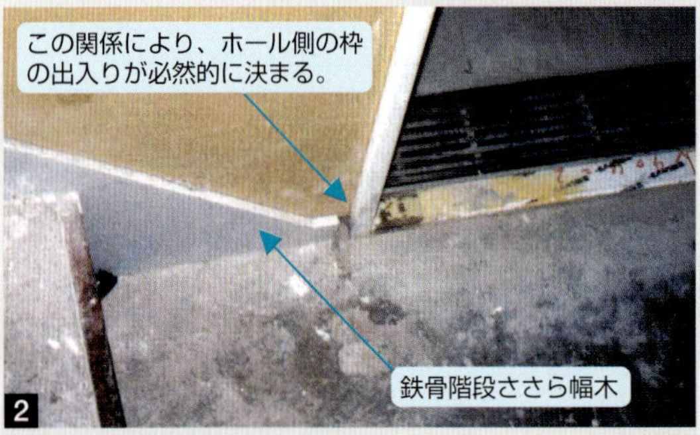

鉄骨階段は鉄骨に合わせて取り付けられ、そのささら幅木により階段室の扉の位置が決定されるので、逃げがきかない。

失敗防止のポイント20

エレベーターの施工は、その基準階の墨をもとに垂直墨を立ち上げ、ピアノ線を張って三方枠を取り付ける。各階の基準墨は、エレベーター取付けには影響がないのである。また、階段室の扉の枠は写真2で解説した要領で決定され、それぞれの誤差が反対方向に働いた場合、逃げのきかない状況になってしまう。出入り以外に寄り寸法（図1の寸法c）も同様の誤差が発生するため、床・壁仕上げの石が納品されて初めて寸法不足に気が付くという状況がある。エレベーター施工者に各階の三方枠の取付け墨を出してもらい、基準墨との差を把握した上で次のステップに移るという姿勢が求められる。

エレベーターシャフト内の垂直精度確保の方法

146ページで述べたように，エレベーターシャフト内の垂直の精度は非常に重要である。その精度確保のためには，各階で立ち上げる基準墨の誤差を少なくしていくことであり，最終的にシャフト内部を通して墨の検査を行うようにするとよい。具体的には，シャフト内を無足場とし，ます目の大きい水平ネットをかけ，各階の基準から出したエレベーター開口芯墨を床面から少しシャフト内の壁面に下げておく。こうすることで，図1に示すような誤差の確認が可能となる。また，乗り場壁面の出入りは図2のようにして確認できる。

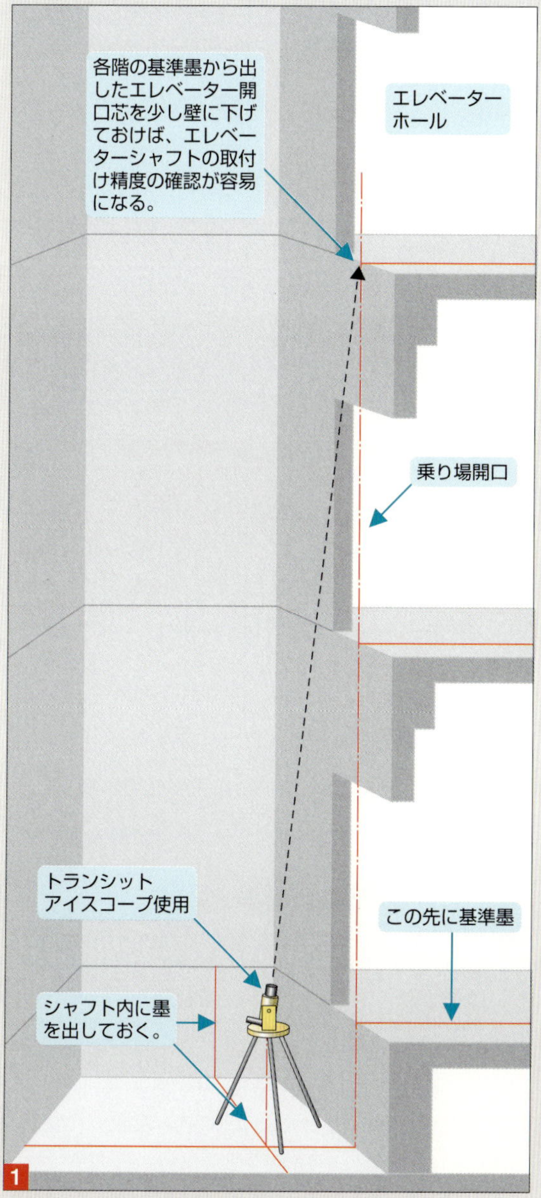
各階の基準墨から出したエレベーター開口芯を少し壁に下げておけば、エレベーターシャフトの取付け精度の確認が容易になる。
エレベーターホール
乗り場開口
トランシット
アイスコープ使用
この先に基準墨
シャフト内に墨を出しておく。
1

上図のように、基準墨の誤差が許容内に入っているかを3フロアごとに確認することで、仕上工事に不具合を生じさせない施工が可能となる。

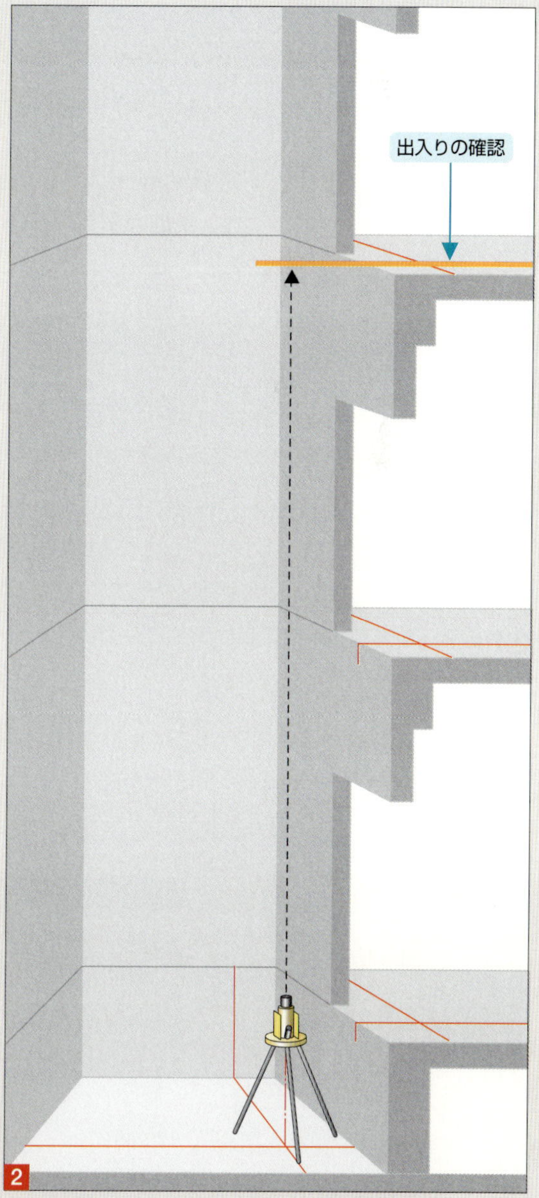
出入りの確認
2

ホール扉の出入りは、トランシットを90°回転させ、各階で定規を使ってその誤差を確認する。

逃げのきかない納まり

図1のようなエレベーターホールの納まりの設計があり，きれいに納めるのにたいへん苦労をした。まず，上げ裏のPC板を取り付け，エレベーターの三方枠，壁の石を貼り終えてから天井パネル，その後に床の石貼りと移行していくのであるが，エレベーターの三方枠の位置を事前に把握しないで地墨のとおりに先にPC板を取り付けたために，取付け直しをすることになった。

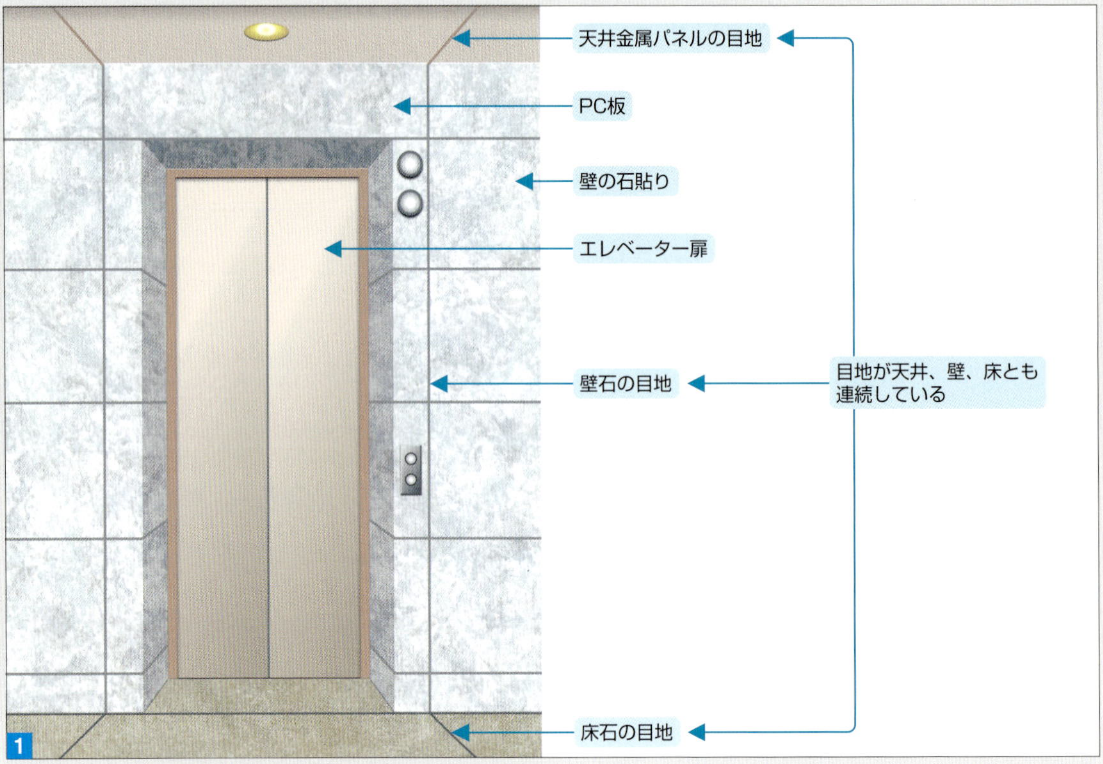
天井金属パネルの目地
PC板
壁の石貼り
エレベーター扉
壁石の目地
目地が天井、壁、床とも連続している
床石の目地
1

上図のように、壁石の竪方向の目地が床石の目地、天井のパネルの目地に合う納まりになっていたため、誤差を吸収する逃げがなく、やり直しとなってしまった。

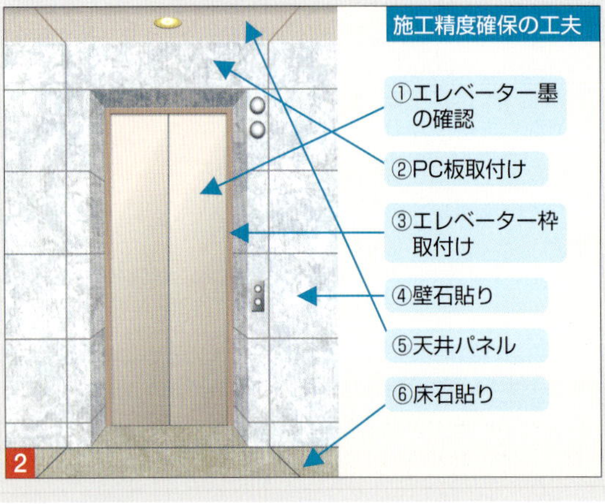
施工精度確保の工夫
①エレベーター墨の確認
②PC板取付け
③エレベーター枠取付け
④壁石貼り
⑤天井パネル
⑥床石貼り
2

失敗防止のポイント21

エレベーター枠上部PC板を地墨をもとに取り付けた後、エレベーターの三方枠を取り付けたところ、位置が合わずにPC板を付け直ししなければならなかった。エレベーターは基準階から垂直に立ち上げているため、誤差が生じてしまった。このように逃げのない納まりの場合、通常許容される誤差であっても納まらなくなる。PC板を取り付けるときに、以上のことを踏まえていれば、このようなむだをしなくてすんだ。立面図だけでは把握しにくい部分は、あらかじめ図2のような簡単な納まり確認用のパースを作成して、取付け手順を検討しておけば間違いが少なくなる。

エレベーターレールの支持間隔のチェック

エレベーターが標準タイプの場合，レールの支持間隔は3mや3.5mに設定されている。エレベーターシャフトの壁がコンクリートのときは，自由にレールの固定ができるが，鉄骨(S)造で階高が高い場合，各フロア間にレールを固定するための鉄骨を用意しなければならない。エレベーターレールのサイズを上げて支持間隔を大きくすることもできるが，特注となり，コストが大幅に上がることがあるので，図4のようなレール受け鉄骨の配置とのコスト比較の検討も必要である。

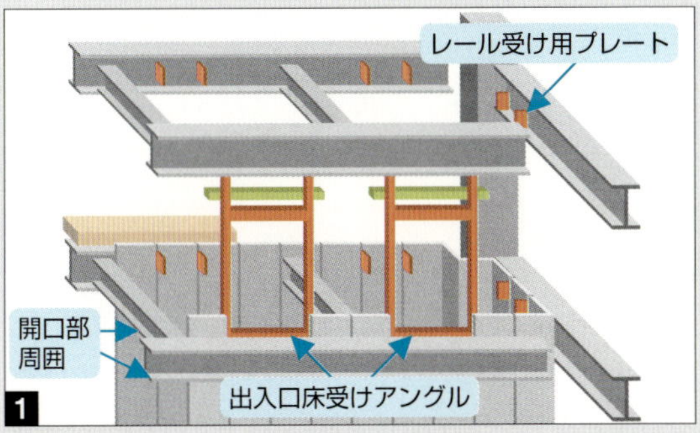
レール受け用プレート
開口部
周囲
出入口床受けアングル
1

階の高さが大きい場合、上図のようなエレベーターレール支持用プレートの配置では、支持間隔が大きすぎてしまう。

レール
2

写真2は、エレベーターレールと固定している部材の状況である。

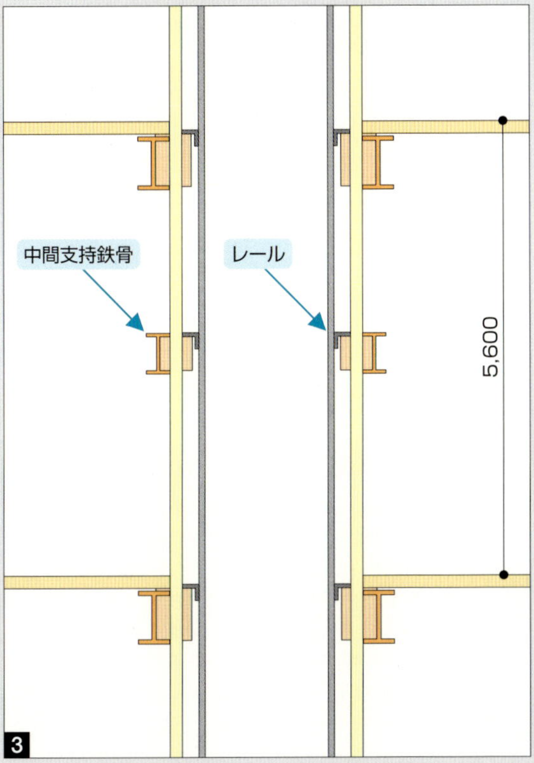
中間支持鉄骨
レール
5,600
3

上図は、階高が大きい場合のエレベーターレールの中間支持鉄骨の状況である。中間梁を支えるための間柱が必要になってくる。

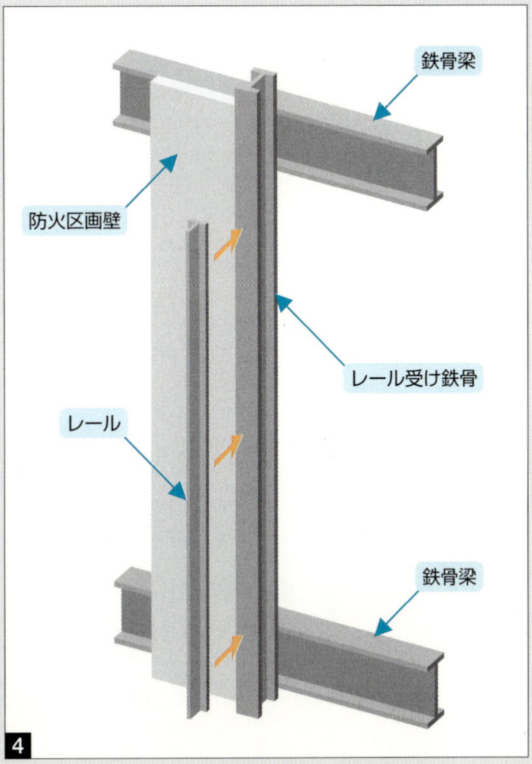
鉄骨梁
防火区画壁
レール受け鉄骨
レール
鉄骨梁
4

上図のように、エレベーターレールの方向にレール取付け用のH鋼等の受け鉄骨を設け、エレベーターレールに合わせた固定ができるようにすることも検討してみること。

エレベーターピットへの漏水で完成検査に不合格

地下外壁部分から浸入した水がエレベーターピットに溜まり，官庁検査時に指摘を受けて不合格となってしまった。ピット内部はモルタル防水をしていたが，防水効果はなかった。エレベーターピットが地盤からあまり下がっていない場合には止水を怠りがちであるが，手直しの止水工事は止水に非常に手間がかかるので，あらかじめ対策をとっておかなければならない。

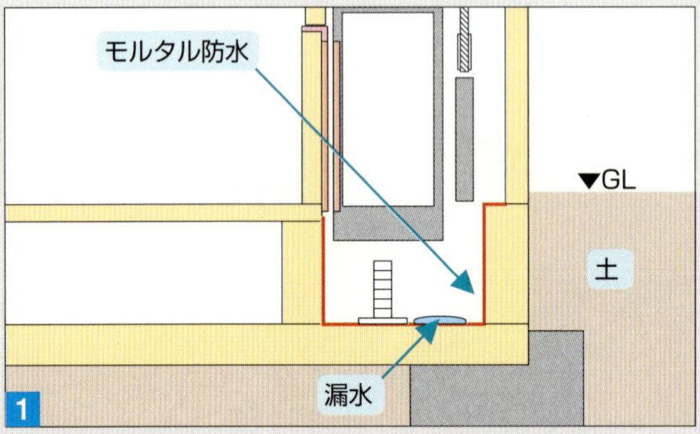

上図のようにピット底が地盤からあまり下がっていない場合、防水に対して油断しがちであるが、大雨のときなど打継ぎ部分から浸入してあわてることになる。

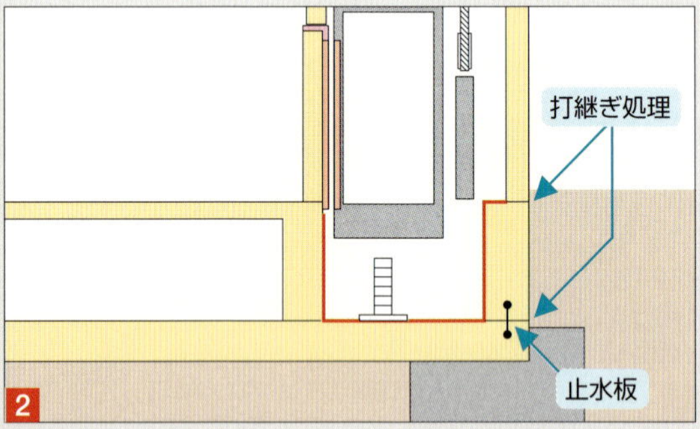

打継ぎ部分の防水処理をしっかり行わなければならない。また止水板は必ず入れる。

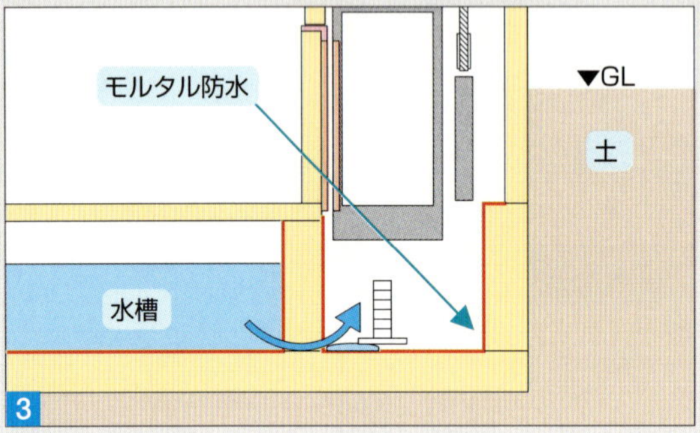

上図のようにエレベーターピットの横に水槽があると、水槽の水圧により漏水が発生しやすい。

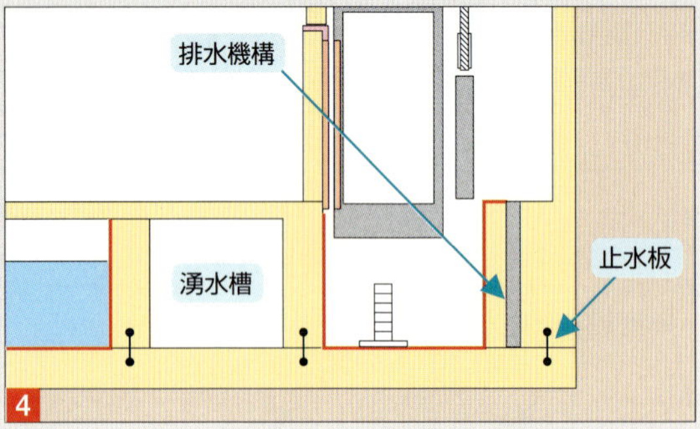

上図のように、エレベーターと水槽との間には湧水槽を設けるべきである。外壁側には排水機構の材料をはさんで、浸入した水を奥の湧水槽へと導く。

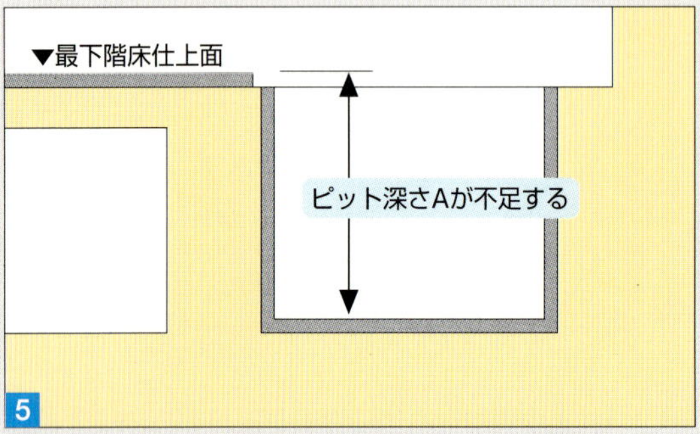

エレベーターのピット深さは建設省告示で規定されているが、モルタル防水を施工した時点で深さ不足になることがあるので注意が必要である。

失敗防止のポイント22

エレベーターのピットの深さとは、最下階の床の仕上面からピットの防水モルタルの仕上面までの深さである（図5のA）。例えば、エレベーターの定格速度が120m/分を超え、150m/分以下の場合ピット深さは、2.4m以上必要と規定があるが、深すぎる場合は埋戻しをしなければならなくなるので注意すること。エレベーターの速度が施工途中で変更になると、対応は難しい。

エレベーターホールに付く防火扉の失敗

エレベーターの扉は，平成12年6月の建築基準法の改正により防火戸として認められなくなったため，エレベーターの昇降路は遮煙性能をもつ防火扉で区画しなければならなくなった。エレベーター扉と防火扉は50cm離さなければならないため，台数が多いエレベーターの場合，インジケーターが奥に配置され，せっかくエレベーターが着床しても乗降客から見えにくく気が付かないという問題が発生した。

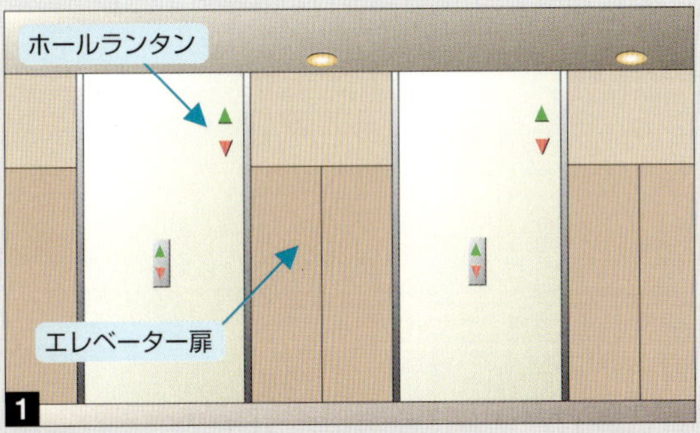
ホールランタン
エレベーター扉
1

従来のエレベーターは図1のようになっていたため、どのエレベーターが着床するかのホールランタンが見やすかった。

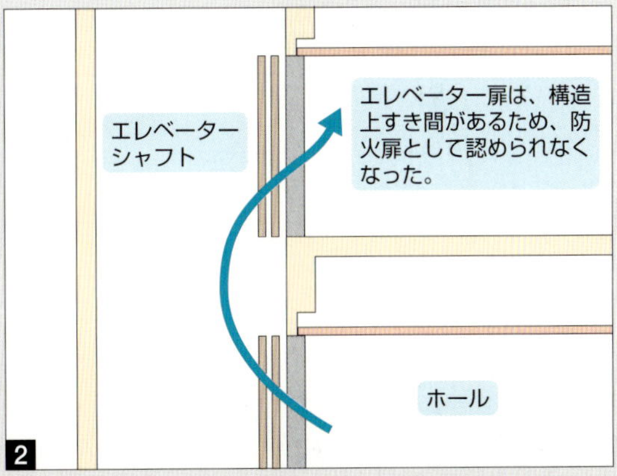
エレベーターシャフト
エレベーター扉は、構造上すき間があるため、防火扉として認められなくなった。
ホール
2

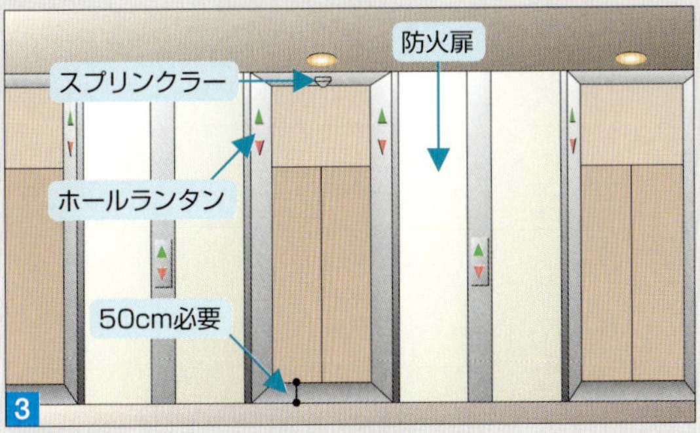
スプリンクラー
防火扉
ホールランタン
50cm必要
3

エレベーター横の防火扉が可動式のため、ホールランタンが取り付けられない。三方枠の両側に取り付けたが、3台並ぶとどれが点灯しているか見えにくい。

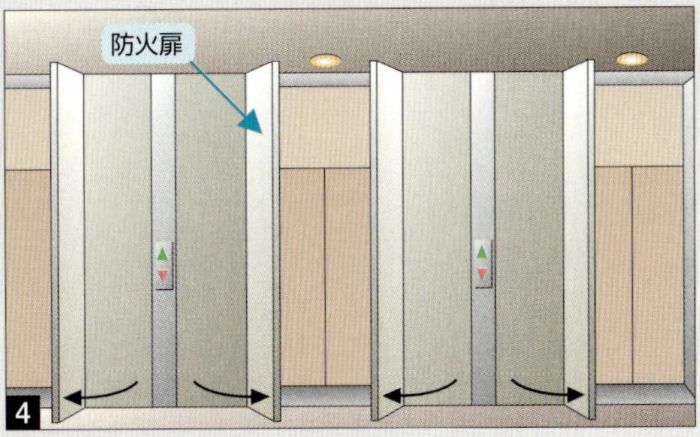
防火扉
4

上図のように防火扉が閉まるため、ホールランタンを取り付ける場所がない。したがって、図3の位置にホールランタンを取り付けた。

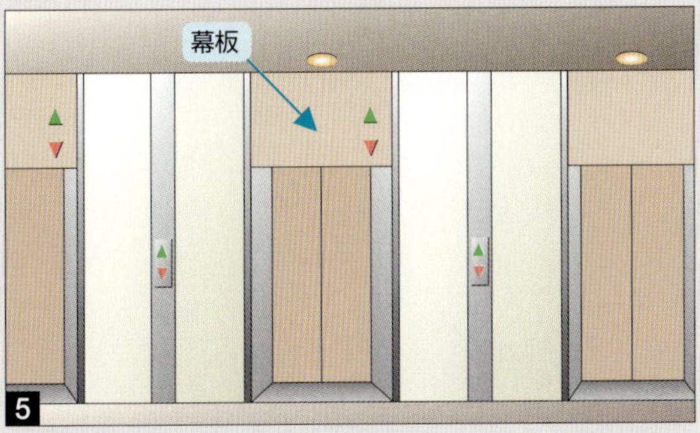
幕板
5

ホールランタン取付け位置を、幕板を前面にまで出して設置するか、あるいは天井から下げるかなど、デザイン的に工夫が必要となる。

失敗防止のポイント23

群管理を行っているエレベーターは、最も近づいているエレベーターが着床するとは限らないため、ホールにエレベーターの位置を示すインジケーターを付けないことが多い。しかし、この場合待ち時間が長くなると、故障しているのではないかと不安を抱くようになる。エレベーターは集客に大きく影響するため、あらかじめデザインと機能について十分な検討を行ってから選択すること。また、スプリンクラーの必要な建物については、エレベーター扉と防火扉との間が未警戒にならないよう、天井にスプリンクラーを設置しなければならないので忘れないこと。

エレベーターの待ち時間が長い

ある飲食ビルにおいて，図1のように3台のエレベーターによる群管理システムを採用した。ところが，各店舗から降りる時間が集中したために，最上階からの客でエレベーターが見た目で満員（積載重量80%を超え，実際の満員状態になるとホールボタンを押していても通過するようになっている）になり，エレベーターが各階に停止することにより，輸送効率が極端に落ちた。そのため運転員を配置して手動に切り替え，満員になった時点で1階へ直通とすることにした。この規模の建物の場合，初めての人でも乗りやすいようにゾーン分けをしないのが一般的だが，中間階の移動が少ないビルの場合，図2のようなゾーン分けのほうがより効率的であったと思われる。

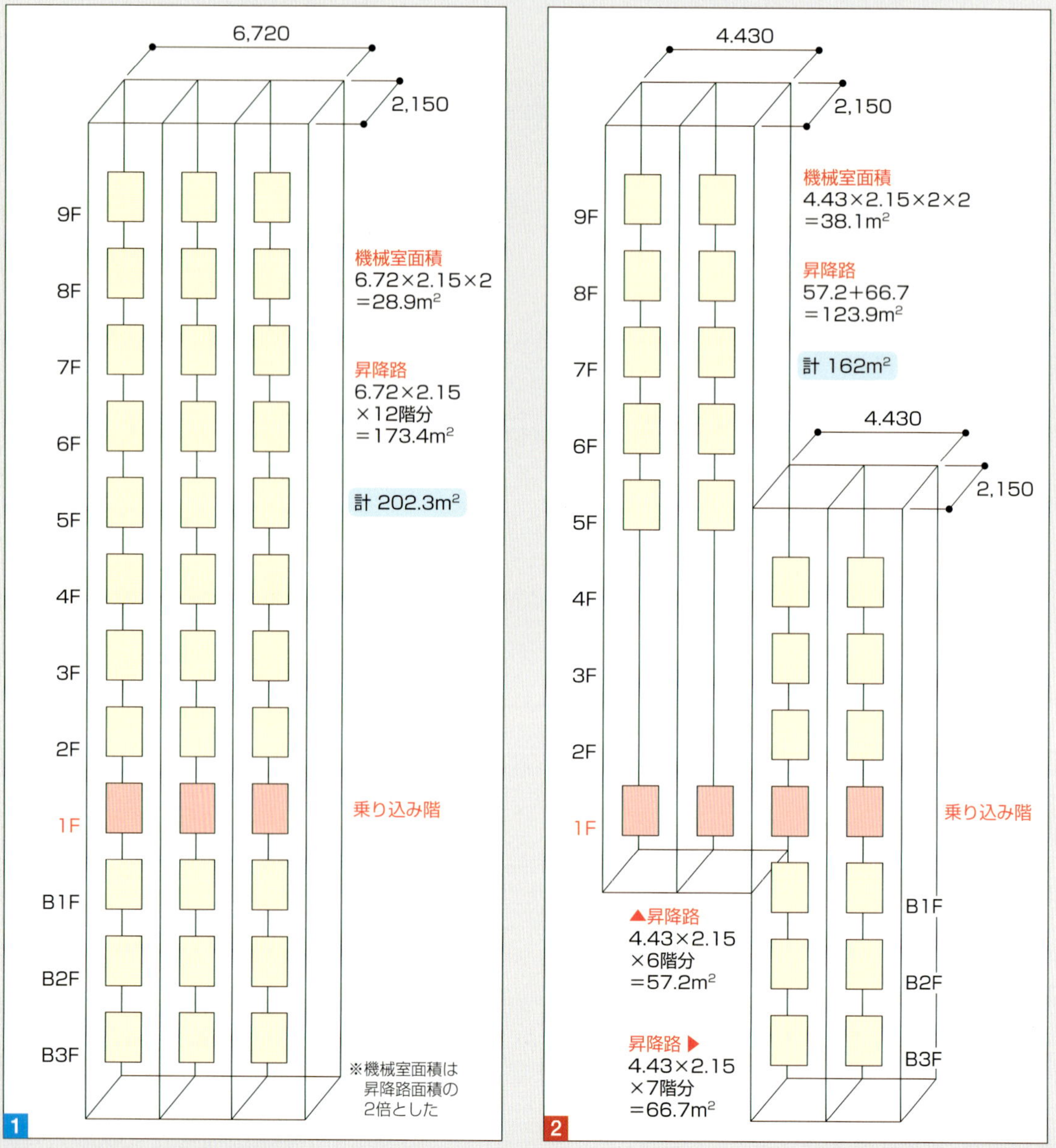
6,720
2,150
9F
8F
7F
6F
5F
4F
3F
2F
1F
B1F
B2F
B3F
機械室面積
6.72×2.15×2
=28.9m²
昇降路
6.72×2.15
×12階分
=173.4m²
計 202.3m²
乗り込み階
※機械室面積は
昇降路面積の
2倍とした
1
4.430
2,150
機械室面積
4.43×2.15×2×2
=38.1m²
昇降路
57.2+66.7
=123.9m²
計 162m²
4.430
2,150
乗り込み階
▲昇降路
4.43×2.15
×6階分
=57.2m²
昇降路▶
4.43×2.15
×7階分
=66.7m²
2

図1・2のような環境では、図2のように高層用・低層用エレベーターに分けることにより、高層用エレベーターのスピードが生かされる（2〜4階通過のため）。また通過階は述べ床面積から除かれるため、図1の場合、202.3m²だったものが、162m²と少なくなるので、貸室面積を増やすことができる。

エレベーターの扉が閉まらない

強風が吹いたため，エレベーターの扉が開閉の動作を繰り返し，かごが停止した状態となってしまった。また，別の階では風切音が大きく鳴り響いた。地下のエレベーターホールを駐車場から入りやすいよう常時開放扉にしたため，台風時に強風が車路からエレベーターホール，そしてシャフトへと入り込んでしまったことが原因であった。

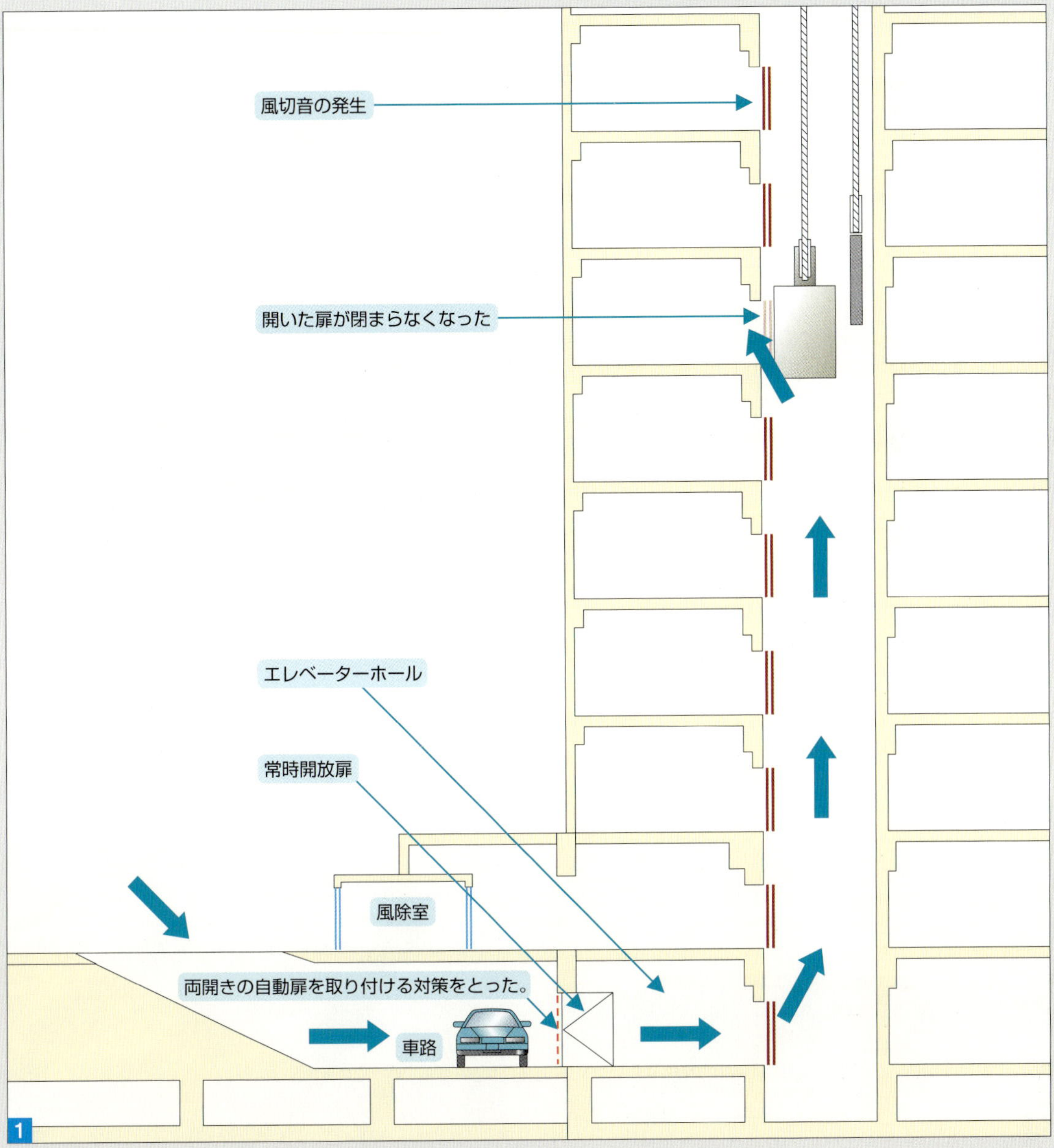
風切音の発生
開いた扉が閉まらなくなった
エレベーターホール
常時開放扉
風除室
両開きの自動扉を取り付ける対策をとった。
車路
1

強風が過ぎてエレベーターは動くようになったが、再発防止のため、地下のエレベーターホールに両開き自動ドアを取り付けることにより風の影響をなくし、問題は解決された。地下のエレベーターホールでは、このようなことの起こらないよう十分にレイアウトを検討しなければばらない。

エレベーター機械室の騒音が役員フロアに響く

超高層ビルの最上階に役員フロアを配置したため，大きな能力のモーターの駆動音が静かなエレベーターホールに響くことになってしまった。役員階エレベーターホールの仕上げは，天井は金属パネルで，壁・床は大理石仕上げであったため，音の反射が大きかったことも要因のひとつであった。静かな階は，エレベーター機械室から距離をとるべきである。

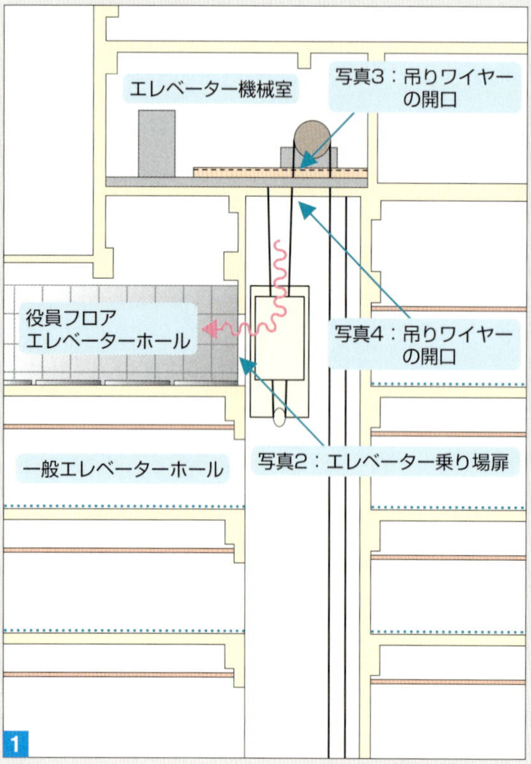

役員フロアは他のフロアに比べて在席人数が極端に少なく、雑音のない中でエレベーターの音だけが大きく聞こえてしまっていた。

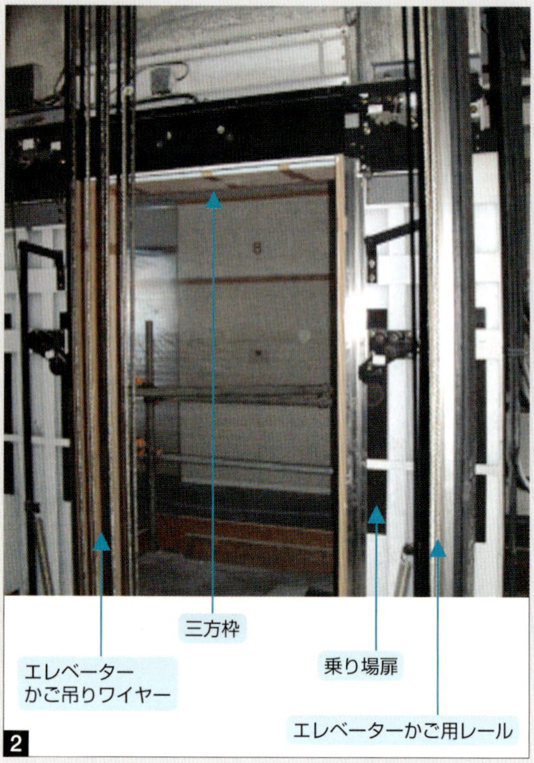

乗り場扉はすき間が大きいため、遮音効果はあまり期待できない。

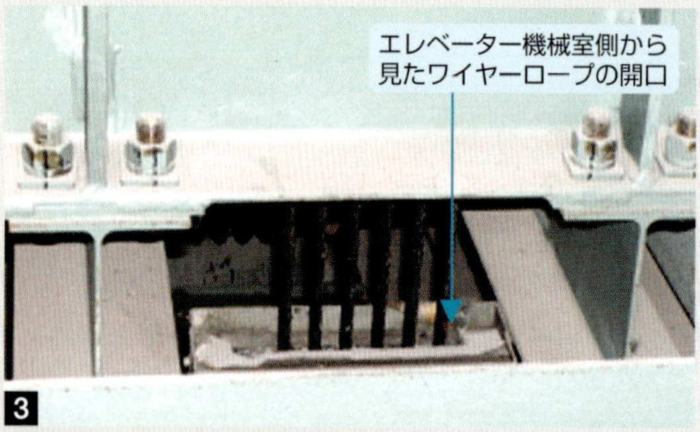

写真3は、巻上げ機のワイヤーロープの開口である。機械室壁天井に吸音材、床はシンダーコンクリートが打設されていたが役員ホールに響いてしまった。

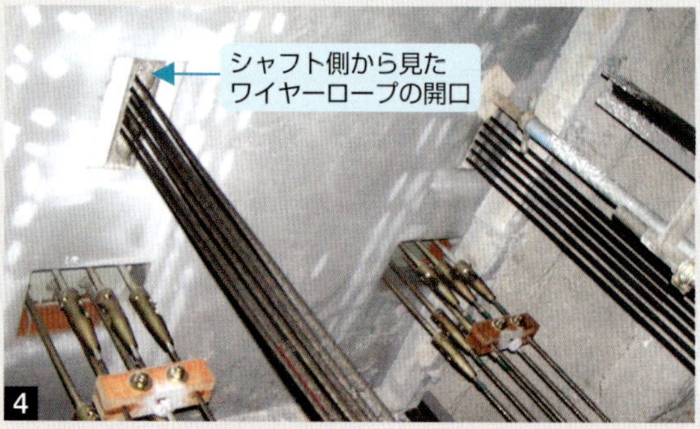

エレベーターシャフトから見上げると、ワイヤーロープの開口はこのような状況になっている。騒音を抑えたモーターでも、開口を通して響いてしまう。

非常用エレベーターの計画の失敗

非常用エレベーターを設置するときにはそのための附室が必要であるが，意匠，電気，空調の図面の整合がとられていないため対応が遅れ，レイアウトの変更をせざるを得なくなり失敗している例がよくある。また，非常用エレベーターは原則として高さ31mを超えると必要になり，15階以上の階がある場合は特別避難階段と附室を兼ねることが多い。ここでは，非常用エレベーターの設置にあたって，計画段階で失敗を防ぐために必要と思われる設備類をパースにまとめてみた。実際の計画時においても以下のようなパースを作成するとよい。

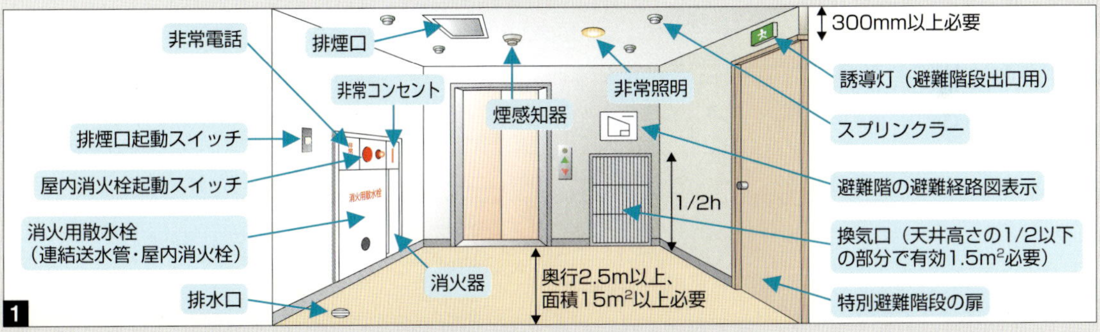

非常電話
排煙口
300mm以上必要
誘導灯（避難階段出口用）
非常コンセント
煙感知器
非常照明
スプリンクラー
排煙口起動スイッチ
屋内消火栓起動スイッチ
避難階の避難経路図表示
1/2h
消火用散水栓
（連結送水管・屋内消火栓）
換気口（天井高さの1/2以下の部分で有効1.5m²必要）
消火器
奥行2.5m以上、
面積15m²以上必要
排水口
特別避難階段の扉
1

非常用エレベーターの設置にあたっては、建築基準法と消防法のそれぞれの設備が混在する形となり、それに加えて所轄の指導が発生するため、十分な調整を行わなければならない。消火用水が非常用エレベーターシャフトに流れ込まないように、上図にあるような排水口を付けるよう消防中間検査の段階で指導を受け、たいへんな苦労をしたことがある。

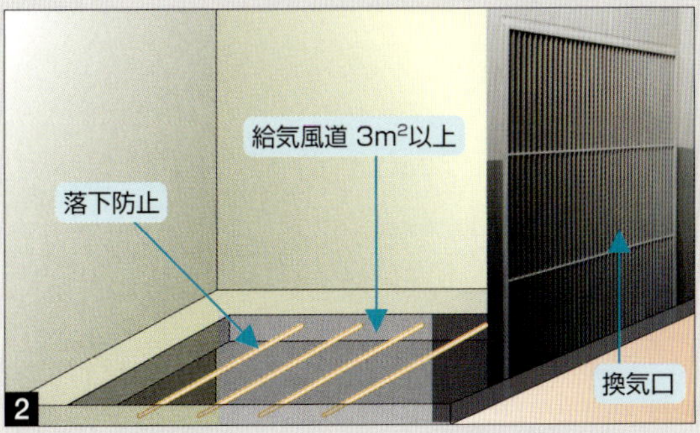

給気風道 3m²以上
落下防止
換気口
2

給気風道の断面積は3m²必要になるが、この面積を確保していない設計があるので十分確認したい（附室兼用以外は2m²）。

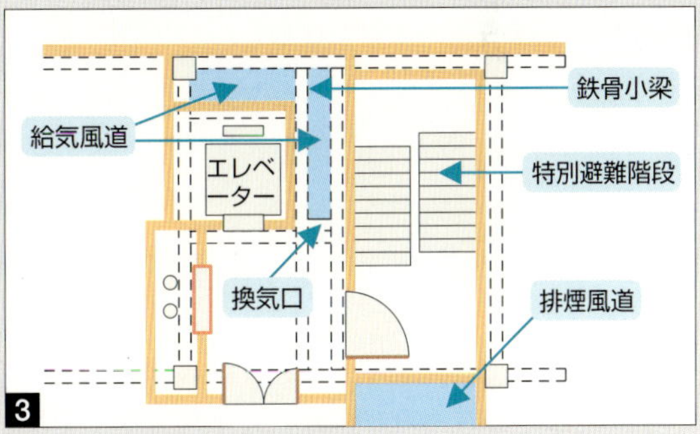

鉄骨小梁
給気風道
エレベーター
特別避難階段
換気口
排煙風道
3

鉄骨梁には耐火被覆が必要であり、給気口と給気風道・排煙風道の面積を確保するのは簡単ではない。このような納まりが描いてある設計は少ない。

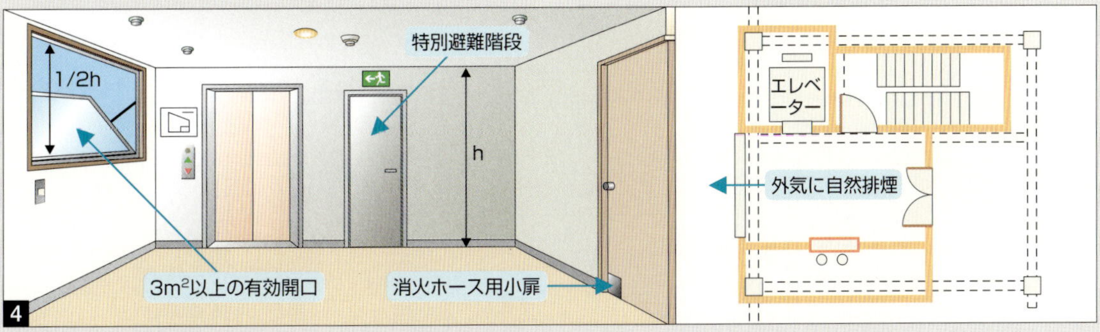

1/2h
特別避難階段
h
3m²以上の有効開口
消火ホース用小扉
エレベーター
外気に自然排煙
4

上図のように自然排煙方式にすると、排煙の風道は不要となりレイアウトは楽になる。窓の有効開口が天井高さの1/2以上の部分で、有効3m²以上必要となる。しかし、その大きさの排煙窓は建物全体の見え方に影響してくるので、早めの調整が必要になる（2カ所に分割する方法もある）。

エレベーター機械室に必要な設備

エレベーター機械室は一般的に塔屋に配置されるが，モーター類の発熱により機械室の温度が上昇すると制御機器に影響を及ぼすため，換気や空調による発熱対策が必要である。しかしながら，換気開口が十分に考慮されていないため，強雨時には雨水の浸入があり機器が故障することがある。以下に，エレベーター機械室に必要な設備を図1と写真2に示す。また，設けてはいけないものを図3に示す。

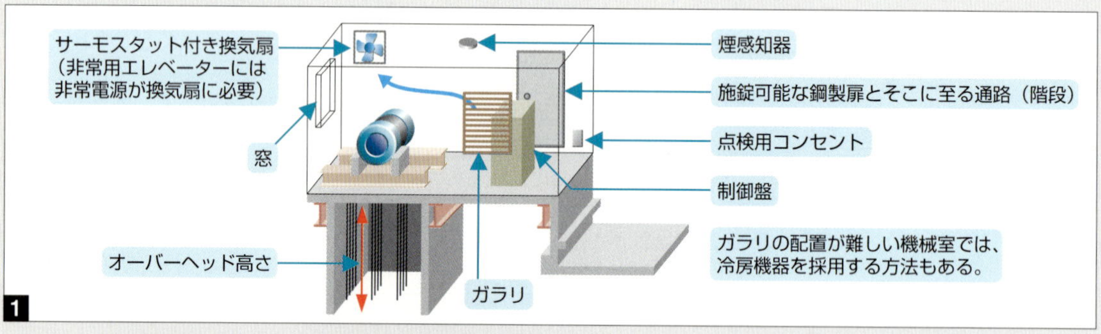

サーモスタット付き換気扇
(非常用エレベーターには
非常電源が換気扇に必要)
窓
オーバーヘッド高さ
ガラリ
煙感知器
施錠可能な鋼製扉とそこに至る通路（階段）
点検用コンセント
制御盤
ガラリの配置が難しい機械室では、
冷房機器を採用する方法もある。

1

エレベーター機械室のガラリと換気扇は、対角の位置に設けて効率よく空気の流れをつくる。しかし、風雨が激しいときにガラリから制御盤に入り込むことがあるので、配置上十分注意しなければならない。また雪の降る地域では、雪の入り込みを防ぐためにフィルターが必要になることがある。このフィルターを含めたメンテナンス契約を考慮しておくとよい。

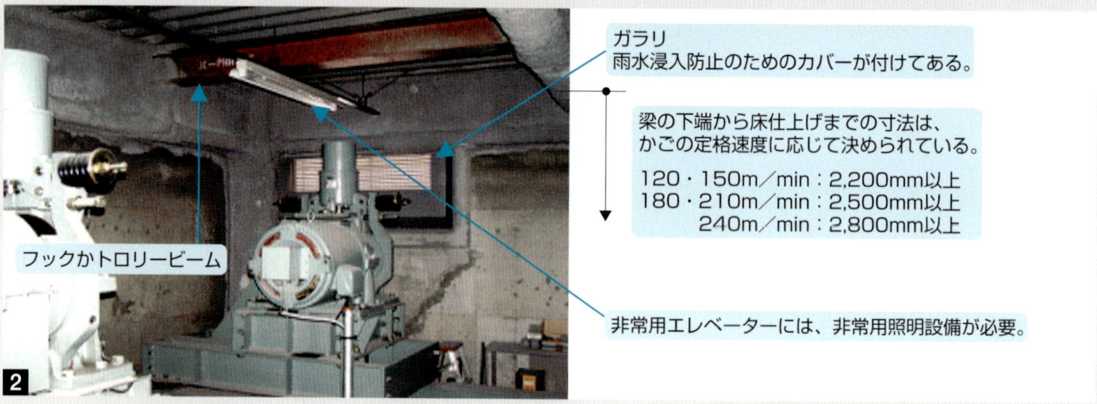

フックかトロリービーム
ガラリ
雨水浸入防止のためのカバーが付けてある。
梁の下端から床仕上げまでの寸法は、
かごの定格速度に応じて決められている。
120・150m／min：2,200mm以上
180・210m／min：2,500mm以上
240m／min：2,800mm以上
非常用エレベーターには、非常用照明設備が必要。

2

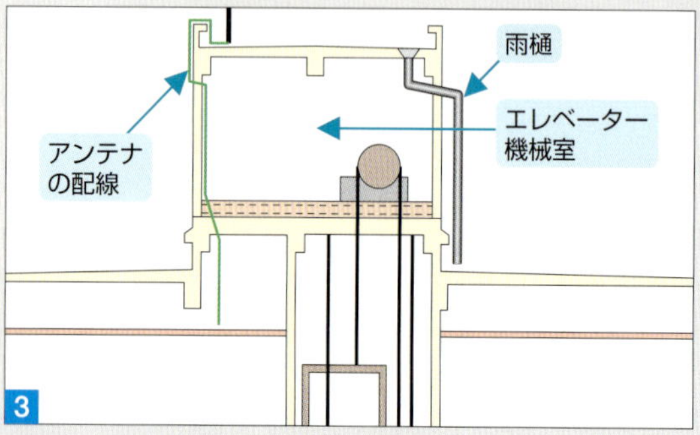

アンテナ
の配線
雨樋
エレベーター
機械室

3

エレベーター機械室やシャフト内には、エレベーターに関係のない配管類を通してはならない。ここに屋根の排水や、アンテナの配線を通して指摘を受けることが多い。

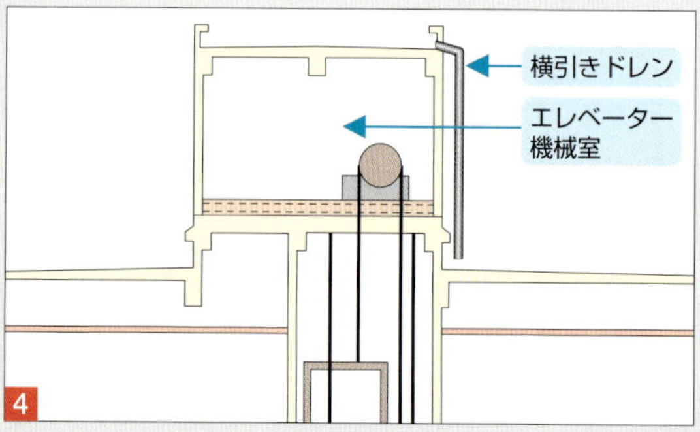

横引きドレン
エレベーター
機械室

4

上図のように横引きドレンを取り付け、外部に樋を設けなければならない。

エレベーター機械室へのルートが取れない

エレベーター機械室には緊急時の出入りに支障がないよう，しっかりしたルートを取らなければならない。また，通路の幅も規定されているが，当初のプランから変わった場合，通路が取れなくなりそのことに気付くのが遅れ大きな損失を被ることがある。

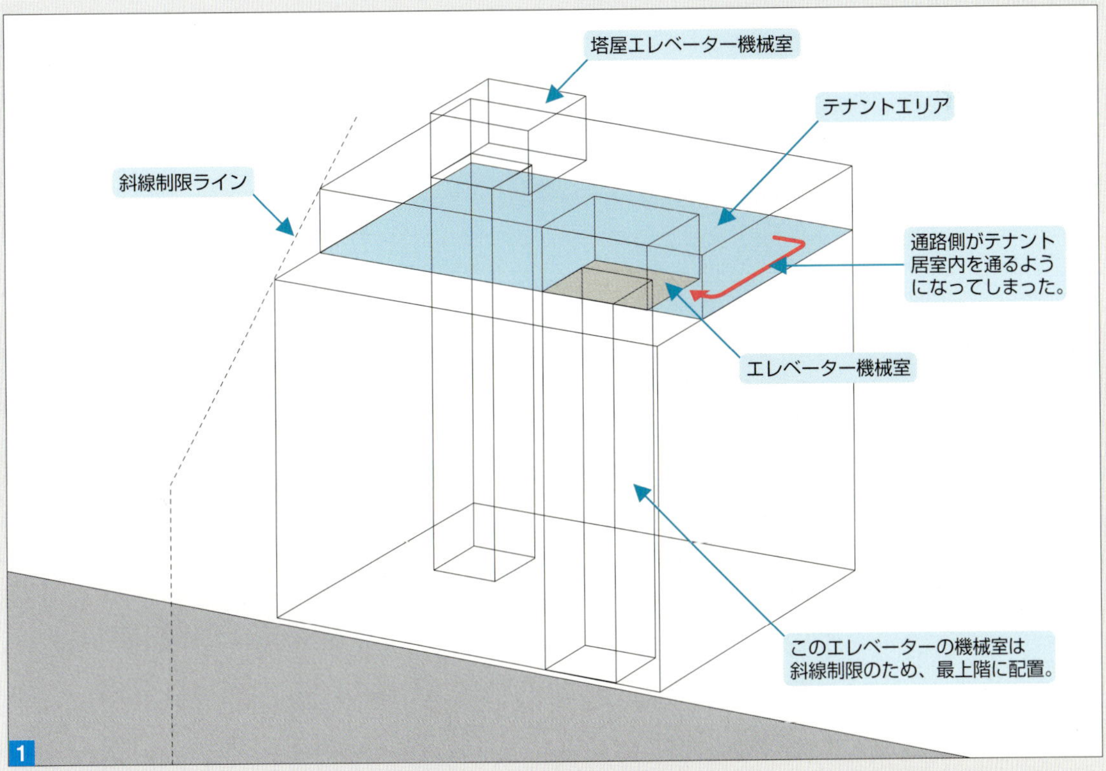
塔屋エレベーター機械室
テナントエリア
斜線制限ライン
通路側がテナント
居室内を通るよう
になってしまった。
エレベーター機械室
このエレベーターの機械室は
斜線制限のため、最上階に配置。
1

全体のレイアウト上、メインのエレベーターの配置が斜線制限のある正面道路側になり、その機械室は最上階に配置せざるを得なかった。最上階はテナントに1フロア貸しとなった。テナントのレイアウトを進めるうちに、機械室へのルートがテナント居室内を通らなければならなくなり、検査で指摘を受けることになった。

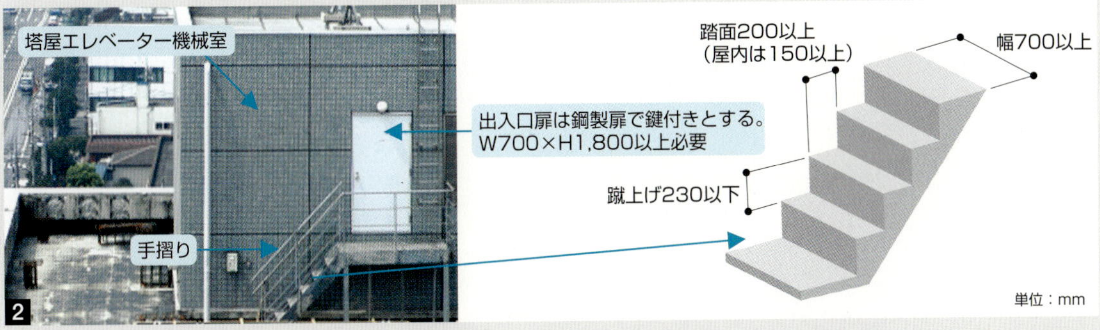
塔屋エレベーター機械室
出入口扉は鋼製扉で鍵付きとする。
W700×H1,800以上必要
手摺り
2
踏面200以上
(屋内は150以上)
幅700以上
蹴上げ230以下
単位：mm

塔屋にエレベーター機械室がある場合でも、階段から遠く設備配管や設備機器のために通路が確保できないことがあるので注意したい。また、夜間屋上を通ることを考えて、その通路上に照明の設置を忘れないようにしなければならない。

シースルーエレベーター計画時の注意点

シースルーエレベーターは熱を受け，シャフト内の温度が上がりやすいので十分な換気設備が必要になる。熱の計算を行い決定しなければならないが，温度上昇を防ぐにはかなり大きなファンが必要になる。ところが排気ルートの確保が非常に難しい。エレベーター機械室のスラブ下にあるシャフト壁の横にダクトを抜くことが構造的に可能かどうか，またファンをどこに設けたらよいか等，十分な検討が必要になる。

1 シャフト内に熱がこもりやすいので、上部に排気のためのファンを設ける必要がある。給気ガラリには、フィルターを付けておかないとほこりが内部ガラスについてしまう。

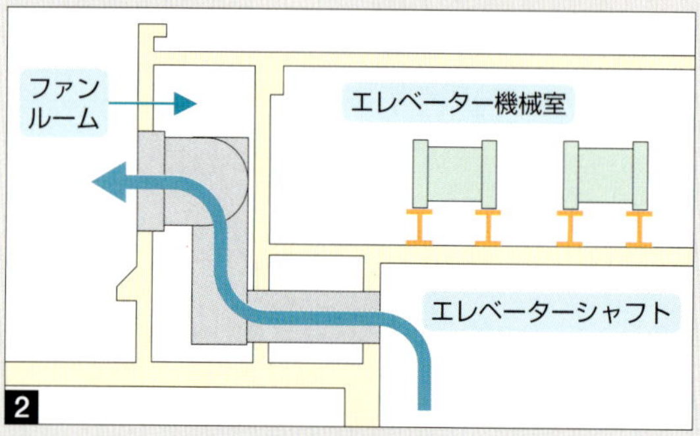

2 ガラス面と直角方向にダクトの排気を設けることになるので、スペースの確保が必要である。

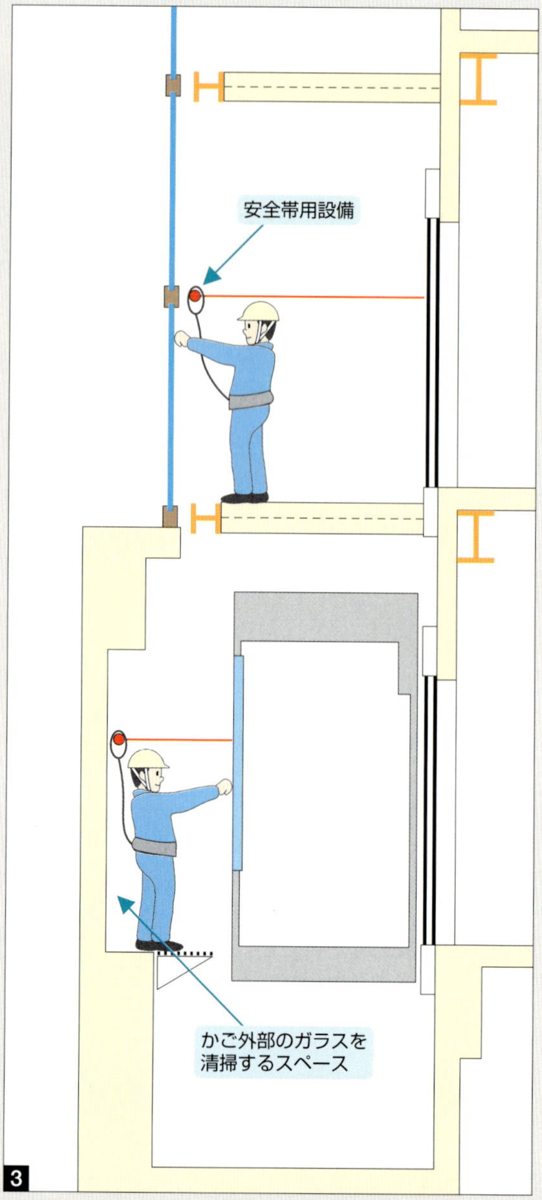

3 シースルーエレベーター面のガラスは汚れが目立つため、定期的に清掃できるように、そのための設備を計画しておかなければならない。

シースルーエレベーター施工時の注意点

シースルーエレベーターのシャフト内のかごやレールの施工は，シャフト壁とガラスの施工が完了してから行うことが多いが，エレベーター工事の溶接や，サンダー掛けの作業によりガラスに火花が当たり，傷つけることがある。エレベーターが運行し始めてから傷に気が付くことになると，ガラスの取替えに多大の労力と時間がかかってしまう。

エレベーター
1

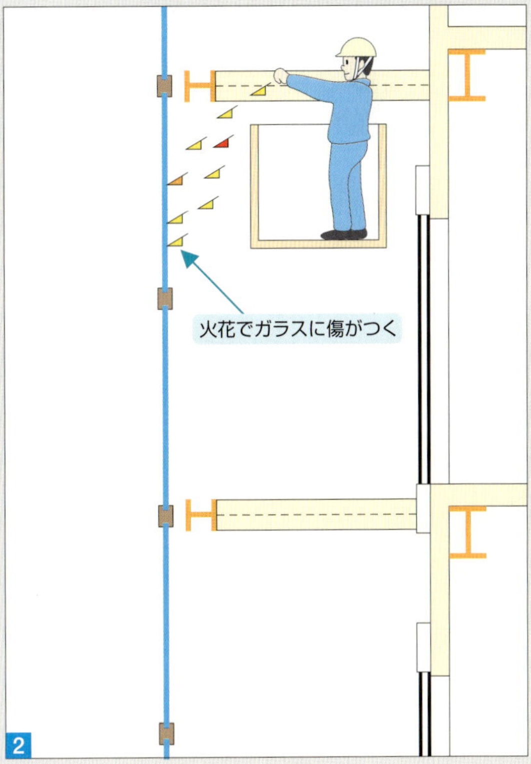
火花でガラスに傷がつく
2

火花はどんなに小さなすき間からでもガラスに到達して傷つけることがある。その場しのぎの養生によって、ガラスに傷をつける問題が発生している。エレベーターの施工者と十分な調整を行い、シースルー部分のガラス取付けは、火花作業の後にするほうが管理の面では合理的である。

3

サンダー掛けでも、これだけ多くの火花が発生する。ガラスは火花に非常に弱いということを認識しておくこと。

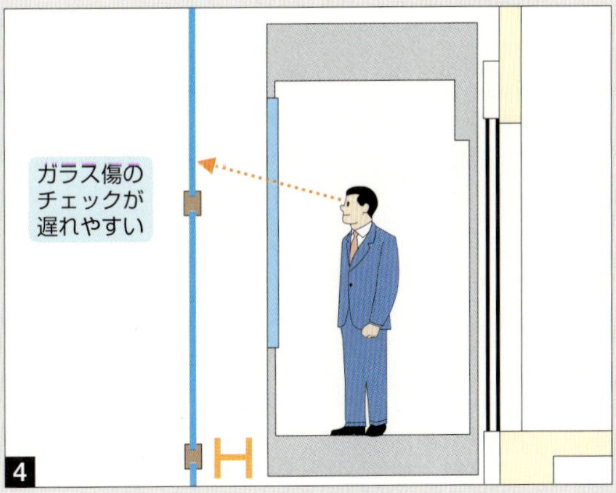
ガラス傷の
チェックが
遅れやすい
4

エレベーター機器の早期設置（1）

揚重用に使っていた仮設エレベーターを早めに解体撤去して，本設のエレベーターの仮設利用に切り替えるためには，事前に本設エレベーターが円滑に設置できるよう計画しておく必要がある。そのためには，タワークレーン等を使用し機器類の早期搬入と三方枠等の先組み，レールを平面的に配置しておくことを工程に組み込んでおかなければならない。

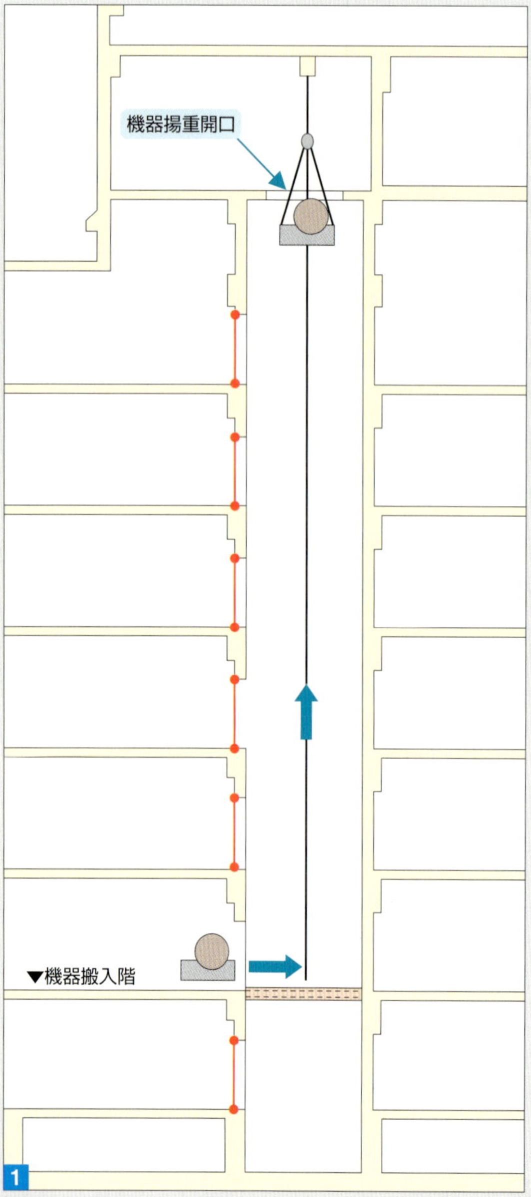

従来は、上図のようにすべての躯体が完成してから機器類を揚重していたため、エレベーター工事の着手時期が遅くなっていた。

着手時期だけではなく、エレベーター機械室の機器類をシャフトを使い揚重するのは、それだけで時間がかかる。

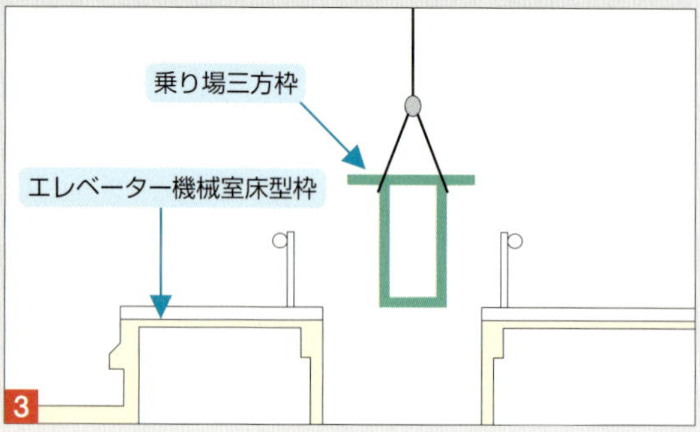

エレベーターシャフトの床型枠施工前に、乗り場三方枠の仮取付けやレールなどの搬入を行うことで、大幅に能率が上がる。

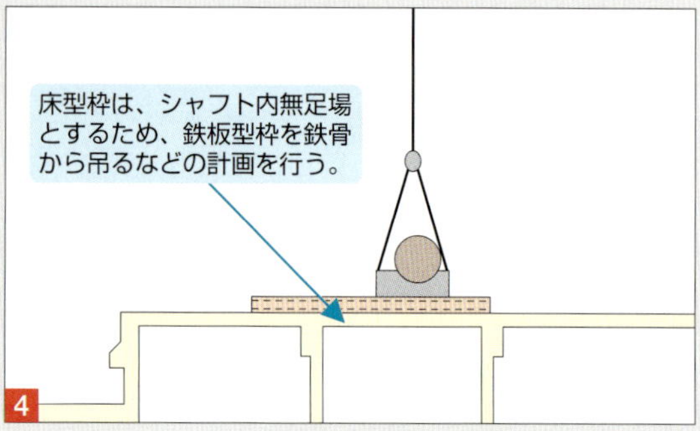

床コンクリート打設後、強度を確保した上で、エレベーター機械室の上部躯体工事の前に機器類を搬入する段取りを行うと、大きな機器揚重開口を開けなくてすむ。

エレベーター機器の早期設置（2）

高層ビルでは，本設のエレベーターが仮使用できるようになると，作業員の移動がスムーズになり，工事全体の進捗度が急にあがったという経験は誰にでもあるだろう。一般には機械室床開口の型枠工事，コンクリート打設，そして養生の後にモーター類の機器の設置が行われていたが，その工期を短縮するため，写真１のようにエレベーター機械室の床にPC板を採用した。多少のコストアップになっても，エレベーターを早期に使えるようにすることによって十分なメリットがある。

エレベータ機械室PC板
シャフト区画ALC
配線ピット
1

写真１は、エレベーター機械室の床にPC板を取り付けている状況である。PC床板の梁とのジョイント部を後で施工できるようにしておけば、この直後にエレベーター機械や盤類（雨水養生は必要）を据え付けることができるため、施工性が飛躍的に向上する。160ページで述べたように、床板を載せる前には、レールの搬入・三方枠の仮付けなどを施工しておくと、より施工スピードが上がる。

失敗防止のポイント24

仮設使用でも、エレベーターが動き出すと機械室内の作業はほとんどできなくなる。そのため、機械室内部の作業を徹底して完了させておかなければならない。建築的には施錠管理のために扉と錠前が不可欠である。設備的には電源をエレベーター機械室まで引き込まなければならない。
この段階では、本設の受電には至っていないため、仮設電気を使用することになる。屋上に設備機械類がある場合、溶接など仮設使用の量が多いため、それとは別系統で仮設電気の配線計画が必要である。また、エレベーターの電圧が200Vではなく400Vの場合もあるので、昇圧トランスの準備も手際よく行わなければならない。エレベーターが動きだすと機械室の温度が上昇する。その防止のために、本設の換気設備の手配を遅れないようにする必要がある。

失敗防止のポイント25

本設のエレベーター設置を急ぐ必要がない状況であっても、むだを犯しやすい点は、エレベーター機械室のかさ上げコンクリート打設時期を逸してしまうことである。すでにコンクリート打設用の竪配管が外されてしまっている場合、少量のコンクリートを打設するためにたいへんな手間をかけている現場がある。屋上防水に保護コンクリートがある場合は、遅くともエレベーター機械室のかさ上げコンクリートと一緒に打設したいものである。また、役所との打合せが必要なことであるが、シャフトへの騒音対策に問題がなければ、配線を工夫してかさ上げコンクリートをなくすことも計画してみるとよい。

火災時のエレベーターの動き

エレベーターは火災や地震・故障時において，安全のために最も良いと思われる制御運転がされるような装置が付くようになっている。しかし，その場合エレベーターから避難した人が降りた階での避難経路が確保されていないレイアウトがある。エレベーターを降りた後の避難経路について，あらかじめ十分な検討をしておかなければならない。

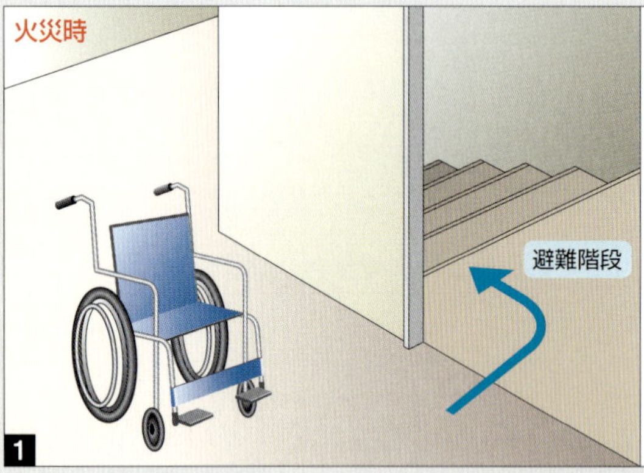

一般的に、火災発生信号をエレベーターの制御盤が受けると、あらかじめ定められた避難階にエレベーターが直行し運転休止となる。上階に残された人は避難階段を使い避難するのを期待している。
エレベーターが停止した状態で上階に残された車椅子を必要とする人や病人に対して、どのような救済手段があるかを考えておく必要がある。非常用エレベーターは、災害時は消防隊が使うものとなっているが、階段を使えない人のための避難に使うことを含め、所轄消防署との調整を図っておくべきであろう。

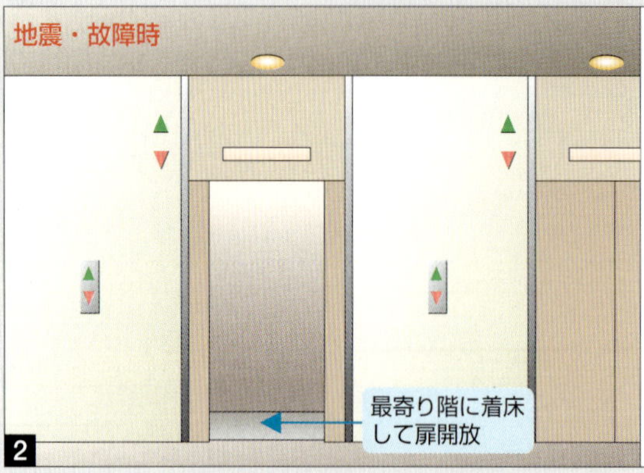

地震によりエレベーターの乗員が被害を受けるのを防ぐため、昇降路内に設けたセンサーが地震を感知した場合、エレベーターを速やかに最寄り階に停止させ、ドアを開き避難させる機能が付いているものが多くなった。これは故障時も同様の動きをとることがある。しかし、エレベーターと避難階段が離れていたり、エレベーター自体がテナント貸し室内にあったりする場合がある。1フロア貸しなどの場合、その傾向が強くなる。この場合、避難上の問題以外に、そのテナントのセキュリティが形成されず、大きな変更になった事例がある。レイアウトするときは、このことに十分に注意しなければならない。

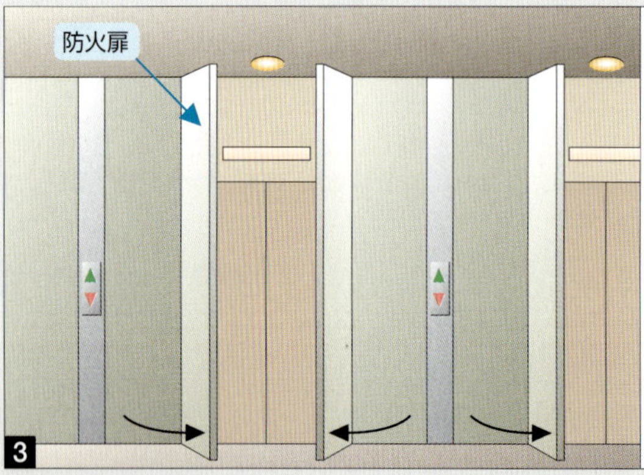

エレベーターの扉が防火扉として認められないため、前面に防火扉を設けることが多くなった。左図のようにエレベーターの前の防火扉が閉まっている階には、着床しないようにリレーを組むこともある。避難階のエレベーターホールが火災になった場合の想定も必要になるかもしれない。このほか、停電時にはそれぞれのかごにバッテリーを積んでいる場合には、地震時と同じように最寄り階に着床する。

ダムウェーターと点検口

ダムウェーターの点検口は，大きさを600×600（mm）以上にするよう行政の指導を受けることが多い。ところが下図のように，厨房が最上階にあると，厨房天井に取り付けられる設備が多く，天井点検口の大きさが確保できないことがある。

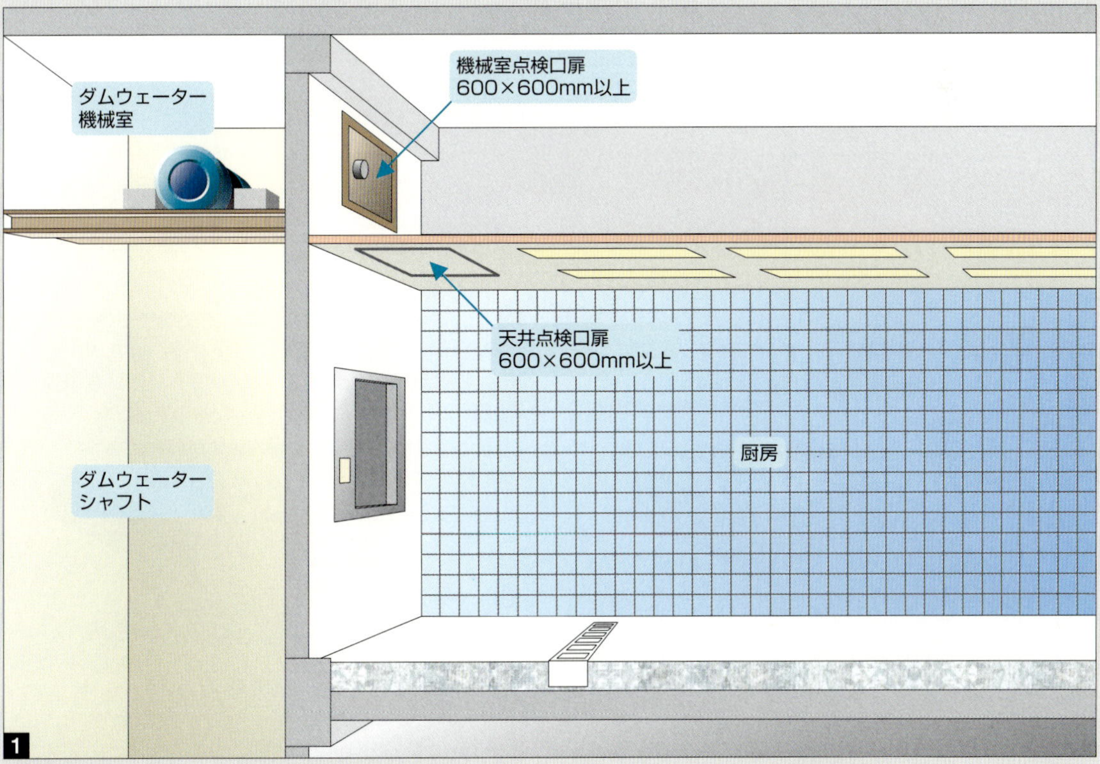
ダムウェーター
機械室
機械室点検口扉
600×600mm以上
天井点検口扉
600×600mm以上
厨房
ダムウェーター
シャフト
1

故障時の修理やメンテナンスがしやすいように、天井点検口は指導された寸法より大きな開口を取れるよう、天井機器類の配置を考えておくべきである。

2

ダムウェーター設備が必要な施設では、故障した場合、営業ができなくなるおそれがある。そのためには、それに対応した修理・メンテナンス方法を、設計段階から計画しておかなければならない。アプローチのしにくさが、メンテナンス不良となり故障へとつながる。左の図のような点検状況を考え、より使いやすい設計が望まれる。

エスカレーター鉄骨の失敗

エスカレーターを取り付けるための受け梁の位置は，図１のような関係で必然的に決まってくる。メーカーにより違いがあるので，鉄骨を発注するまでにどのメーカーのものを採用するかを決めなくてはならない。その際，図２のようにその部分の耐火被覆の厚さも考慮しておかなくてはならない。また写真５・図６のように階高が高い場合，中間に支持梁が必要になってくる。

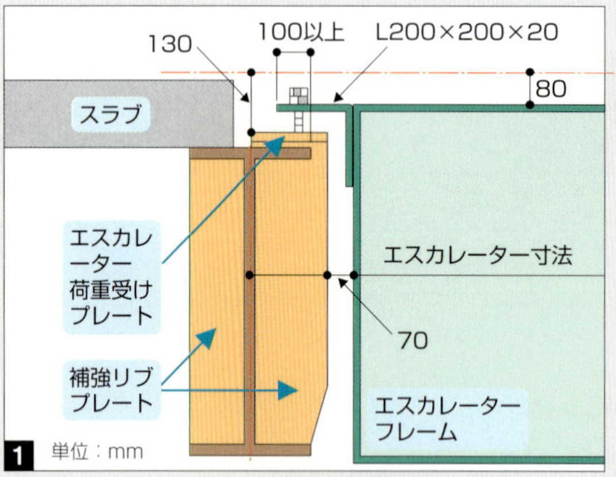
130
100以上
L200×200×20
80
スラブ
エスカレーター荷重受けプレート
エスカレーター寸法
70
補強リブプレート
エスカレーターフレーム
1
単位：mm

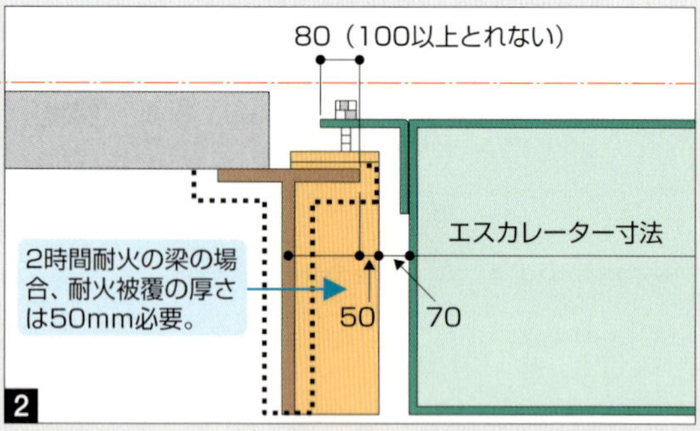
80（100以上とれない）
エスカレーター寸法
2時間耐火の梁の場合、耐火被覆の厚さは50mm必要。
50
70
2

鉄骨の位置を決めるときは、耐火被覆の厚さを考慮して決定しなければならない。かかりしろが取れない場合の検討も必要になってくる。

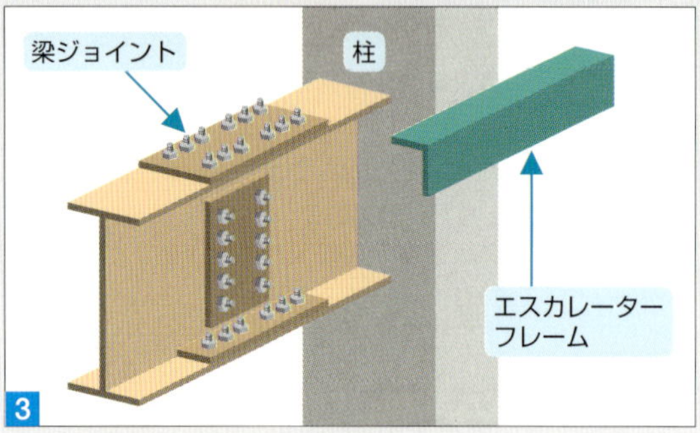
梁ジョイント
柱
エスカレーターフレーム
3

エスカレーターが梁のジョイント位置に配置されると、荷重受けプレートやリブプレートが溶接できなくなるので、ジョイント位置を変えなくてはならない。

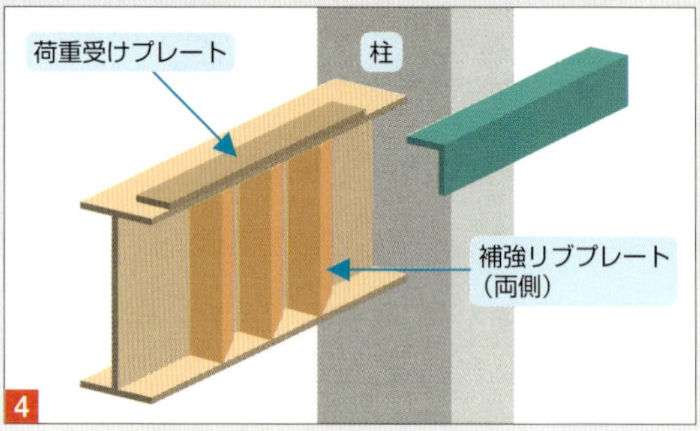
荷重受けプレート
柱
補強リブプレート（両側）
4

上図のような鉄骨を設けるために、ジョイント位置はエスカレーター部分を避けなければならない。

5

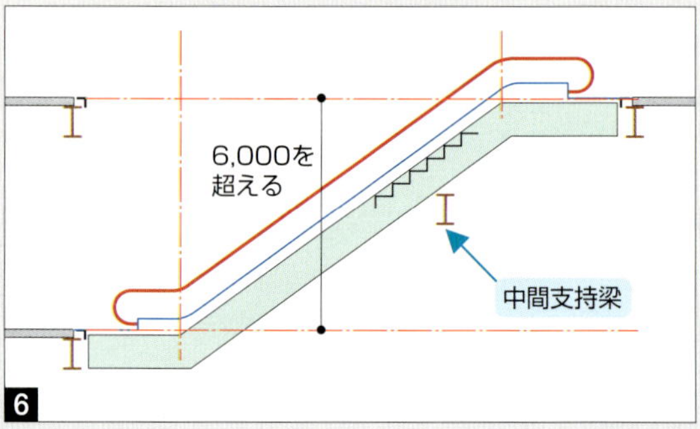
6,000を超える
中間支持梁
6

写真5・図6のように階高が6mを超えると、エスカレーターの中間に支持するための梁が必要になってくるので、その梁を受ける柱を配置するスペースとレイアウトを考えなければならない。

エスカレーターのための構造

階高の高い部分にエスカレーターを設置しようとすると，エスカレーターを受ける梁の位置が下図のようになる。一般的な構造では，スパンが長すぎるため建物の構造を変えなければならない。エスカレーターの下に梁を通すことも考えられるが，その場合は納まりを十分に確認しなければならない。また，最近水平長さを縮めるため勾配35°のエスカレーターが登場したが，どの程度縮められるかの目安が必要である。階高 4.8mのところに取り付けた30°と35°との比較の図を作成したので参考にしてほしい。

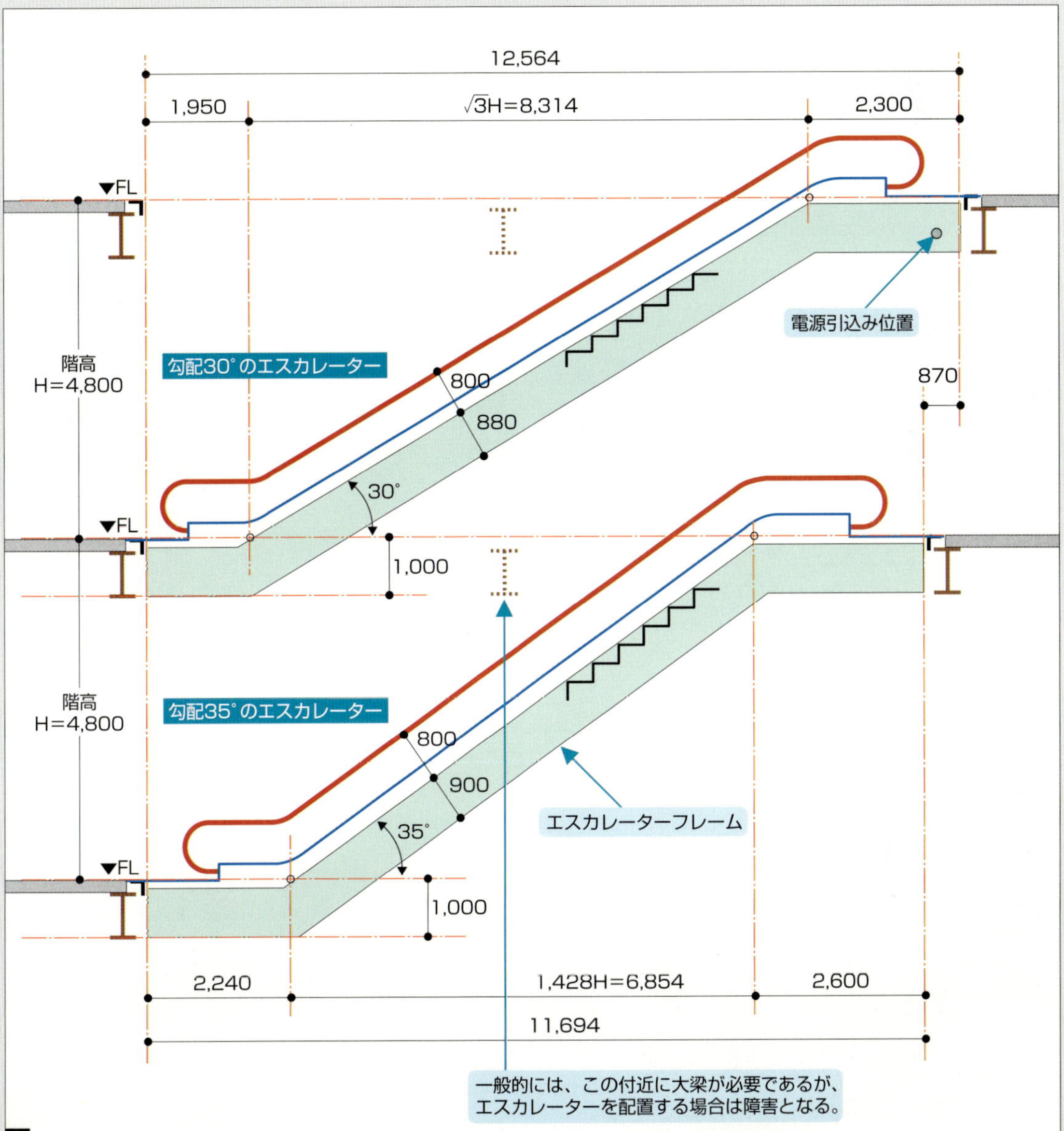

1

上図は、あるメーカーのカタログによる、勾配が30°と35°のエスカレーター各部の寸法比較図であるが、階高が4,800mmの場合、勾配が35°のエスカレーターのほうが870mm短くなる。

エスカレーターの竪穴区画

下図は，W800タイプのエスカレーターを竪穴区画内に配置した断面図で，最小限の幅で仕上げている。右側の仕上位置は，柱鉄骨の耐火被覆からの仕上下地と仕上材料で決まってくる。また左側は，ガラススクリーンと防火シャッターを配置している。このような図面を参考に，早めに仕上位置を決定することにより鉄骨の発注が円滑になり，後の不具合の発生を防止することができる。

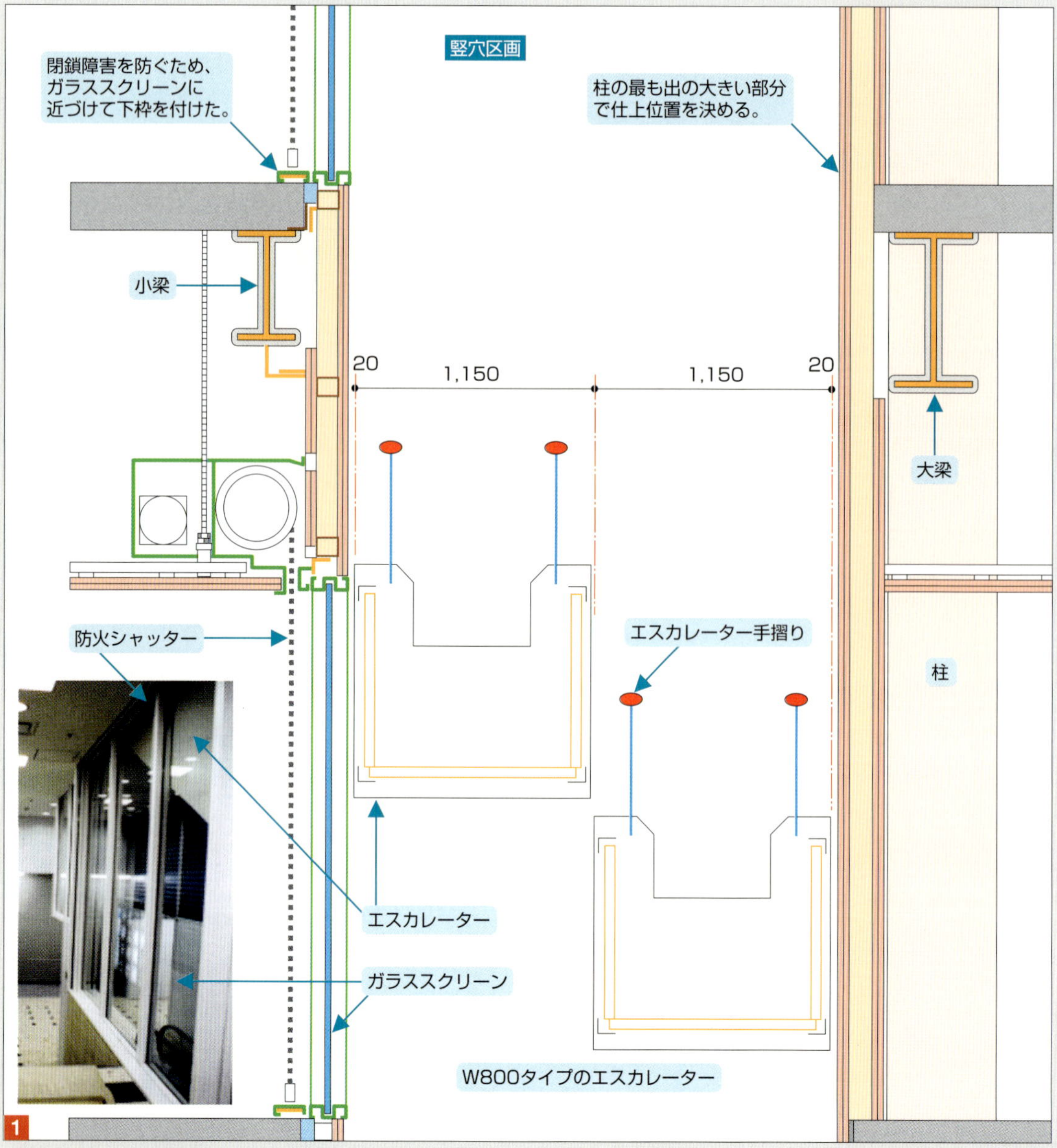
竪穴区画
閉鎖障害を防ぐため、ガラススクリーンに近づけて下枠を付けた。
柱の最も出の大きい部分で仕上位置を決める。
小梁
20
1,150
1,150
20
大梁
防火シャッター
エスカレーター手摺り
柱
エスカレーター
ガラススクリーン
W800タイプのエスカレーター
1

上図は、あるビルにおいて実際に作成した納まり図である。わかりやすくするために細かい寸法は省いてある。閉鎖障害防止のため、シャッターを竪穴区画側に配置するよう指導を受けることがあるが、むだなスペースができシャッターの点検がしにくくなるので、ガラススクリーンと近接させ、シャッターの下に枠を付けるなどの工夫で説得するほうがよい。

エスカレーターと防火シャッターが連動する防災設備

非常時において，エスカレーターの乗降口と対面するシャッターが閉鎖し始めてから床面上1.8mまで達しないうちに，エスカレーターを停止させなければならない。つまり，図1においてシャッターAが閉鎖し始めた場合，対面している紫色のエスカレーター2台に停止信号を送り，エスカレーターを停止させなければならない。また，エスカレーターのハンドレールとシャッターの間の寸法は，最小でも1.2m必要である。

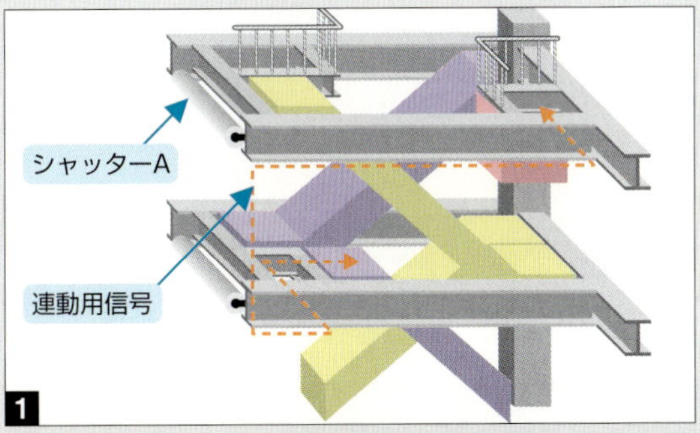

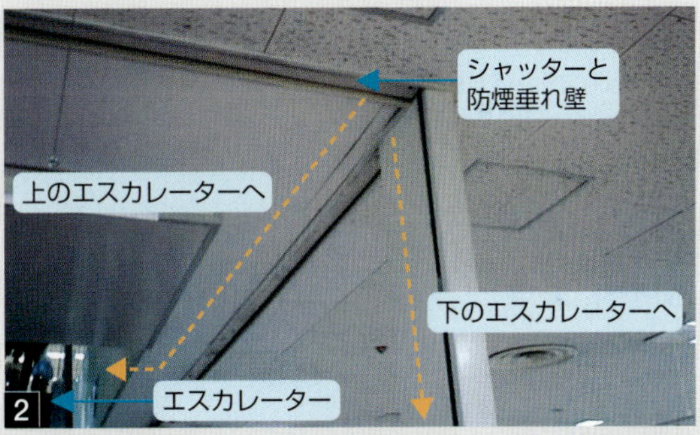

シャッターから入ってくる接点の位置は、エスカレーターの高いほうにあるため、その配管・配線はエスカレータートラス内を通さずに、それぞれのエスカレーターに接続しなければならない。

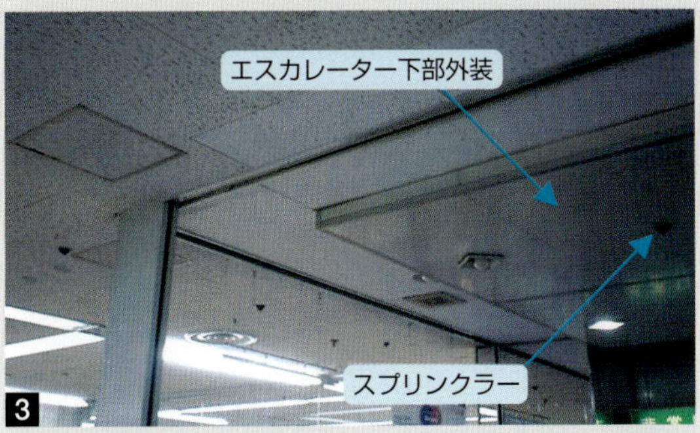

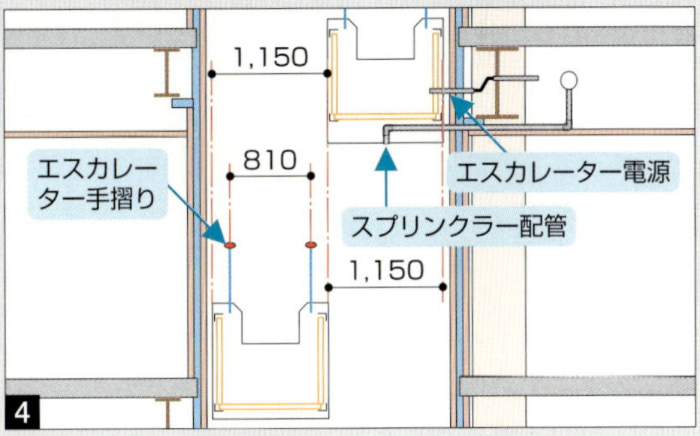

エスカレーターへのスプリンクラーの配管ルートを見落としがちである。壁との離隔がない場合には振り回しができないので、早めに検討を行い鉄骨スリーブの用意をしておく。

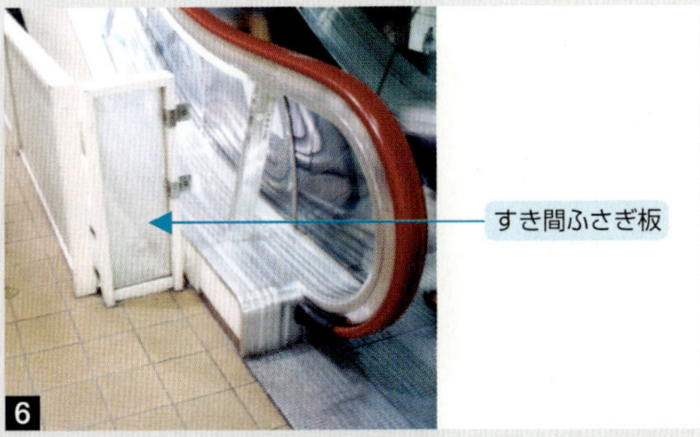

エスカレーターにはすき間ができやすい。でき上がってからそのすき間をふさごうとすると、デザイン的にきれいに納まらないことが多い。あらかじめその部分の落下防止の納まりを考えておくべきである。

ゴンドラ設備のない危険な清掃

外部のガラス・壁面の清掃は，建物ができ上がった後に継続的に行われるため，設計段階で施工のしやすさ（＝負担の少ない清掃方法）を施主に提案するべきである。また，それには将来にわたり，第三者に対する安全を最優先に計画しなければならない。公道上で作業する場合は，そのつど所轄警察署へ道路使用申請を提出し許可を得なければならない。

写真1・2は、いわゆる「ブランコ」による壁面清掃である。ロープを下ろし、上からロープの振れる範囲で順次下に下がっていく。作業している部分の下には落下防止のための監視が必要であるが、監視員による監視が行われていない場合がある。

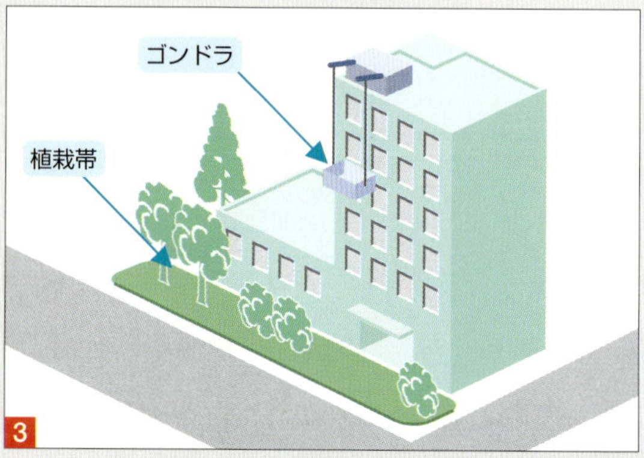

ゴンドラを降ろす場所に植栽帯を設けることにより、下部への危険な状態を少なくすることができる。高層部を低層部よりセットバックさせる方法も有効である。

ゴンドラの計画上の留意点

建物の設計を行う場合，外部からの見え方が優先され，そのメンテナンスまでの配慮に欠けると，せっかくゴンドラを設置しても建物の全周をカバーできないなどということになりかねない。また建物の外壁に凹凸がある場合は，ゴンドラでの作業が不安定になり，結果的に清掃にかかる費用が大きくなってしまう。計画の際にはこのようなことを十分に認識しておかなければならない。建物の角に取り付く袖看板の外側の板面取替えができないことがあるので，あらかじめ検討しておきたい。

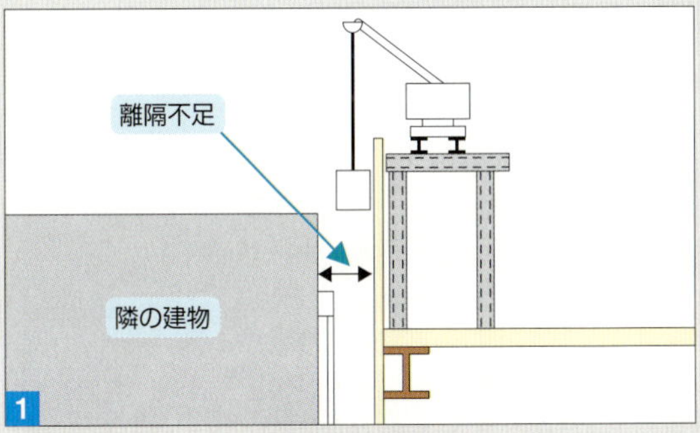

隣の建物との間の境界線までの離隔が少なく、ゴンドラのかごが降ろせなかった事例である。

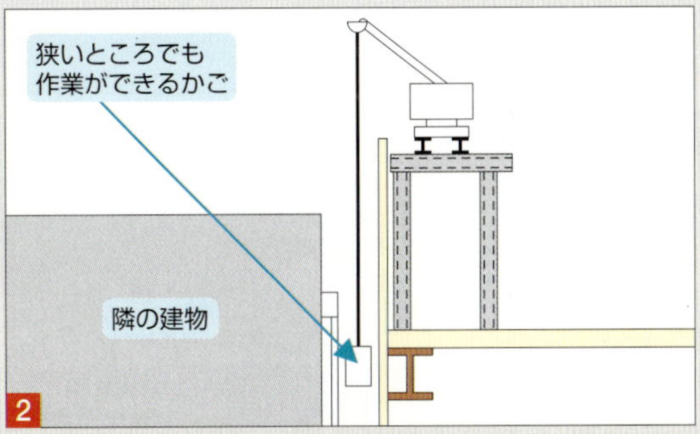

隣の建物の所有者と調整を行い、奥行の小さい特殊なかごを製作して、清掃メンテナンスを可能にした。

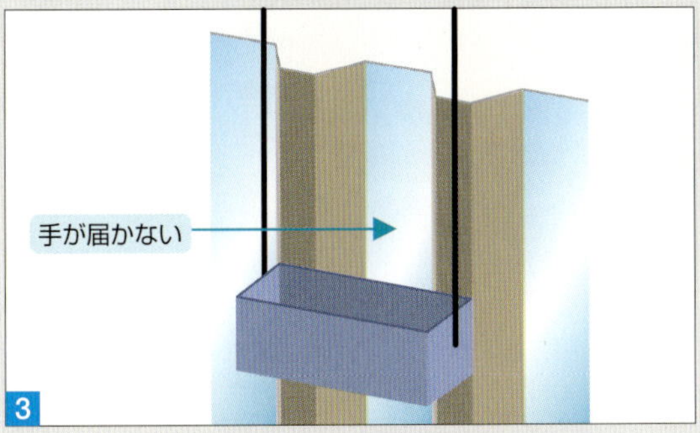

ガラス面が外壁面より奥にあるため手が届かず、不安定な作業になってしまう。

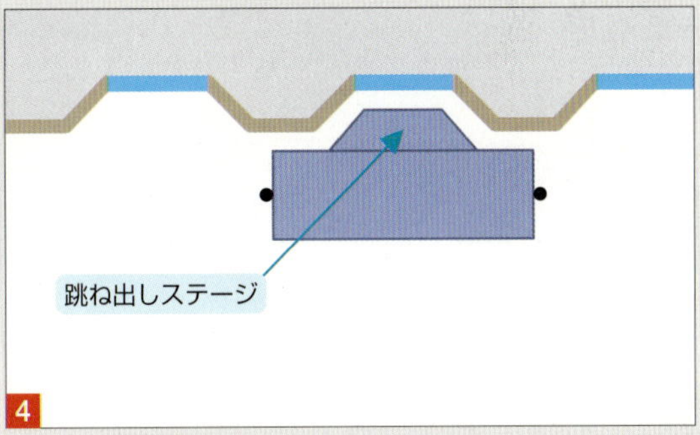

図3のような建物の場合、跳ね出しステージが必要になるが、横揺れ時に壁にぶつかりやすいため、バランスが崩れないようにしなければならない。

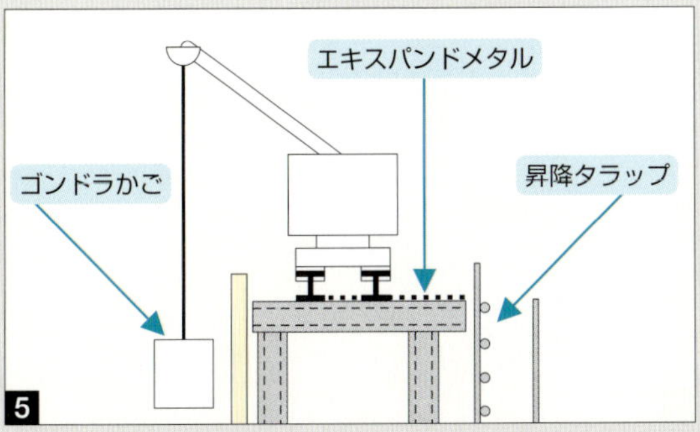

上図の場合、ゴンドラレールに沿って点検歩廊が必要になるが、手摺りの高さが取れない場合がある。安全設備については官庁との調整が必要である。

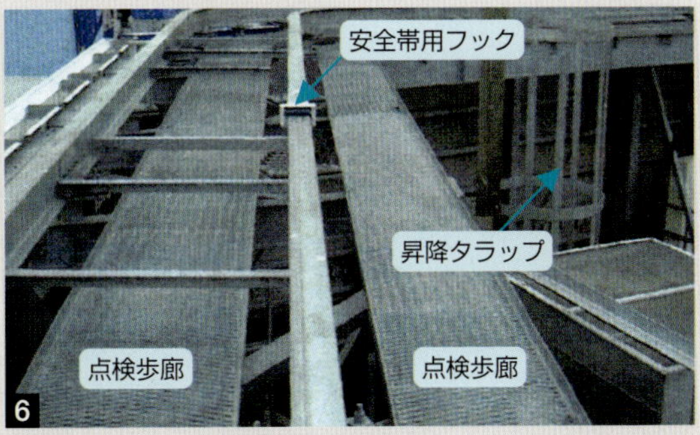

写真6は、官庁との打合せにより、レールに可動式の安全帯をかけるフックを取り付けたもの。

ゴンドラレール施工の留意点

写真1は，ある建物の屋上のゴンドラの状況である。外壁とゴンドラレールとの位置関係によってレールの反力が違ってくるため，方針は早めに決められなければならない。またレールの高さの決定も重要である。塔屋エレベーター機械室の屋根スラブより十分上にレールを配置できればよいが，写真2のようにスラブぎりぎりの納まりになると，防水の納まりが苦しくなってくる。

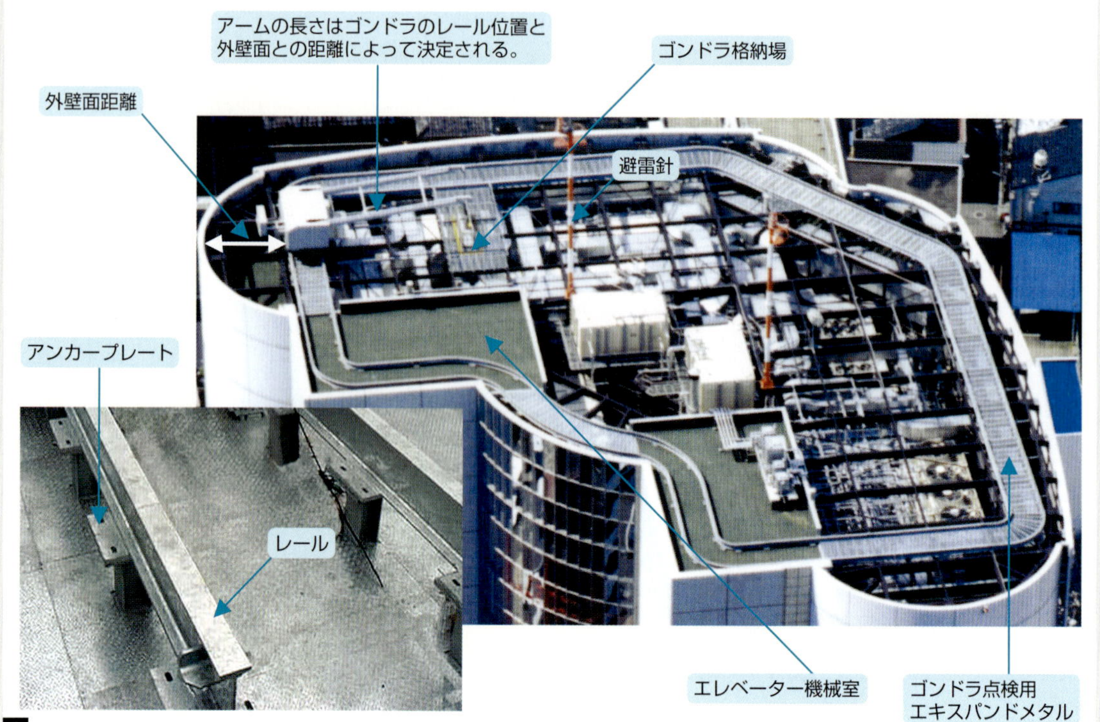
アームの長さはゴンドラのレール位置と
外壁面との距離によって決定される。
ゴンドラ格納場
外壁面距離
避雷針
アンカープレート
レール
エレベーター機械室
ゴンドラ点検用
エキスパンドメタル

1

ゴンドラレール用のアンカープレートは精度を必要とする。アンカープレートとレール側ベースプレートのルーズホールを直角方向に配置しておくのが一般的である。

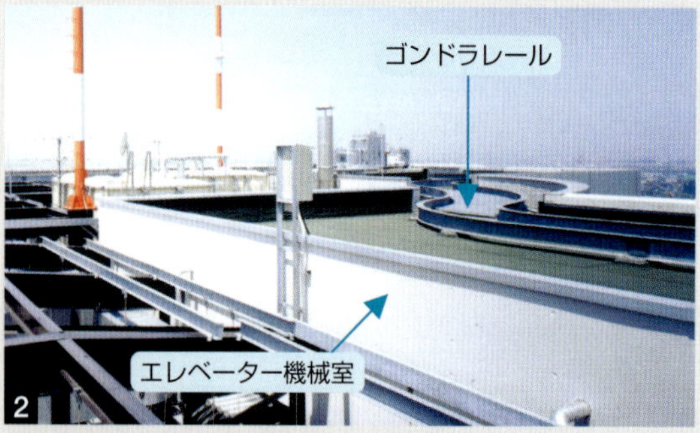
ゴンドラレール
エレベーター機械室

2

ゴンドラレールと機械室スラブとの高さが確保できないため、防水の納まりが苦しくなっている。

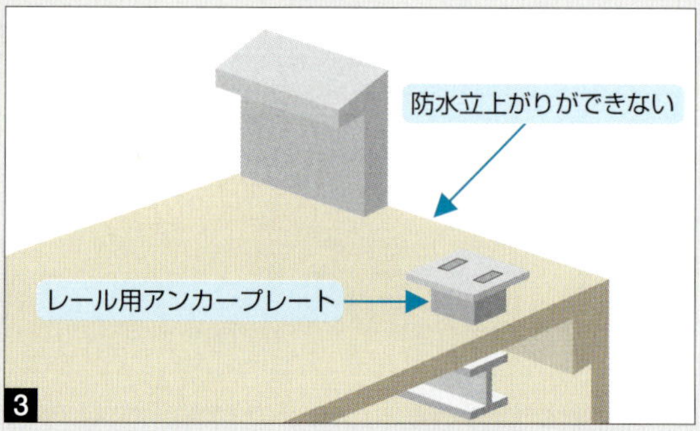
防水立上がりができない
レール用アンカープレート

3

防水は立上がり部分も含めて外壁側に回し込み、端部をシールする。アンカープレート部分は、防水を巻き上げて入隅でシールする。

事例 158　ゴンドラ

ゴンドラのアースの取付け忘れ

屋上のゴンドラがアームを伸ばしたときに，避雷針の保護範囲に入らない場合が多いが，そのための避雷設備が用意されていないことがある。必ず早めのチェックを行わなければならない。

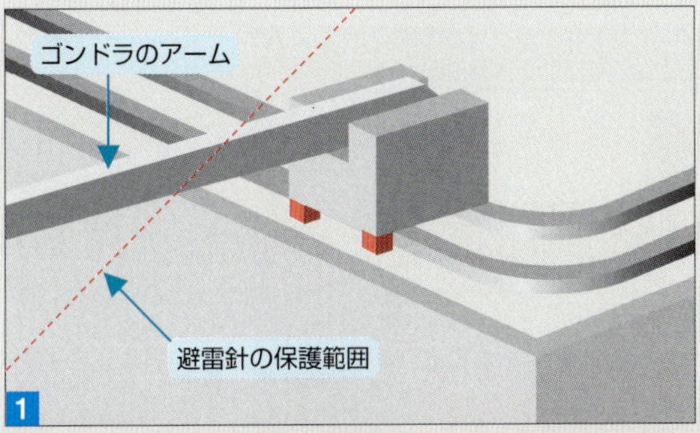

1 避雷針を設計する際、ゴンドラのことまで考えていないことがあり、上図のようにゴンドラが避雷針の保護範囲から出てしまうことがある。

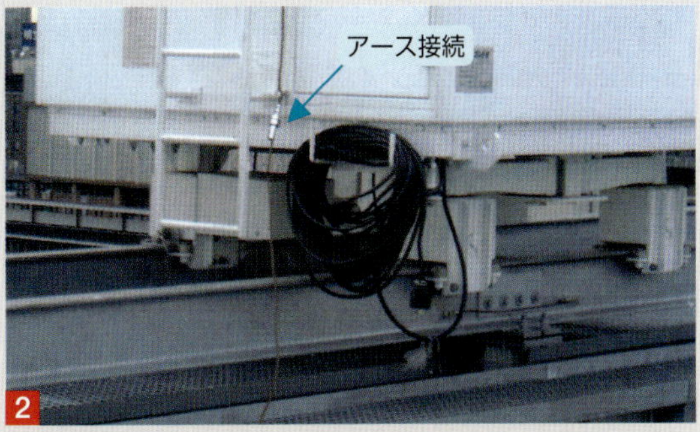

2 ゴンドラのためのアース端子を15～20mごとに設けて接続しなければならない。

3 ゴンドラレールを引き下げ導体として電気的に接続し、その次にゴンドラ本体から端子で接続してアースを取る。端子は接続しやすいようにボックスを配置固定する。

事例 159　カーリフト

カーリフトの火災時に対する消防指導

地下１階から車両を入場させカーリフトで運転手が乗ったまま地下２階，３階に駐車する設備において，火災時にカーリフト出入口の前面に車両が停滞して避難に支障がでないように，事前協議のときに消防署のほうから下図のような表示を取り付けるよう指導を受けた。

1）カーリフト運転時に火災となった場合、車両の避難階である地下１階に着床する。
2）地下１階のカーリフト前に他の車両があった場合、出られないため「火災発生離れてください」の電照表示をする。
3）そのときにカーリフトに向おうとする別の車両に対して、「火災発生進入禁止」の電照表示をする。

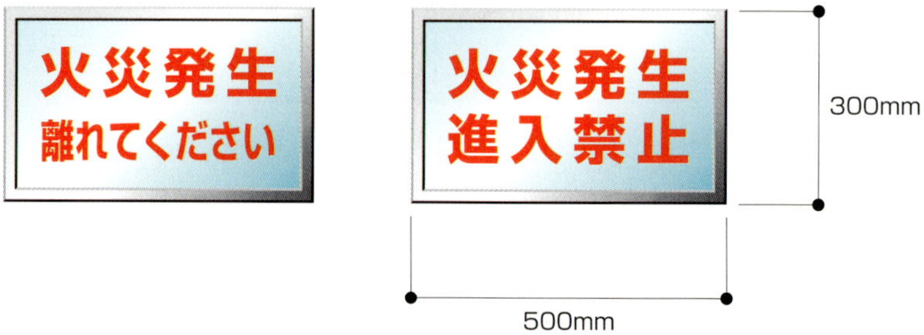

1

重要管理項目別 失敗事例一覧

●：電気設備　●：空調設備　●：衛生設備　●：防災・防犯設備　●：昇降機設備
（　）内の数字は、本書の収録ページを示す

1 業種間調整・工程調整の不足による失敗

2 メンテナンスに関する検討不足による失敗

3 作業効率・施工性の検討不足による失敗

4 防火・防煙区画に関する検討不足による失敗

5 検査時の確認不足による失敗

6 設計および施工に関する初歩的ミスによる失敗

7 器具類等設置に関する効果の検討不足による失敗

8 安全対策の検討不足による失敗

9 温度・湿度の影響に対する検討不足による失敗

10 近隣・住人のクレームに対する検討不足による失敗

11 振動の影響に対する検討不足による失敗

12 施主の意向の確認不足による失敗

13 器具類設置に関する適材適所の検討不足による失敗

14 業種間との検討時間不足による失敗

15 工事の責任範囲の不明確さからくる失敗

●著者略歴

半沢正一（はんざわ しょういち）

1974年，横浜国立大学工学部建築学科卒業。
27年間の建築現場の経験を経て，現在コンストラクションマネージャー。
一級建築士，一級建築施工管理技士，衛生管理者
著書『建築[失敗]事例　信頼される躯体工事の現場管理』井上書院（2002）
　　『建築[失敗]事例　信頼される仕上工事の現場管理』井上書院（2003）

建築［失敗］事例
信頼される設備工事の現場管理

2003年10月10日　第1版第1刷発行
2004年6月10日　第1版第2刷発行

著　者　半沢正一 ©
発行者　関谷　勉
発行所　株式会社 井上書院
東京都文京区湯島2-17-15　斎藤ビル
電話（03）5689-5481　FAX（03）5689-5483
http://www.inoueshoin.co.jp
振替00110-2-100535
装　幀　川畑博昭
印刷・製本　新日本印刷株式会社

ISBN4-7530-1983-7　C3052　Printed in Japan